파이썬으로
배우는 **컴퓨팅 사고**

문제해결 중심의 파이썬 프로그래밍

국립중앙도서관 출판시도서목록(CIP)

이 도서의 국립중앙도서관 출판예정도서목록(CIP)은 서지정보유통지원
시스템 홈페이지(http://seoji.nl.go.kr)와 국가자료종합목록시스템
(http://www.nl.go.kr/kolisnet)에서 이용하실 수 있습니다.

(CIP제어번호: CIP2019005736)

최근 이슈가 되고 있는 '4차 산업혁명'의 핵심은 소프트웨어라고 할 수 있다. 스티브 잡스는 모든 사람이 프로그래밍을 배워야 한다고 강조하였다. 또한 마크 앤드리슨은 앞으로 모든 회사가 소프트웨어 회사가 될 것이며, 소프트웨어가 모든 영역에서 세상을 지배할 것이라고 강조하였다. 이러한 유명인들의 주장이 아니더라도 많은 이들이 소프트웨어가 우리 삶에 중요하다는 것을 스스로 인식하고 있다. 따라서 과거에는 소프트웨어 및 프로그래밍이 컴퓨터공학을 전공하는 사람들의 영역이었다면 이제는 전공과 상관없이 모든 사람이 관심 갖고 있고, 또 모든 사람이 필요로 하는 영역이 되었다. 즉, 이제는 누구나 프로그래밍을 배워야 하는 시대, 그리고 누구나 프로그래밍을 배우고 싶어 하는 시대가 되었다.

파이썬은 여러분이 프로그래밍을 처음 배우는데 매우 적합한 프로그래밍 언어이다. 파이썬은 다른 언어에 비해 쉽다는 장점이 있다. C, JAVA 등의 언어로 공부하는 경우 어렵다고 포기하기 쉽다. 그에 비해 파이썬으로 프로그래밍 공부를 시작한다면 프로그래밍이 생각보다 쉽고, 자신도 할 수 있겠다는 자신감을 가질 수 있을 것이다. 여러분이 소프트웨어 분야에 호기심을 가지고 프로그래밍을 배우기를 원한다면 파이썬으로 시작하라고 권하고 싶다.

그러나 파이썬이 쉬운 초보자용 언어라고 가볍게 생각한다면 그것은 오해이다. 파이썬은 쉬울 뿐만 아니라 매우 유용하고 강력하다. 파이썬을 잘 배워두면 여러분의 전공분야의 문제도 다른 언어를 사용하는 것보다 쉽고 빠르게 해결하는데 큰 도움을 줄 것이다. 특히 최근 사회적으로 많은 주목을 받고 있는 인공지능, 데이터사이언스 분석에 있어서도 다른 언어에 비해 효과적이라는 장점이 있다. 본 교재가 여러분이 파이썬 프로그래밍 공부에 많은 도움이 되기를 바란다.

2019년 2월
저자 김완섭

머리말 · v

CHAPTER 01

파이썬 소개와 설치 안내 · 1

1.1 파이썬 소개 · 2

1.2 파이썬 다운로드 및 설치 · 8

1.3 파이썬 실행하기(바로가기 아이콘 만들기) · · · · · · · · · · · 11

1.4 Hello World 출력하기 · 12

1.5 환경설정 변경하기 · 14

1.6 예제 소스코드 실행해보기 · 16

1.7 콘솔에서 실행하기 · 17

단원 정리 확인학습 · 18

CHAPTER 02

파이썬 처음 사용해보기 · 19

2.1 파이썬을 계산기처럼 쓰기 · 20

2.2 변수를 사용하여 계산하기 · 22

2.3 두 가지 실행 모드 이해하기 · · · · · · · · · · · · · · · · · · · 23

2.4 설명문(주석) 입력하기 · 24

2.5 소스코드를 저장한 후 직접 실행하기 · · · · · · · · · · · · · 26

2.6 응용문제: 피자 크기 계산하기 · · · · · · · · · · · · · · · · · 28

2.7 응용문제: 환전 금액 계산하기 · · · · · · · · · · · · · · · · · 29

2.8 응용문제: 저축 후 원리금 계산하기 · · · · · · · · · · · · · · 30

2.9 응용문제: 세금을 고려한 원리금 구하기 · · · · · · · · · · · 31

단원 정리 확인학습 · 32

CHAPTER 03

연산자와 변수 활용 · 35

3.1 기본 연산자 이해하기 · 36

3.2 응용문제: 센티미터를 인치로 변환하기 · · · · · · · · · · · · 40

3.3 응용문제: 키를 피트와 인치로 변환하기 · · · · · · · · · · · · · · · · · 41

3.4 응용문제: 수학 함수 계산하기 · 42

3.5 변수 이해하기 · 44

3.6 변수의 이름을 정하는 규칙 · 46

3.7 등호(=) 연산자 이해하기 · 48

3.8 연산자 줄여서 짧게 쓰기 · 49

3.9 응용문제: 원의 둘레와 넓이 구하기 · · · · · · · · · · · · · · · · · · 51

3.10 응용문제: 달러 환전액과 잔액 구하기 · · · · · · · · · · · · · · · · · 52

단원 정리 확인학습 · 53

CHAPTER 04 기본 출력 함수: `print` · · · · · · · · · · · · · · · · · · 55

4.1 `print` 함수 기본 활용 · 56

4.2 문자열(텍스트) 출력하기 · 57

4.3 재미있게 출력해보기 · 59

4.4 특별한 따옴표 활용법 · 61

4.5 특별한 문자를 출력하기 · 63

4.6 쉼표(,) 사용하여 출력하기 · 65

4.7 끝 문자 및 구분 문자 변경하기 · 66

단원 정리 확인학습 · 68

CHAPTER 05 데이터 타입에 대한 이해 · · · · · · · · · · · · · · · · · · 71

5.1 파이썬의 변수 타입 지정 · 72

5.2 데이터 타입 확인하기 · 73

5.3 자동으로 변경되는 데이터 타입 · 74

5.4 강제로 데이터 타입 변환하기 · 75

5.5 정수는 메모리에 어떻게 저장될까? · · · · · · · · · · · · · · · · · · · 77

5.6 숫자의 정확도, 정밀도에 대한 이해 · · · · · · · · · · · · · · · · · · 79

5.7 텍스트 저장 방식 · 80

5.8 텍스트를 암호화하는 문제 · 83

단원 정리 확인학습 · 84

CHAPTER 06 기본 입력 함수: input · 85

6.1 input 함수 사용법 · 86
6.2 input 함수 숙달하기 · 89
6.3 간단한 채팅 로봇 만들기 · · · · · · · · · · · · · · · · · · · 91
6.4 번역 프로그램 만들기 · 93
6.5 정수 값을 입력 받기 · 95
6.6 응용문제: 주차료 계산하기 · · · · · · · · · · · · · · · · · 98
6.7 실수 값을 입력받아 활용하기 · · · · · · · · · · · · · · · · 99
6.8 자료 형태에 따른 입력 방식 정리 · · · · · · · · · · · · · · 102
6.9 응용문제: 단위를 변환해주는 프로그램 · · · · · · · · · · 103
6.10 응용문제: 태어난 달의 달력 보여주기 · · · · · · · · · · · 104
6.11 응용문제: 키를 입력받아 적정 몸무게 제안하기 · · · · · · 106
단원 정리 확인학습 · 107

CHAPTER 07 거북이(turtle)모듈로 그림 그리기 · · · · · · · · · · · 109

7.1 거북이(turtle)모듈 불러오기 · · · · · · · · · · · · · · · · 110
7.2 거북이를 움직여 그림 그리기 · · · · · · · · · · · · · · · · 111
7.3 거북이 변신하기 · 113
7.4 거북이 모듈을 사용하는 몇 가지 방법 · · · · · · · · · · · 114
7.5 사각형 그리기 · 116
7.6 삼각형 그리기 · 118
7.7 인공지능 다각형 그리기 · · · · · · · · · · · · · · · · · · · 119
7.8 좌표점으로 도형 그리기 · · · · · · · · · · · · · · · · · · · 121
7.9 영역 색칠하기 · 122
7.10 Circle 함수를 사용하여 인공지능 다각형 그리기 · · · · · · · 123
7.11 Pen 올리고 내리며 그림 그리기 · · · · · · · · · · · · · · 125
7.12 원을 그리는 거북이 · 127
7.13 turtle 주요 기능 정리 · · · · · · · · · · · · · · · · · · · 128
단원 정리 확인학습 · 129

CHAPTER 08 포맷에 맞추어 출력하기 · 131

8.1 문자열과 양식문자 · 132
8.2 양식문자를 활용하여 문자열 만들기 · · · · · · · · · · · · 134
8.3 print 함수에서 양식문자 활용하기 · · · · · · · · · · · · 136
8.4 키에 대한 적정 몸무게를 구하는 문제 · · · · · · · · · · · 137
8.5 두 개의 정수를 입력받아 계산하기 · · · · · · · · · · · · · 138
8.6 8진수, 16진수 표현하기 · · · · · · · · · · · · · · · · · · 139
8.7 자릿수 확인 문제 · 142
8.8 포맷(format) 함수 사용하기 · · · · · · · · · · · · · · · · 143
8.9 문자열 객체의 format 함수 활용 · · · · · · · · · · · · · 146
단원 정리 확인학습 · 151

CHAPTER 09 조건문 활용하기 · 155

9.1 조건에 따라 흐름 제어하기 · · · · · · · · · · · · · · · · · 156
9.2 비교 연산자, 논리 연산자 · · · · · · · · · · · · · · · · · · 158
9.3 if 조건문의 문법 이해하기 · · · · · · · · · · · · · · · · · 161
9.4 if ~ else 조건문의 문법 이해하기 · · · · · · · · · · · 165
9.5 짝수 홀수를 판별하는 프로그램 · · · · · · · · · · · · · · 167
9.6 if ~ else 구문을 복합적으로 사용하기 · · · · · · · · 169
9.7 if ~ elif ~ else 조건문 문법 이해하기 · · · · · · · 171
9.8 응용문제: 두 과목의 평균 점수로 합격 여부 판단하기 · · · · · · · 172
9.9 응용문제: Pass, Fail 안내하기 · · · · · · · · · · · · · · 173
9.10 응용문제: 주차료 계산하기 · · · · · · · · · · · · · · · · · 175
9.11 응용문제: 윤년 판별하기 · · · · · · · · · · · · · · · · · · 176
9.12 체질량지수(BMI) 계산하여 건강 진단하기 · · · · · · · · 178
단원 정리 확인학습 · 180

CHAPTER 10 Function(함수)를 활용하기 · · · · · · · · · · · · · · · · · · 183

10.1 함수에 대해 이해하기 · 184
10.2 함수를 선언(정의)하는 방법 · · · · · · · · · · · · · · · · 186

10.3 입력과 출력이 비어있는 함수 만들기 · · · · · · · · · · · · · · · 188

10.4 리턴이 있는 함수 만들기 · · · · · · · · · · · · · · · 191

10.5 Sine 함수 직접 만들어보기 · · · · · · · · · · · · · · · 195

10.6 원의 둘레와 반지름 구하기 · · · · · · · · · · · · · · · 196

10.7 코드를 짧고 보기 좋게 만들어주는 함수 · · · · · · · 199

단원 정리 확인학습 · · · · · · · · · · · · · · · 202

CHAPTER **11** 반복문 활용하기 · · · · · · · · · · · · · · · 203

11.1 반복문 문법 익히기 · · · · · · · · · · · · · · · 204

11.2 while 반복문 문법 익히기 · · · · · · · · · · · · · · · 205

11.3 while 반복문으로 숫자 세기 · · · · · · · · · · · · · · · 207

11.4 while 문으로 구구단 출력하기 · · · · · · · · · · · · · · · 209

11.5 while 반복문으로 숫자 더하기 · · · · · · · · · · · · · · · 210

11.6 range 함수 이해하기 · · · · · · · · · · · · · · · 211

11.7 for 반복문 문법 익히기 · · · · · · · · · · · · · · · 213

11.8 for 반복문 파라미터 생략하기 · · · · · · · · · · · · · · · 215

11.9 특정 횟수만큼 반복하기 · · · · · · · · · · · · · · · 216

11.10 for 반복문을 사용하여 더하기 · · · · · · · · · · · · · · · 217

11.11 무한 반복하기 · · · · · · · · · · · · · · · 220

11.12 for 문으로 구구단 출력하기 · · · · · · · · · · · · · · · 222

11.13 응용 예제: 2진수 출력하기 · · · · · · · · · · · · · · · 225

단원 정리 확인학습 · · · · · · · · · · · · · · · 227

CHAPTER **12** 다양한 응용문제 해결하기 · · · · · · · · · · · · · · · 229

12.1 표준 몸무게 계산하기 · · · · · · · · · · · · · · · 230

12.2 팩토리얼 값 구하기 · · · · · · · · · · · · · · · 232

12.3 369게임 하기 · · · · · · · · · · · · · · · 235

12.4 구구단 퀴즈 · · · · · · · · · · · · · · · 239

12.5 소수 판별하기 · · · · · · · · · · · · · · · 243

12.6 최대공약수 구하기(반복적, 상식적인 방법) · · · · · · · 247

12.7 최대공약수 구하기(유클리디안) · · · · · · · · · · · · · · · 248

12.8 최대공약수 알고리즘의 비교 분석 · · · · · · · · · · · · · · · 250

12.9 피보나치 수열 구하기 · 251

CHAPTER 13 math 라이브러리 활용하기 · · · · · · · · · · · · · · · · 255

13.1 math 라이브러리를 활용하는 방법 · · · · · · · · · · · · · · · · 256
13.2 math 라이브러리에 저장되어 있는 상수들 · · · · · · · · · · · · · 257
13.3 반올림, 내림 등의 기능과
     math 라이브러리에 저장되어 있는 상수들 활용하기 · · · · · · · 258
13.4 삼각함수 자세히 살펴보기 · 259
13.5 로그함수 자세히 살펴보기 · 260
13.6 건물의 높이 구하기 문제 · 261
13.7 이차 방정식의 해를 구하는 문제(근의 공식) · · · · · · · · · · · · 262
13.8 각도에 따른 Sine 함수의 값 변화 확인하기 · · · · · · · · · · · · 264

CHAPTER 14 문자열 활용하기 · 265

14.1 문자열의 기본 · 266
14.2 대소문자 변환하기 · 268
14.3 문자열의 내용을 확인하는 함수 · · · · · · · · · · · · · · · · · · 269
14.4 불필요한 공백 제거하기 · 272
14.5 부분적으로 변경하기 · 273
14.6 문자열 인덱스 활용하기 · 274
14.7 문자열 슬라이싱 · 275
14.8 거꾸로 인덱스 슬라이싱 · 276
14.9 주민등록번호 해석하기(2000년 이전 출생자) · · · · · · · · · · · 277
14.10 주민등록번호 해석하기(2000년 이후 출생자) · · · · · · · · · · · 278
14.11 특정 단어 검색하기 · 280
14.12 문자열 쪼개기와 붙이기 · 283
14.13 응용문제: input 함수로 두 개 이상의 값 입력받기 · · · · · · · · 284
14.14 문자열과 반복문 · 286
단원 정리 확인학습 · 287

CHAPTER 15 리스트와 튜플 자료구조 · 289

15.1 변수와 리스트 · 290
15.2 리스트 만들기 · 291
15.3 규칙을 가지고 증감하는 수열의 리스트 만들기 · · · · · · · · · · · 293
15.4 리스트의 세부 항목 사용하기 · · · · · · · · · · · · · · · · · 295
15.5 리스트에 값 추가하기 · 297
15.6 리스트를 반복문으로 활용하기 · · · · · · · · · · · · · · · · · 299
15.7 다섯 명 학생의 성적의 합계와 평균 구하기 · · · · · · · · · · · · 300
15.8 두 개의 리스트 연결하기 · · · · · · · · · · · · · · · · · · 301
15.9 수식을 활용한 리스트 생성하기 · · · · · · · · · · · · · · · · 302
15.10 응용문제: 키와 표준 몸무게를 리스트에 저장하기 · · · · · · · · 303
15.11 응용문제: Sine 그래프 그리기 · · · · · · · · · · · · · · · · 304
15.12 다양한 리스트 활용 함수들 · · · · · · · · · · · · · · · · · 305
15.13 튜플 활용하기 · 308
단원 정리 확인학습 · 311

CHAPTER 16 딕셔너리 자료구조 · 313

16.1 딕셔너리(Dictionary) 구조 이해 · · · · · · · · · · · · · · · 314
16.2 딕셔너리에 값 입력하는 방법 · · · · · · · · · · · · · · · · · 315
16.3 딕셔너리 항목 검색하기 · · · · · · · · · · · · · · · · · · · 316
16.4 항목 추가하기와 삭제하기 · · · · · · · · · · · · · · · · · · 317
16.5 딕셔너리를 반복문으로 활용하기 · · · · · · · · · · · · · · · 318
16.6 프로그래밍 언어 개발연도 안내 챗봇 · · · · · · · · · · · · · · 320
16.7 동물명 영어사전 프로그램 · · · · · · · · · · · · · · · · · · 324

CHAPTER 17 파일 활용 및 예외처리 · 327

17.1 파일에 내용 쓰기 · 328
17.2 파일의 내용 읽기 · 331
17.3 예외 상황에 대한 이해 · 332
17.4 예외 상황을 처리하는 문법 · · · · · · · · · · · · · · · · · · 334

17.5 어떤 예외 상황인지 확인하기 · 335

17.6 파일 활용에서의 예외 상황 처리 · · · · · · · · · · · · · · · · · 337

단원 정리 확인학습 · 338

CHAPTER **18**

모듈 활용하기 · · · · · · · · · · · · · · · · · · 339

18.1 모듈 이해하기 · 340

18.2 나만의 `circle` 모듈 만들기 · · · · · · · · · · · · · · · · · 342

18.3 도형을 그려주는 나만의 모듈 만들기 · · · · · · · · · · · 344

18.4 `global` 키워드 이해하기 · · · · · · · · · · · · · · · · · · 345

단원 정리 확인학습 · 349

CHAPTER **19**

클래스 활용하기 · · · · · · · · · · · · · · · · · 351

19.1 클래스 정의 방법 · 352

19.2 사람(Person) 클래스 만들기 · · · · · · · · · · · · · · · · 353

19.3 원의 넓이를 구하는 클래스 만들기 · · · · · · · · · · · · 354

19.4 학생 성적 관리 프로그램 · 356

19.5 `from` 모듈 `import` 구문 · · · · · · · · · · · · · · · · 357

단원 정리 확인학습 · 359

CHAPTER **20**

몇 가지 유용한 라이브러리 · · · · · · · · · · · · · · 361

20.1 `time` 모듈 · 362

20.2 `timeit` 모듈 · 364

20.3 `date` 모듈 · 365

20.4 `datetime` 모듈 · 370

20.5 `random` 모듈 · 372

20.6 `statistics` 모듈 · 376

단원 정리 확인학습 · 377

찾아보기 · 379

COMPUTATIONAL THINKING with Python

COMPUTATIONAL THINKING
with Python

CHAPTER

01

파이썬 소개와 설치 안내

학습목차

1.1 파이썬 소개

1.2 파이썬 다운로드 및 설치

1.3 파이썬 실행하기(바로가기 아이콘 만들기)

1.4 Hello World 출력하기

1.5 환경설정 변경하기

1.6 예제 소스코드 실행해보기

1.7 콘솔에서 실행하기

프로그래밍 언어

파이썬은 컴퓨터 프로그래밍 언어 중의 하나이다. 컴퓨터 프로그래밍 언어란 쉽게 말하면 컴퓨터와 대화하기 위한 언어라고 생각하면 된다. 한국어를 못하는 외국인과 대화하려면 우리가 외국어를 배워 사용해야 하듯이 컴퓨터와 대화하고 컴퓨터에게 어떤 명령을 하려면 컴퓨터가 이해하는 언어를 배워야 하는 것이다.

외국인과 대화하기 위한 언어로 영어, 일본어, 중국어, 독일어 등 매우 다양한 언어가 존재하듯이 컴퓨터와 대화하기 위한 언어도 한 가지만 있는 것이 아니라 C, C++, C#, JAVA, Swift, R, Python, Java-Script, Delphi, Basic 등 다양한 언어가 존재한다. 잠시 뒤에 살펴보겠지만 세상에는 생각보다 많은 컴퓨터 프로그래밍 언어가 존재한다.

왜 컴퓨터와 대화해야 할까?

오랜 과거에는 하나의 언어로 주변 사람들과 소통하는 시대였다. 글로벌 시대에서는 외국어(대표적으로 영어)를 배워 소통하는 것이 필요하게 되었다. 정보화시대를 지나 이제 4차 산업혁명 시대에서는 컴퓨터가 우리의 삶과 업무에 중요한 요소가 되었다. 따라서 컴퓨터와 소통하지 않고서는 세상을 제대로 이해할 수 없고, 많은 업무들을 효율적으로 처리할 수 없다. 이제는 자국어 및 영어 등의 외국어뿐만 아니라 컴퓨터와 대화할 수 있는 역량이 매우 중요해졌다. 즉 IT를 전공하지 않더라도 프로그래밍(코딩) 언어를 어느 정도 알고 컴퓨터와 소통할 줄 아는 능력이 필요한 시대가 되었다.

파이썬 언어의 활용 추세

tiobe.com 사이트를 통해 다양한 프로그래밍 언어의 활용 순위를 대략적으로 파악할 수 있다. 아래의 그림을 보면 우리가 배울 파이썬의 경우 2020년 1월 시점에서 3위이며 계속 순위가 올라가는 추세임을 볼 수 있다. 아래 그림에서는 상위 10여 개의 언어만 표시했지만 사이트에 직접 방문하면 그 외에 어떤 언어들이 세계적으로 활용되고 있는지 파악할 수 있으니 사이트에 직접 방문해보도록 하자.

Jan 2020	Jan 2019	Change	Programming Language	Ratings	Change
1	1		Java	16.896%	-0.01%
2	2		C	15.773%	+2.44%
3	3		Python	9.704%	+1.41%
4	4		C++	5.574%	-2.58%
5	7	^	C#	5.349%	+2.07%
6	5	v	Visual Basic .NET	5.287%	-1.17%
7	6	v	JavaScript	2.451%	-0.85%
8	8		PHP	2.405%	-0.28%
9	15	⌃⌃	Swift	1.795%	+0.61%
10	9		SQL	1.504%	-0.77%
11	18	⌃⌃	Ruby	1.063%	-0.03%
12	17	⌃⌃	Delphi/Object Pascal	0.997%	-0.10%
13	10	v	Objective-C	0.929%	-0.85%
14	16	^	Go	0.900%	-0.22%
15	14	v	Assembly language	0.877%	-0.32%
16	20	⌃⌃	Visual Basic	0.831%	-0.20%

그림 1-1 tiobe.com 사이트 제공 화면(https://www.tiobe.com/tiobe-index/)

과거 10년~20년간 대표적인 언어는 C언어와 JAVA이었다. 그러나 최근 들어 Python을 배우고 사용하는 사람들이 많아지고 있으며 실무에서도 Python의 활용도가 높아지고 있다. 이렇게 설명하는 것은 Python이 C나 JAVA보다 더 좋으며 앞으로 C와 JAVA를 대신하여 Python이 사용될 것이라고 강조하려는 것은 아니다.

각 언어들은 그 특징과 사용목적이 다른 면이 있기 때문에 어떤 언어가 더 좋은가를 절대적으로 비교할 수는 없다. 즉, Python, C, JAVA를 단순 비교하는 것은 별 의미가 없다. 사실 실무에서는 여러 가지 언어들을 업무 목적에 따라 선택하여 사용하고 있으며, 하나의 시스템을 개발할 경우에도 여러 언어들을 함께 사용하는 경우가 많다.

아래에 파이썬의 핵심적인 특징들을 정리하였다.

- 파이썬은 1991년 '귀도 반 로섬'이 개발한 프로그래밍 언어이다.
- 파이썬은 비교적 배우기 쉬운 언어이다.
- 초보자뿐만 아니라 전문가들도 많이 사용하는 언어이다.
- 실무에 유용한 오픈소스 라이브러리가 제공된다.
- 파이썬은 인터프리터 방식의 언어이다.

그림 1-2 파이썬 개발자 '귀도 반 로섬'(출처: 위키피디아)

파이썬의 시작

파이썬은 1991년 네덜란드의 컴퓨터 프로그래머인 '귀도 반 로섬(Guido van Rossum, 1956년 출생)'이 개발하였다. 귀도 반 로섬은 1989년 12월 크리스마스에 별로 할 일이 없고 심심하여 파이썬이라는 언어 개발을 시작하였다고 얘기하였다. 사실 2000년대 초반까지만 해도 파이썬을 사용하는 사람들이 많지 않았지만 2010년 즈음부터 사용자 층이 많아지고 있다. 특히 최근에는 그 사용자 층이 폭발적으로 증가하는 추세이다.

파이썬은 쉽다.

파이썬은 비교적 쉬운 프로그래밍 언어이다. 만약 여러분이 C/C++ 또는 JAVA 언어들을 배워본 경험이 약간이라도 있다면 파이썬을 배우면서 상대적으로 쉽다는 것을 느끼게 될 것이다. 파이썬이 쉽다는 특징 때문에 최근에는 비전공자들도 프로그래밍을 처음 배울 때 파이썬으로 시작하는 경우가 많다. 또한 전공자들도 전통적으로는 C언어부터 시작하였으나 최근에는 파이썬을 배운 후 C/C++, JAVA 언어등을 배우는 것이 세계적인 추세이다.

파이썬은 프로그래밍(코딩) 문법이 비교적 단순하다. 그래서 어떤 프로그램을 작성할 때 코드가 간결하고 짧다. 화면에 "Hello World"라고 출력하는 간단한 프로그래밍 예제를 생각해보자. 이 예제를 C, JAVA, Python에서 각각 작성할 때 어떤 차이가 있는지 살펴보자.

아래는 C언어로 "Hello World" 텍스트를 화면에 출력하는 프로그램의 소스코드이다. 가장 간단한 형태의 프로그램이지만 처음 공부할 때에는 약간 부담이 되는 코드이다.

```
01  int main(void)
02  {
03      printf("Hello World\n");
04      return 0;
05  }
```

이번에는 JAVA로 "Hello World"를 화면에 출력하는 소스코드를 살펴보자. C언어보다 좀 더 어려워보인다.

```
01  public class hello {
02      public static void main(String args[ ])
03      {
04          System.out.println("Hello World");
05      }
06  }
```

그럼 이번에는 파이썬의 코드를 살펴보자. 단 1줄이다. C언어, JAVA와 비교하여 왜 쉽다고 이야기하는지 조금 감이 올 것이다.

```
01  print("Hello World")
```

파이썬은 인터프리터 방식의 언어이다.

파이썬은 인터프리터(interpreter) 방식의 언어이다. 인터프리터 방식이란 쉽게 말하면 대화하듯 하나씩 명령을 실행하며 결과를 보여주는 방식이다. 아직은 당연히 감이 오지 않겠지만 잠시 후에 간단한 실습을 해보면 이해가 될 것이다. 참고로 프로그래밍 언어들은 컴파일러(compiler) 방식의 언어와 인터프리터(interpreter) 방식의 언어로 구분될 수 있다.

구분	대표적인 언어	비고
컴파일러 방식	C, JAVA 등	전체 소스코드를 기계어로 변환한 후 실행된다. 일반적으로 인터프리터 방식보다 속도가 빠르다.
인터프리터 방식	Python, Scratch 등	전체 소스코드를 기계어로 변환하지 않고 한 줄 한 줄 실행된다. 일반적으로 컴파일러 방식보다 사용하기가 쉽다.

컴파일러 방식의 언어는 소스코드를 기계어로 변환하는 방식이다. 예를 들어 간단히 설명하면 C언어의 경우 hello.c라는 이름의 소스코드를 hello.exe라는 실행파일로 변환(컴파일)하는 과정을 거친 후 실행하는 것이다. 반면 인터프리터 방식에 속하는 파이썬의 경우에는 hello.py라는 소스코드를 기계어로 변환하지 않고(hello.exe라는 실행파일을 만들지 않고) 곧바로 한 줄 한 줄 실행한다.

파이썬은 유용한 오픈소스 라이브러리를 제공한다.

파이썬은 여러분이 실무에서 활용할 수 있는 유용한 오픈소스 라이브러리들을 많이 제공한다. 최근 사회적으로 인공지능, 머신러닝, 데이터 사이언스 등의 분야가 주목을 받고 있다. 이러한 분야에 적합한 언어가 파이썬이라고 할 수 있다. 이러한 분야에 관련된 기능들이 이미 잘 만들어져 무료로 제공되고 있다. 파이썬의 오픈소스 라이브러리(무료로 공개된 모듈)들을 잘 활용하면 쉽고 빠르게 다양한 분야의 프로그램을 만들 수 있게 된다.

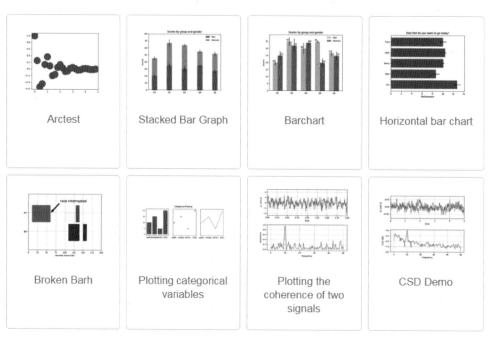

그림 1-3 https://matplotlib.org/gallery/index.html 페이지의 내용

좀 더 구체적으로 이해하기 위하여, 시각화에 많이 사용되는 matplotlib이라는 오픈소스 라이브러리를 살펴보자. matplotlib 라이브러리의 공식 홈페이지인 https://matplotlib.org 사이트에 방문해보자. 홈페이지에 방문한 후 상단의 [examples] 메뉴를 클릭하면 파이썬에서 이 라이브러리를 활용하여 생성할 수 있는 다양한 형태의 시각화 그래프들을 확인해볼 수 있다.

파이썬은 전공자들도 사용한다.

앞에서 "파이썬은 배우기 쉬운 언어다."라고 강조하였다. 그러나 혹시 이러한 설명으로 파이썬이 초보자용이고 실무에서 IT전문가들은 별로 사용하지 않을 것이라고 생각하는 경우도 있다. 그러나 이것은 오해이다.

컴퓨터공학을 전공하는 사람들에게도 이제 파이썬은 필수이며, 실무에서 점점 그 활용 비중이 커지고 있다. 기존에 C/C++, JAVA 등의 다른 언어들을 사용하던 사람들도 최근에는 파이썬을 배워 함께 활용하고 있다. 또한 세계적으로 대학의 IT관련 학과에서도 파이썬을 먼저 배운 후 C/C++, JAVA 등의 다른 언어를 배우도록 하는 교육과정 순서를 구성하고 있다.

파이썬 다운로드 및 설치

그럼 본격적으로 파이썬을 설치하고 사용해보자. 참고로 파이썬 프로그램의 설치는 그 과정이 매우 단순하며 설치가 몇 분 이내로 가능하기 때문에 부담이 없다.

파이썬 공식 홈페이지: http://www.python.org

일반적으로 C/C++을 배울 경우 Visual Studio를 설치하는데 용량이 기가바이트(GB) 단위이기 때문에 다운로드하고 설치하는데 많은 시간이 걸린다. 몇 시간이 걸릴 수도 있고, 상황에 따라 하루 만에 설치를 완료하지 못할 수도 있다.

파이썬은 기본 설치 프로그램은 3.8 버전의 경우 24Mbyte 정도의 용량이며, 설치 과정이 매우 단순하다. 아래의 단계를 따라서 설치를 진행해보자.

[**단계1**] 파이썬 공식 홈페이지(http://www.python.org)에 방문한다.

[**단계2**] Download 메뉴에 마우스를 올린 후 [Python 3.8.1]의 회색 버튼을 클릭한다.

크롬(Chrome) 브라우저를 사용하는 경우 버튼을 클릭하면 바로 다운로드가 시작된다(화면 좌측 하단 모서리에 다운로드 되는 상황이 표시된다). 인터넷 익스플로러(Internet Explorer) 브라우저를 사용하는 경우 화면 하단에서 [저장], [다른 이름으로 저장] 버튼을 클릭하여 경로를 지정한 후 다운로드를 한다. 파이썬 설치 파일의 크기는 24MB 정도로 매우 작은 크기이므로 다운로드 하는데 시간이 많이 걸리지 않는다.

[단계3] 다운로드 된 파일을 찾아 더블클릭하여 실행한다.

[단계4] 아래의 화면이 나타나면 [실행] 버튼을 클릭한다.

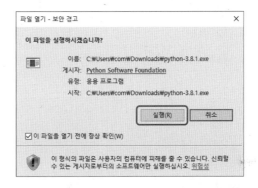

[단계5] 아래 화면에서 [Add Python 3.8 to Path] 항목을 체크하고 [Install Now]를 클릭한다.

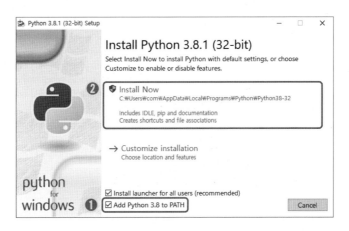

이 단계에서 [Add Python 3.8 to PATH] 항목을 꼭 체크하도록 하자. 체크하지 않더라도 기본적으로 본 교재의 예제들을 따라서 수행하는 데 큰 문제는 없다. 그러나 간혹 cmd 프로그램을 사용하여 Console 환경에서 파이썬의 기능을 수행할 경우가 있는데 이 항목이 체크가 되어있지 않으면 경로 설정이 안되어 실행이 번거로울 수 있다. 또한 뒤에서 pip 명령으로 추가 모듈(라이브러리)을 설치할 때 불편한 점이 있다.

[**단계6**] 설치 되는 과정을 기다린다. 보통 1-2분 정도 소요된다.

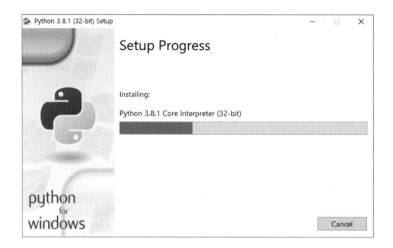

[**단계7**] 설치 성공 메시지가 나타난다. [Close] 버튼을 눌러 마무리한다.

파이썬 실행하기(바로가기 아이콘 만들기)

앞에서 파이썬 프로그램 설치를 완료하였다. 이제 설치된 프로그램을 실행해보자. 윈도우의 경우 검색 버튼을 누른 후 'Python 3.8'을 입력해보자. 아래 그림과 같이 방금 설치한 Python 3.8 버전에 해당하는 아이콘들이 표시된다. 'IDLE(Python 3.8 32-bit)'라는 메뉴를 클릭하여 프로그램을 실행할 수 있다.

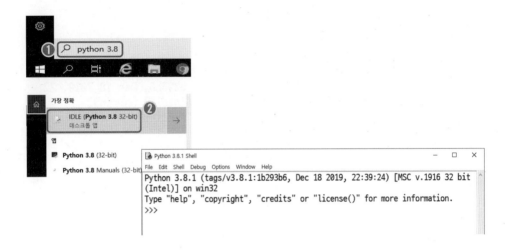

참고로 파이썬이 설치되었더라도 바탕화면에 실행 아이콘이 자동으로 생성되지는 않는다. 바탕화면에 실행 아이콘을 만드는 방법은 다음과 같다. Python 3.8이 검색된 상태에서 [파일 위치 열기] 항목을 클릭한다. 이때 4개의 실행 아이콘이 표시되는데 이 중 'IDLE (Python 3.8 32-bit)' 아이콘을 [Ctrl + C]로 복사한 후 바탕화면에서 [Ctrl + V]로 붙여넣기하면 바탕화면에 아이콘이 생성된다.

Hello World 출력하기

일반적으로 프로그래밍 언어를 처음 배울 때 화면에 "Hello World"라는 메시지를 출력하는 간단한 프로그램을 만드는 것으로 시작한다. 파이썬 프로그램을 실행하여 간단한 메시지를 출력해보자.

IDLE 프로그램을 실행한다. 프로그램이 실행되면 >>> 표시가 나타나며 그 옆에 우리가 입력할 수 있도록 커서가 깜박이고 있을 것이다.

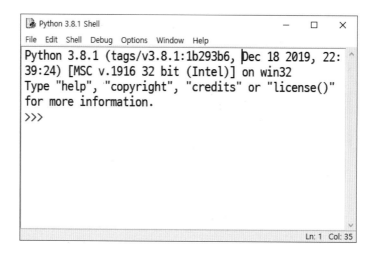

>>> 표시 옆에 print("Hello World")라고 입력한 후 엔터를 누르면 메시지가 바로 아래 출력된다. print 함수를 사용하면 간단한 텍스트를 화면에 출력할 수 있다. print 함수를 사용하는 자세한 방법은 뒤에서 배우게 될 것이다.

추가로 아래의 명령도 실행해보자.

- print("파이썬 공부를 시작합니다.")
- print("My name is gildong")
- print(3 + 5)

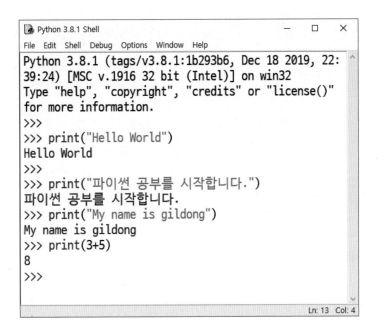

파이썬을 좀 더 편리하게 활용할 수 있도록 환경설정에서 몇 가지 옵션을 변경 해
보자.

글자 모양 및 크기 조정

첫 번째로 소스코드의 폰트 모양 및 사이즈를 조절하는 방법을 배워보자. 만약 표
시되는 글자의 모양(폰트)이 마음에 들지 않거나 폰트 크기가 너무 크거나 작아 보
기가 불편한 경우 옵션을 변경하면 된다.

- [Option] – [Configure IDLE] 메뉴를 클릭하면 아래의 대화상자가 표시된다.
- [Fonts/Tabs] 탭에서 폰트 모양 및 사이즈를 변경한다.

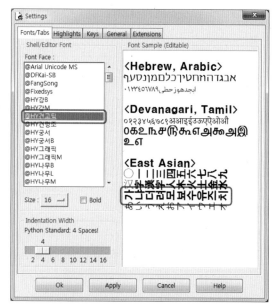

글자 모양과 크기 변경하기　　　　　　누워진 한글 문제(@로 시작하는 폰트가 원인)

간혹 코딩할 때 아래와 같이 한글이 옆으로 누워있는 경우가 있는데 이 경우는 폰트
를 변경해주어야 한다.

```
>>> print("한국에서 파이썬")
한국에서 파이썬
```

폰트명이 "@폰트명"의 형식과 같이 @로 시작하는 한글 폰트는 옆으로 누워진 모양이 표시되므로 @가 없는 한글 폰트를 찾아 선택해주어야 한다.

배경 색상 변경하기

파이썬의 IDLE 프로그램의 실행 화면은 기본적으로 아래 좌측 그림과 같이 배경이 흰색으로 표시된다. 기본 설정을 그대로 사용할 수도 있지만, 아래 우측 그림과 같이 배경을 어둡게 설정하는 것도 가능하다.

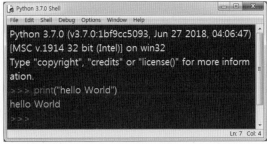

배경색을 어둡게 설정하면 입력하는 소스 코드가 더 명확하게 보이는 장점이 있어 위의 우측 그림과 같이 작업하는 것이 편할 수도 있다. 배경 화면의 색상을 어둡게 하는 방법은 아래와 같다.

- [Option] → [Configure IDLE] 메뉴를 클릭하면 대화상자가 표시된다.
- 두 번째 탭인 [Highlights] 탭에서 [IDLE Classic] 표시를 클릭하여 [IDLE Dark]로 변경한다.

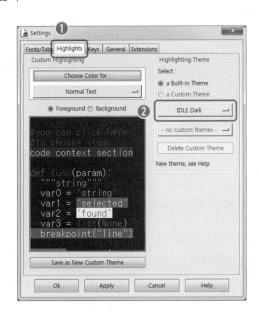

예제 소스코드 실행해보기

기본적으로 제공되는 파이썬 예제 소스코드를 불러와서 실행해보자. [Help] →
[Turtle Demo] 메뉴를 클릭하자. 참고로 Turtle은 파이썬에서 그림을 그려주는 역
할을 하는 모듈이다.

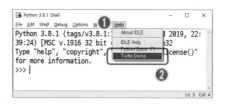

상단의 [Examples] 메뉴를 클릭한 후 [Examples] − [forest] 메뉴를 클릭한다. 좌측
영역에 예제 소스코드가 나타난다. 하단의 [Start] 버튼을 클릭하면 소스 코드가 실
행되면서 결과를 우측 영역에 표시해준다.

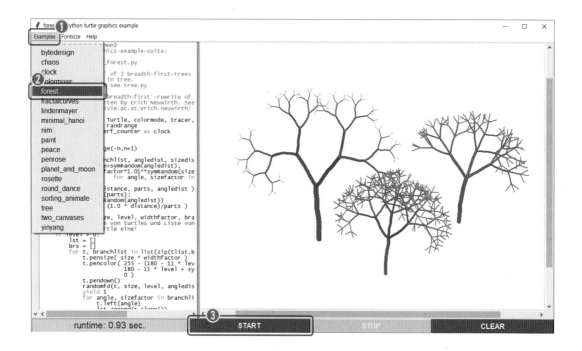

그 외에 아래의 데모(예제) 프로그램들도 실행해보자.

- [Examples] − [chaos]

- [Examples] − [round_dance]

- [Examples] − [clock]

콘솔에서 실행하기

윈도우 시작 버튼을 클릭한 후 검색 창에서 'cmd'를 검색하여 콘솔 프로그램을 실행한다. 또는 [Windows + R] 키를 눌러 실행창을 연 후 cmd를 입력하여 실행할 수도 있다.

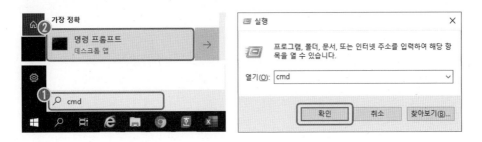

cmd를 실행하면 아래와 같이 검정색 화면으로 된 콘솔 창이 나타난다. 위의 화면에서 python이라는 명령을 입력하면 파이썬 프로그램이 실행되며 >>> 프롬프트가 나타난다.

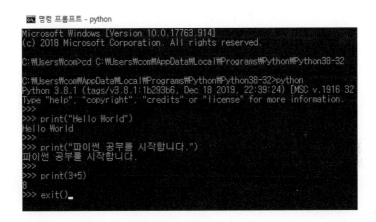

아래의 명령들을 차례대로 수행해보자.

- print("Hello World")
- print("파이썬 공부를 시작합니다.")
- print("My name is gildong")
- print(3 + 5)

마지막으로 `exit()` 명령을 수행하면 파이썬이 종료된다.

01. 파이썬은 누가, 언제 만들었는지 설명해보시오.

02. 파이썬의 특징을 나열해보시오.

03. 파이썬의 공식 홈페이지 주소는 무엇인가?

04. 여러분의 컴퓨터에 파이썬 프로그램(IDLE)을 설치하시오.

05. 여러분의 컴퓨터 바탕화면에 IDLE 프로그램의 바로가기를 생성하시오.

06. `print` 함수를 사용하여 화면에 자신의 이름과 취미를 출력하시오.

파이썬
처음 사용해보기

학습목차

2.1 파이썬을 계산기처럼 쓰기

2.2 변수를 사용하여 계산하기

2.3 두 가지 실행 모드 이해하기

2.4 설명문(주석) 입력하기

2.5 소스코드를 저장한 후 직접 실행하기

2.6 응용문제: 피자 크기 계산하기

2.7 응용문제: 환전 금액 계산하기

2.8 응용문제: 저축 후 원리금 계산하기

2.9 응용문제: 세금을 고려한 원리금 구하기

파이썬을 계산기처럼 쓰기

파이썬을 잘 배워두면 앞으로 여러분의 생활 속에서 그리고 전공분야에서 유용하게 활용할 수 있을 것이다. 회사에서의 반복적인 업무들을 자동화할 수 있으며, 데이터를 분석하고 시각화하는 등 데이터 사이언스 분석을 할 수도 있다. 그 외에도 게임을 만들 수도 있으며, 기업의 새로운 서비스를 구축하는 데에도 사용할 수 있다.

그러나 우리는 이제 막 파이썬 공부를 시작하는 단계이므로 계산 용도로 파이썬을 사용해보고자 한다. 숫자 계산은 시시해 보일 수도 있지만 실생활에서 많이 활용될 수 있는 기능이니 잘 배워두자.

파이썬을 실행하면 프롬프트(>>>)가 표시되는데 그 옆에 명령을 입력한 후 [Enter] 키를 눌러 바로 실행할 수 있다. 아래와 같이 간단한 숫자 계산 명령을 수행해보자.

```
>>> 3 + 5
>>> 5 * 2.5
>>> 20 - 5 * 3
```

위의 파이썬 코드는 너무 간단해 보인다. 이보다는 좀 더 복잡한 수학식을 계산해보자. 이런 식으로 괄호를 사용하여 우선순위를 지정할 수 있으며, 더 길게 수식을 표현할 수도 있다.

```
>>> 5 * 5 * 3.141592
>>> 10 + 15 / (5 - 2) * 7
```

그럼 파이썬으로 사칙연산 정도만 계산할 수 있는 것인가? 사칙연산 외에도 몇 개의 특별한 연산자들이 지원된다. 아래의 코드를 실행해보자. 일단은 사칙연산 외에도 특별한 기능을 하는 여러 개의 연산자가 더 있다는 정도만 알고 넘어가자.

```
>>>  (7 // 2) ** 5 % 8
>>>  10 + 2 ** 10 - 3//2 + 100 % 3
```

수학 책이나 전공 책에 나오는 루트함수(root), 삼각함수(sin, cos, tan 등), 지수
(log) 함수 등을 사용하여 좀 더 복잡한 수식을 계산해보자. 아래와 같이 `import
math`를 써주면 다양한 수학 계산을 할 수 있다.

```
>>>  import math
>>>  5 * 5 * math.pi                    # 반지름이 5인 원의 넓이
     78.53981633974483
>>>  math.sqrt(5)                       # 루트 5
     2.23606797749979
>>>  math.log2(1000)                    # 밑이 2인 로그 1000
     9.965784284662087
```

아래 코드는 사인(sin), 코사인(cos) 함수를 사용하는 예제이다. 아래의 코드를 이
해할 필요는 없다. 그냥 파이썬으로 라디안(radian) 값을 구할 수 있고, 사인 함수
및 코사인 함수도 사용할 수 있다는 점만 알고 넘어가면 된다.

```
>>>  math.sin(math.radians(30))         # sine 30도의 값
     0.49999999999999994
>>>  math.cos(math.radians(45))         # cosine 45도의 값
     0.7071067811865476
```

위의 `math` 라이브러리를 제대로 사용하는 방법은 뒤에서 자세히 배울 것이다. 우
선은 `math`라는 수학 모듈(라이브러리)에 다양한 수학 함수들이 제공되는데 그 모
듈에 포함된 함수를 사용한다고 이해하자. 수학에 관련된 예시가 나오면 부담을 느
낄 수도 있을 것이다. 그러나 참고로 프로그래밍(코딩)은 수학을 못해도 별로 상관
없으므로 전혀 겁먹을 필요가 없다.

위의 코드는 아래와 같이 좀 더 단순하게 표현될 수 있다. `from math import *`
명령으로 시작하는 경우 뒤에서 `math.`(모듈명 점)을 붙이지 않아도 된다.

```
>>>  from math import *
>>>  5 * 5 * pi                         # 반지름이 5인 원의 넓이
>>>  sqrt(5)                            # 루트 5
>>>  log2(1024)                         # 밑이 2인 로그 1024
>>>  log(2, 1024)                       # 밑이 2인 로그 1024
>>>  sin(radians(30))                   # sine 30도
>>>  cos(radians(45))                   # cosine 45도
```

변수를 사용하여 계산하기

앞 단락에서 파이썬을 계산기처럼 사용할 수 있음을 확인하였다. 파이썬은 단순한 기본 계산기와 다르게 변수를 사용할 수 있는 장점이 있다. 아래와 같이 변수 x, y 에 값을 입력한 후 3x + 5y 값을 계산할 수 있다.

```
>>>  x = 15
>>>  y = 7
>>>  3*x + 5*y
     80
```

파이썬은 한글로 변수 이름을 지정할 수 있다. 참고로 C, JAVA 등의 언어에서는 한글 변수를 지원하지 않는다. 한글 변수를 사용하여 아래와 같이 실용적인 계산도 쉽게 할 수 있다.

```
>>>  연필 = 700
>>>  볼펜 = 2500
>>>  연필*8 + 볼펜*15
     43100
```

그럼 이번에는 변수를 사용하여 반지름이 15인 원의 넓이를 구해보자.

```
>>>  반지름 = 15
>>>  원의넓이 = 반지름 * 반지름 * 3.14
>>>  print(원의넓이)                      # print 함수로 변수 값 출력
     706.5
>>>  원의넓이                             # print 함수 생략
     706.5
```

기본적으로 화면에 어떤 내용을 출력할 때는 print 함수를 사용해야 한다. 그러나 쉘(shell) 모드에서는 print 함수를 사용하지 않고 변수 이름만 입력해도 값이 출력된다.

두 가지 실행 모드 이해하기

파이썬 IDLE 프로그램은 2가지 명령 모드를 제공한다.

- **쉘(Shell) 모드:** 하나의 명령(보통 한 줄) 단위로 명령 실행
- **코드 편집기 모드:** 여러 줄의 소스코드를 입력한 후 한꺼번에 실행

쉘 모드

쉘 모드는 앞의 예제에서 사용했던 명령 모드이다. 프로그램 상단에 Shell이라는 내용이 표시된다. 프롬프트(명령대기 상태를 표시하는 >>> 표시)가 좌측에 표시되며 그 우측에 명령을 입력한 후 엔터를 치면 명령이 수행된다. 한 줄 단위로 명령을 하는 실행 모드이다. 인터렉티브 쉘 모드(Interactive Shell Mode)라고 부르기도 한다.

```
>>>  반지름 = 15
>>>  원의넓이 = 반지름 * 반지름 * 3.14
>>>  print(원의넓이)
```

코드 편집기 모드

코드 편집기 모드에서는 여러 줄의 명령을 입력한 후 한 번에 실행하는 모드이다. 아래의 순서로 실행한다.

- [File] – [New] 메뉴를 클릭한다.
- 메모장 형태의 새로운 입력 창이 나타난다.
- 메모장 형태의 입력 창에 소스코드를 입력한다.
- [File] – [Save] 메뉴를 클릭하여 저장한다. 저장할 때 확장자는 .py로 자동으로 지정된다.
- [Run] – [Run Module] 메뉴를 클릭하여 실행한다. 단축키로 [F5]를 사용할 수 있다.

위의 방식으로 아래의 소스코드를 입력한 후 실행해보자.

```
01  반지름 = 15
02  원의넓이 = 반지름 * 반지름 * 3.14
03  print(원의넓이)
```

설명문(주석) 입력하기

파이썬 코드에서 실제로는 실행되지 않는 설명문을 기록할 수도 있다. 설명문은 실행에 영향을 주지는 않으나 소스코드를 나중에 읽고 해석할 때 도움이 된다. 설명문을 주석이라는 용어로 많이 사용한다. 설명문을 입력하는 것을 주석 처리한다는 용어로도 표현한다.

한 줄의 설명문을 입력할 경우 # 기호를 사용하면 된다. # 기호의 뒷부분은 설명문으로 인식된다. 실행되는 부분이 아니므로 설명을 자유롭게 입력하면 된다. 쉘 모드에서 아래 2개의 명령을 수행해보자.

```
>>> x = 10                    # x에 10을 대입한다.
>>> print(x)                  # x 값을 출력한다.
```

코드 편집기 모드에서 #으로 한 줄의 설명문(주석)을 사용하는 예이다.

```
01  # 나의 첫 번째 파이썬 프로그램입니다.
02  반지름 = 15
03  원의넓이 = 반지름 * 반지름 * 3.141592      # 원의 넓이를 계산하는 수식
04  print(원의넓이)
```

#은 한 줄 단위로 설명문을 입력할 수 있다. 만약 여러 줄의 설명문을 입력하려면 어떻게 할까? 따옴표 세 개를 연달아 입력하여 주석문을 시작하고, 끝부분에도 동일하게 따옴표 세 개를 연달아 입력하면 그 사이 부분이 설명문으로 인식되며 실행되지 않는다. 작은 따옴표, 큰 따옴표 모두를 사용할 수 있다.

```
01  z = 100
02  '''
03  x = 100
04  y = 200
05  z = x + y
06  '''
07  print(z)
```

작은 따옴표 세 개를 사용한 주석

```
01  z = 100
02  """
03  x = 100
04  y = 200
05  z = x + y
06  """
07  print(z)
```

큰 따옴표 따옴표 세 개를 사용한 주석

여러 줄의 주석과 문자열

따옴표 세 개를 연달아 사용하여 여러 줄을 주석처리, 즉 설명문으로 처리할 수 있다는 것을 공부하였다. 그러나 뒤에서 배우다 보면 예외 상황이 있다. 변수에 텍스트를 여러 줄로 입력할 경우에도 사용된다. 아래의 예시를 통해서 이해해보자.

```
01  print("Hello")
02  """
03  print("이곳은 주석입니다. ")
04  print("출력이 안되지요")
05  """
06  print("Python")
07  mystr = """나는
08  여러 줄로 구성된
09  문자열 입니다."""
10  print(mystr)
```

다른 언어와의 주석처리 방식 비교

지금 이 책은 파이썬을 중심으로 설명하고 있지만, 여러분 중 대다수는 현재 C, JAVA를 배웠거나 또는 앞으로 배울 예정일 것이다. 언어들 간에 주석문을 처리하는 방식에 차이가 있으므로 혼동이 있을 수 있다. 아래에 C, JAVA, 파이썬의 주석문 처리 방식을 정리하였다.

언어	주석처리 방법	예시
C/C++ JAVA	// 기호를 사용하여 한 줄을 주석처리한다. /* 기호로 주석의 시작을 표시하고 */ 기호로 종료를 표시하여 여러 줄을 주석처리한다.	// 한 줄 설명문 /* 여러 줄 설명문 */
Python	# 기호를 사용하여 한 줄을 주석처리한다. 작은따옴표 세 개, 또는 큰 따옴표 세 개로 열고 닫아 여러 줄을 주석처리 한다.	# 한 줄 설명문 ''' 여러 줄 설명문 ''' """ 여러 줄 설명문"""

소스코드를 저장한 후 직접 실행하기

소스코드 작성과 실행

파이썬의 IDLE을 사용하여 소스코드를 작성한 후 파일을 저장하고 실행하는 방법을 배워보자. 아래와 같이 원의 넓이를 계산하는 간단한 기능을 하는 소스코드를 작성한다.

```
01  print("원의 넓이를 계산합니다.")
02  반지름 = 15
03  원의넓이 = 반지름 * 반지름 * 3.141592
04  print("원의 넓이는", 원의넓이 , "입니다.")
```

작성된 소스코드 파일을 "원의넓이.py"라는 이름으로 바탕화면에 저장하자.

그럼 이 파일을 더블클릭하면 어떻게 될까? 해당 소스파일이 실행된다. 그러나 실행된 후 깜빡하면서 화면이 바로 사라지기 때문에 결과가 보이지 않는 문제가 있다.

파일 수정과 실행

그럼 앞에서 작성한 소스코드를 수정하여 실행결과를 확인할 수 있도록 보완해보자.

아래와 같이 파일 아이콘 위에서 마우스 우측 버튼을 클릭한 후 [Edit with IDLE] − [Edit with IDLE 3.8(32bit)] 메뉴를 클릭한다. 그러면 IDLE 소스 편집기 모드로 소스코드가 나타난다.

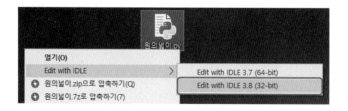

소스코드의 맨 아래 줄에 **input** 함수를 호출하는 코드를 추가한다. 실제로 입력을 받고자 하는 목적이 아니며 실행화면이 바로 사라지지 않고 잠깐 멈추도록 하는 역

할을 한다. input 함수를 사용하는 방법은 뒤에서 자세히 배울 것이다.

```
01  print("원의 넓이를 계산합니다.")
02  반지름 = 15
03  원의넓이 = 반지름 * 반지름 * 3.14
04  print("원의 넓이는", 원의넓이 , "입니다.")
05  input()
```

소스코드를 저장한 후 닫고, 아래의 파일을 직접 더블클릭하여 실행해보자.

아래와 같이 콘솔 화면에서 실행결과가 나타나는 것을 볼 수 있다. [Enter] 키를 누르면 화면이 사라진다.

응용문제: 피자 크기 계산하기

문제 이해하기

앞에서 배운 내용을 활용하여 여러분 스스로 간단한 문제를 해결해보자. 아래에 제시된 문제를 먼저 쉘 모드에서 해결한 후 그 다음 코드 편집기 모드를 사용하여 해결해보자.

친구들과 모여 피자를 주문해 먹으려고 한다. 주문한 피자의 지름이 45 cm이고, 8등분되어 있다고 할때 피자 1등분의 넓이를 구해보자. 참고로 원의 넓이는 반지름을 제곱한 후 원주율(π, 3.14)을 곱하여 계산할 수 있다.

파이썬으로 문제 해결하기

이 문제는 앞에서 예시로 보았던 원의 넓이를 구하는 문제와 거의 동일하다. 주어진 지름을 2로 나누어 반지름을 구한 후 원의 넓이를 계산하면 된다. 전체 넓이를 8로 나누어 한 조각의 크기를 구한다.

쉘 모드에서 아래의 순서로 실행한다. 한 줄 단위의 명령을 차례대로 수행한다. 수행 결과 피자 한 조각의 크기는 약 198 cm^2 임을 확인할 수 있다.

```
>>>   지름 = 45
>>>   반지름 = 지름 / 2
>>>   피자한판 = 반지름 * 반지름 * 3.14
>>>   한조각 = 피자한판 / 8
>>>   print("한 조각 ->" , 한조각)
      한조각 -> 198.703125
```

이번에는 **코드 편집기 모드**를 사용하여 해결해보자. [File] → [New File] 메뉴를 실행하여 새 파일을 만든다. 생성된 빈 파일에 아래와 같이 5줄의 명령 전체를 입력한다. [File] → [Save] 메뉴를 클릭하고 임의의 파일명으로 저장한다. 그 다음 [Run] → [Run Module] 메뉴를 클릭하여 실행한다. 단축키 [F5]를 사용하여 실행할 수도 있다.

```
01  지름 = 45
02  반지름 = 지름 / 2
03  피자한판 = 반지름 * 반지름 * 3.14
04  한조각 = 피자한판 / 8
05  print("한 조각 ->" , 한조각)
```

응용문제: 환전 금액 계산하기

문제 이해하기

해외여행을 위해 몇 달 동안 아르바이트를 하여 150만 원을 준비하였다. 이제 해외여행을 떠나기 위해 은행에 방문하여 150만 원을 미국 달러로 환전하고자 한다. 현재 미국 달러의 환율이 1달러 당 1,135원이라고 하자. 150만 원에 대해 몇 달러를 환전받을 수 있을까?

파이썬으로 문제 해결하기

셸 모드에서 아래와 같이 입력하면 150만 원은 1,321달러로 환전됨을 확인할 수 있다. 계산 결과 소수점 부분이 길게 표시되는데 보기 좋게 정리하는 방법은 뒤에서 배울 것이다.

```
>>> 1500000 / 1135
    1321.5859030837005
```

이번에는 변수를 사용하여 해결해보자. 참고로 숫자를 표기할 때 1,500,000과 같이 천단위 쉼표를 사용하면 에러가 발생한다. 그렇기 때문에 보통은 1500000 형식으로 숫자만 입력하는데 값의 단위를 혼동하기 쉽다. 파이썬에서는 숫자 사이에 언더바(_) 기호를 사용할 수 있도록 지원하므로, 언더바 기호를 천단위 구분기호로 사용할 수 있다.

```
>>> 한국돈 = 1_500_000
>>> 달러환율 = 1_135
>>> 환전결과 = 한국돈 / 달러환율
>>> 환전결과
    1321.5859030837005
```

이번에는 **코드 편집기 모드**를 사용하여 해결해보자. [File] → [New File] 메뉴를 실행하여 새 파일을 만들고 아래의 소스코드를 입력하자. 파일명을 입력하고 저장한 후 [Run] → [Run Module] 메뉴 또는 [F5] 키를 사용하여 실행하자.

```
01 한국돈 = 1_500_000
02 달러환율 = 1135
03 환전결과 = 한국돈 / 달러환율
04 print("환전결과 -->", 환전결과)
```

응용문제: 저축 후 원리금 계산하기

문제 이해하기

은행에서 1년 이자율로 3.25%의 높은 이자를 주는 저축상품을 제공하고 있다. 이 저축상품에 500만 원을 저축하였다가 1년 후에 돌려받고자 한다. 1년 후에 돌려받게 되는 원리금은 얼마인지 계산해보자. 여기서 원리금이란 원금과 이자를 더한 금액이다.

참고로 이자율 3.25%는 0.0325로 표기해야 한다. 파이썬에서 %는 백분율의 의미가 아니므로 3.25%라고 표기하면 에러가 발생하거나 엉뚱한 결과가 나오게 된다.

파이썬으로 문제 해결하기

쉘 모드에서 아래와 같이 간단하게 한 줄로 계산할 수 있다. 또는 아래의 명령을 5000000 * (1+ 0.0325)의 수식으로 좀 더 깔끔하게 표현할 수도 있다.

```
>>>  5000000 + 5000000 * 0.0325
```

이번에는 쉘 모드에서 변수를 사용하여 해결해보자. 코드가 길지만 이해하기 쉽고 명확한 장점이 있다.

```
>>>  원금 = 5000000
>>>  이자 = 원금 * 0.0325
>>>  원리금 = 원금 + 이자
>>>  print(원리금)
```

이번에는 **코드 편집기 모드**를 사용하여 해결해보자. 위의 쉘 모드에서는 단지 최종 결과 값만을 출력하였으나 아래 소스코드에서는 원금, 이자, 원리금 값을 각각 출력해주도록 보완하였다.

```
01  원금 = 5000000
02  이자 = 원금 * 0.0325
03  원리금 = 원금 + 이자
04  print("원금:", 원금)
05  print("이자:", 이자)
06  print("원리금:", 원리금)
```

응용문제: 세금을 고려한 원리금 구하기

문제 이해하기

1500만 원을 은행에 저축하였다가 3년 후에 돌려받고자 한다. 은행의 이자율은 3.25%이며, 이자 소득세율은 15.4%이다. 즉 이자에서 15.4%는 세금으로 제해지는 것을 고려하여 계산한다. 3년 후에 받게 되는 원리금은 얼마인가? 이 문제에서 원리금이란 3년 후 실제로 받게 되는 금액으로 원금에 이자를 더한 후 세금을 뺀 금액을 의미한다.

파이썬으로 문제 해결하기

셸 모드에서 아래와 같이 한줄로 계산할 수 있다.

```
>>> 15000000 + 15000000 * 0.0325 * 3 - 15000000 * 0.0325 * 3 * 0.154
```

그러나 위의 코드는 매우 비효율적이며 이해하기도 쉽지 않다. 아래와 같이 변수를 사용하면 좀 더 효율적으로 문제를 해결할 수 있다.

```
>>> 원금 = 15_000_000
>>> 이자 = 원금 * 0.0325 * 3
>>> 세금 = 이자 * 0.154
>>> print(원금 + 이자 - 세금)
```

이번에는 **코드 편집기 모드**를 사용하여 해결해보자. 위의 셸 모드에서는 단지 최종 결과 값만을 출력하였으나 아래 소스코드에서는 원금, 이자, 세금, 원리금 값을 각각 출력해주도록 하였다.

```
01  원금 = 15_000_000
02  이자 = 원금 * 0.0325 * 3
03  세금 = 이자 * 0.154
04  원리금 = 원금 + 이자 - 세금
05  print("원금:", 원금)
06  print("이자:", 이자)
07  print("세금:", 세금)
08  print("원리금:", 원리금)
```

01. 쉘 모드에서 아래의 명령을 실행하면 어떤 결과가 나올까?

```
>>> 5 * 3 / 2
```

02. 쉘 모드에서 아래의 명령을 실행하면 어떤 결과가 나올까?

```
>>> x = 5
>>> print(x * 2 - 3)
```

03. 쉘 모드에서 아래의 명령을 실행하면 어떤 결과가 나올까?

```
>>> print("반가워 파이썬")                        # print("안녕")
```

04. 쉘 모드에서 아래의 명령을 실행하면 화면에 어떤 결과가 출력될까?

```
>>> x = 5
>>> y = 3
>>> print(x)
>>> y
>>> print(x + y)
```

05. 코드 편집기 모드에서 아래의 소스코드를 작성한 후 실행하면 어떤 결과가 나올까?

```
01  # 내가 만든 프로그램
02  r = 5
03  # r += 3
04  print(r)
05  ' ' '
06  print(r * r * 3.14)
07  print(2 * r * 3.14)
08  ' ' '
```

06. 사과의 가격은 1,500원, 배의 가격은 2,500원, 귤의 가격은 500원이다. 사과 20개, 배 12개, 귤 30개를 구입하면 가격은 얼마일까?

07. 집이나 땅의 면적을 표현하는 단위로 평 또는 제곱미터(m^2)를 많이 사용한다. 35평은 몇 m^2 인지 계산해보자. 참고로 1평은 3.30579 m^2이다.

08. 중국 돈의 단위는 위안이다. 중국 돈 1위안은 한국 돈 163.42원이라고 하자. 그렇다면 한국 돈 150만 원을 중국 돈으로 환전하면 몇 위안일까?

09. 중국의 IT기업들의 연봉은 최근 크게 향상되고 있다. 어떤 경제보고서에서 텐센트라는 회사의 상반기 평균임금이 41만 위안이었으며 올해 연봉은 70만 위안을 넘어설 것으로 예상했다. 41만 위안, 70만 위안는 환화로 얼마일까?

10. 미국 야구(MLB) 역사상 현재까지 가장 빠른 공을 던진 투수는 아롤디스 채프먼이다. 그의 최고 구속 기록은 105.1 시속 마일(MPH)이다. 킬로미터(km) 단위로 변환하면 구속은 몇 일까? 참고로 1마일은 1.60934 km이다.

11. 미국 돈 5만 달러를 일본 돈 엔화로 환전하면 얼마일까? 미국 1달러는 1,129원이며, 일본 1엔은 한국 돈 10.02원이라고 가정한다. 미국 돈을 한화로 환전한 후 엔화로 다시 환전하는 상황을 고려한다. 수수료는 고려하지 않는다.

12. 250제곱미터(m^2)는 몇 평인지 계산해보자. 참고로 1평은 3.30579 m^2이다.

13. 피자 레귤러(R) 사이즈 1판과 라지(L) 사이즈 1판을 주문하였다. 레귤러 사이즈는 지름이 8 inch이며 라지 사이즈는 지름이 12 inch라고 하자. 라지 사이즈 피자가 레귤러 사이즈 피자보다 몇 배 더 큰지 계산해보자.

COMPUTATIONAL
THINKING
with Python

CHAPTER

03

연산자와 변수 활용

학습목차

3.1 기본 연산자 이해하기

3.2 응용문제: 센티미터를 인치로 변환하기

3.3 응용문제: 키를 피트와 인치로 변환하기

3.4 응용문제: 수학 함수 계산하기

3.5 변수 이해하기

3.6 변수의 이름을 정하는 규칙

3.7 등호(=) 연산자 이해하기

3.8 연산자 줄여서 짧게 쓰기

3.9 응용문제: 원의 둘레와 넓이 구하기

3.10 응용문제: 달러 환전액과 잔액 구하기

기본 연산자 이해하기

컴퓨터(Computer)는 그 이름에서 알 수 있듯이 숫자 간의 연산을 하는 도구이다. 실제로 컴퓨터의 핵심인 CPU가 하는 일은 숫자 간의 덧셈, 뺄셈 등의 간단한 수식 계산(연산)을 수행하는 것이다.

사람: 컴퓨터야~ 넌 무엇을 할 수 있니?

컴퓨터: 난 숫자 계산(연산)만 할 수 있어. 아주 빠르게 할 수 있지.

사람: 뭐라고? 숫자 계산 밖에 못한다고?

컴퓨터: 그런데 숫자 계산만 잘 하면 생각보다 많은 일들을 할 수 있어. 알파고와 같은 인공지능 프로그램을 만들 수도 있지. 세상 대부분의 일은 계산적 문제로 해결 가능하거든.

보통 연산자라고 하면 대표적으로 사칙연산인 덧셈, 뺄셈, 곱셈, 나눗셈을 떠올릴 것이다. 파이썬은 사칙연산 외에도 몇 개의 유용한 연산자를 제공하고 있다. 파이썬이 지원하는 기본 연산자들을 아래에 표로 정리하였다.

연산자	의미	사용 예	결과
+	더하기	5 + 2	7
−	빼기	5 − 2	3
*	곱하기	5 * 2	10
/	실수 나누기(소수점까지)	5 / 2	2.5
//	정수 나누기(나눈 몫)	5 // 2	2
%	나머지(나눈 나머지)	5 % 2	1
**	거듭제곱	5 ** 2	25

위 표에서 설명한 기본적인 계산의 역할을 하는 연산자를 '산술 연산자'라고 한다. 파이썬 프로그래밍 언어는 산술 연산자 외에도 비교 연산자, 논리 연산자, 비트 연산자 등의 다양한 연산자를 제공한다. 본 장에서는 산술 연산자를 중심으로 다룰 것이다.

곱하기 연산

먼저 곱하기에 관련된 연산자를 실습해보자. 이미 알고 있겠지만 대부분의 프로그래밍 언어에서 곱하기는 × 기호가 아니라 *(별표) 기호를 사용한다. 3 × 9의 간단한 곱셈도 할 수 있으며, 12345 × 12345 × 12345와 같이 큰 숫자의 연속된 곱도 아주 빠르게 계산할 수 있다.

```
>>> 3 * 9
    27
>>> 12345 * 12345 * 12345
    1881365963625
```

결과 값이 아주 큰 계산에 대해서도 답을 잘 해준다. 당연하다고 생각할 수 있지만 사실 이것은 파이썬의 특별한 장점이다. C언어나 JAVA의 경우 단순한 곱셈이라고 하더라도 계산 값이 커지면 값의 오버플로우(overflow) 현상으로 잘못된 값이 계산되는 경우가 있는데 파이썬의 경우 그러한 점을 신경쓰지 않아도 되는 장점이 있다.

여러 번 곱하기(거듭제곱) 연산

그럼 2를 10번 곱한 값이나 3을 20번 곱한 값을 어떻게 구할 수 있을까? 아래 예시와 같이 곱하기 연산자를 연속적으로 사용할 수 있으나 효율적인 방법은 아니다. 이렇게 같은 수를 연속적으로 곱하는 계산(거듭제곱)을 효과적으로 할 수는 없을까?

```
>>> 2*2*2*2*2*2*2*2*2*2
    1024
>>> 3*3*3*3*3*3*3*3*3*3*3*3*3*3*3*3*3*3*3*3
    3486784401
```

파이썬에서는 거듭제곱 연산자인 **가 제공된다. C, JAVA 등의 일반적인 언어에서는 제공되지 않는 연산자이다. 거듭제곱 연산자(**)를 사용하여 2를 10번 곱한 값은 1,024임을 계산할 수 있다.

```
>>> 2**10
    1024
```

좀 더 현실적인 문제를 생각해보자. 이미지를 표현할 때 한 픽셀당 3 byte의 메모리를 사용하여 색상을 표현한다고 할 때 몇 가지 색상을 표현할 수 있을까? 3 byte는 24 bit이므로 2**24의 계산을 통해 약 1,600만 개의 색상을 표현할 수 있음을 확인할 수 있다.

```
>>>  2**24
     16777216
```

숫자 단위가 큰 경우 쉼표를 표시하기를 원할 수도 있다. 그런 경우 아래와 **format** 함수를 사용하여 천 단위 쉼표를 지정하도록 할 수 있다. **format** 함수를 사용하는 방법에 대해서는 뒤에서 자세히 배울 것이다.

```
>>>  format(2**24 , ",")
     '16,777,216'
```

수학에서 지수에 분수 형태로 표현되는 수의 값을 구해보자. 인 $\sqrt[2]{5}$의 값을 구해보자. 또는 $\sqrt[3]{7}$의 값은 얼마일까? $\sqrt[3]{7}$은 3번 곱해서 7이 되는 수를 의미한다.

```
>>>  5**(1/2)
     2.23606797749979
>>>  7**(1/3)
     1.9129311827772389
```

나누기 연산

산술 연산자에서 나누기에 관련된 연산을 살펴보자. 나누기는 두 개의 연산자로 구분되는데 / (슬래시 하나)는 실수 나누기 연산자이고 // (슬래시 두 개)는 정수 나누기 연산자이다. 실수 나누기 연산자(/)는 나누기를 하여 결과를 소수점까지 계산하고, 정수 나누기 연산자(//)는 나눈 결과를 소수점을 버리고 정수 값만 계산한다. 즉 정수 나누기 연산자는 나누어 몫을 구하는 연산자로 이해할 수도 있다.

아래의 코드를 실행하여 실수 나누기 연산의 결과를 확인해보자. 첫 번째 명령은 10을 3으로 나누어 소수점까지 계산하여 3.333 …의 값을 얻는다. 참고로 컴퓨터는 실수 값을 표현할 때 정밀도에서 오차가 생길 수 있다. 두 번째 명령은 10을 4로 나눈 2.5라는 값을 얻게 된다.

```
>>>  10 / 3
     3.3333333333333335
>>>  10 / 4
     2.5
```

이번에는 정수 나누기 연산을 연습해보자. 위의 동일한 나눗셈이지만 정수 나누기 이므로 소수점은 계산하지 않는다. 나눈 몫을 계산하는 것이며, 계산된 실수 값에서 소수점을 반올림하는 것이 아니라 버린다고 이해하면 된다.

```
>>> 10 // 3
    3
>>> 10 // 4
    2
```

정수 나누기 연산자(//)는 정수 뿐 아니라 아래와 같이 실수에도 적용할 수 있다. 실수 값에 정수 나누기를 하면 계산 결과를 소수점 이하 값은 모두 버리고 .0으로 처리한다.

```
>>> 12.5 // 2.3
    5.0
```

또한 10은 정수이지만 10.0은 실수이다. 우리가 볼 때는 정수 10이나 실수 10.0이나 다를 것이 없다. 그러나 컴퓨터는 정수를 저장하는 방식과 실수를 저장하는 방식이 다르기 때문에이 둘이 내부적으로는 다르게 표현되고 취급된다는 점을 참고하자.

```
>>> 10 // 3
    3
>>> 10.0 // 3
    3.0
```

확인문제 3.1

1. 355를 32로 나누기를 해보자. 나눈 결과를 소수점까지 화면에 출력해보자.

2. 355를 32로 나누기를 해보자. 이번에는 나눈 몫과 나머지를 계산하여 출력해보자.

응용문제: 센티미터를 인치로 변환하기

문제 이해하기

단위를 변환하는 간단한 문제를 계산 해보자. 제품의 길이가 90센티미터(cm)라고 하자. 이 제품의 길이를 인치(inch) 단위로 표현하면 몇 인치일까 계산해보자. 참고로 1 inch는 2.54 cm이다.

문제 해결하기

위 문제는 나누기 연산자를 사용하여 간단하게 해결할 수 있다. 실수 나누기 연산자인 /를 사용하면 소수점까지 정밀하게 결과를 얻을 수 있다. 반면 정수 나누기 연산자인 //를 사용하면 소수점은 버리고 정수 단위로 결과를 얻을 수 있다.

```
>>> 90 / 2.54
35.43307086614173
>>> 90 // 2.54
35.0
```

아버지께 바지를 선물하고자 한다. 어떤 쇼핑몰에서는 허리 사이즈를 26, 28, 30, 32, 34, … 인치(inch) 단위로 판매한다. 또 어떤 쇼핑몰에서는 센티미터(cm) 단위로 76, 78, 80, 82, 84, … 사이즈를 판매하고 있다. 아버지는 주로 32 인치를 입는다. 센티미터로는 몇 사이즈를 구매해야 할까?

바지의 허리 사이즈 32 inch가 몇 cm인지 계산해보자. 아래와 같이 곱하기 연산자 (*)를 사용하여 간단하게 답을 얻을 수 있다.

```
>>> 32 * 2.54
81.28
```

응용문제: 키를 피트와 인치로 변환하기

문제 이해하기

단위 변환에 관련된 문제를 하나 더 살펴보자. 우리나라에서는 키를 표현할 때 주로 cm 단위를 사용하지만 미국에서는 feet, inch 단위를 사용한다. 키가 170 cm라고 할 때, 피트 및 인치 단위로 표현하면 어떻게 될까? 소수점까지는 계산하지 않고 정수 단위로만 계산해보자. 참고로 1 inch는 2.54 cm이고, 1 feet는 12 inch이다.

우선 170 cm 키를 inch 단위로만 변환하는 것은 아래와 같이 단순하다.

```
>>> 170 / 2.54
    66.92913385826772
```

그러나 피트, 인치로 변환하는 것은 생각처럼 단순하지는 않다. 아래와 같이 몇 개의 연산자를 사용하여 얻을 수 있다. 계산 결과를 통해 170 cm 키는 5 feet, 6.92 inch 임을 알 수 있다.

```
>>> 인치키 = 170 / 2.54
>>> 피트 = 인치키 // 12
>>> 피트
    5.0
>>> 인치 = 인치키 % 12
>>> 인치
    6.929133858267718
```

위에서 쉘 모드를 사용하여 문제를 해결하였다. 여러분 스스로 코드 편집기 모드에서 실행되도록 소스코드를 작성해보자. "당신의 키는 5피트 6.92인치 입니다."라는 형식으로 출력되도록 해보자.

응용문제: 수학 함수 계산하기

문제 이해하기

이번에는 아래의 수학공식에 대하여 y 값을 계산해보자. a의 값은 5, b의 값은 3이라고 하고, x 값이 7일 때의 y의 값을 계산해보자.

$$y = x^2 + \frac{b}{a}x + \left(\frac{b}{2a}\right)^2$$

문제 해결하기

위의 수식을 파이썬의 연산자를 사용하여 표현해보자. 약간 복잡해 보일 수도 있지만 앞에서 배운 연산자들만 사용해서 충분히 표현할 수 있는 수식이다.

```
y = x**2 + (b/a)*x + (b/(2*a))**2
```

위 수식에서 $a = 5$, $b = 3$, $x = 7$일 때 y의 값을 구하여 화면에 출력해보자. 쉘 모드를 사용하는 경우와 코드 편집기 모드를 사용하는 경우로 구분하여 아래에 소스 코드를 제시하였다.

쉘 모드

```
>>> a = 5
>>> b = 3
>>> x = 7
>>> y = x**2 + (b/a)*x + (b/(2*a))**2
>>> print(y)
```

코드 편집기 모드

```
01 a = 5
02 b = 3
03 x = 7
04 y = x**2 + (b/a)*x + (b/(2*a))**2
05 print(y)
```

변수 x의 값을 10에서 100까지 10씩 증가해가면서 출력되도록 수정해보자. 아래의 소스코드에서는 for 반복문을 사용하여 값을 변경 시키면서 연속적으로 출력하였다. 반복문의 사용법은 뒤에서 배울 예정이니 우선은 그냥 따라해보고 넘어가도록 하자.

```
01  a = 5
02  b = 3
03  for x in range (10, 101, 10) :
04      y = x**2 + (b/a)*x + (b/(2*a))**2
05      print(x , " --> ", y)
```

위의 소스코드를 실행하면 아래와 같이 x 값의 변동에 따른 y 값을 확인할 수 있다.

```
10 --> 106.09
20 --> 412.09
30 --> 918.09
40 --> 1624.09
50 --> 2530.09
60 --> 3636.09
70 --> 4942.09
80 --> 6448.09
90 --> 8154.09
100 --> 10060.09
```

변수 이해하기

변수란 무엇인가?

변수란 변하는 값이다.

수학 시간에 변수란 변하는 수(variable)이라고 배운 기억이 있을 것이다. 프로그래밍에서의 변수도 같은 의미로 이해할 수 있다. 변수에 들어있는 값은 변할 수 있다. 처음에 변수 x에 5라는 값을 대입하였지만 이 숫자가 계속 유지되어야 할 필요는 없다. 예시와 같이 나중에 다시 10이라고 값을 변경할 수 있다.

```
>>> x = 5
>>> pi = 3.14
>>> x = 10
>>> print (x)
    10
```

그러면 파이썬에서는 상수, 즉 변하지 않는 수는 어떻게 할까? 파이썬에서는 기본적으로 상수를 따로 정의하는 기능은 제공하지 않는다. 위의 예제에서 pi라는 변수의 값을 3.14로 입력하였는데 뒤의 코드에서 pi값을 변경하지 않는다면 상수와 같이 사용되는 것이다.

변수란 메모리의 저장 공간이다.

보통 변수 이름을 x, y, z 등으로 명칭을 부여하고 그 변수 안에 x = 5와 같이 값을 부여하여 계산을 수행한다. 컴퓨터 프로그래밍에서의 변수는 메모리(Main Memory)의 작은 저장공간을 의미한다.

아래의 간단한 코드가 어떤 역할을 하는지 살펴보자. x = 5라는 코드가 수행될 때 메모리 상의 여유 공간에 x라는 이름으로 작은 영역이 할당된다. 그다음 그 메모리 공간에 5라는 숫자가 입력된다. 정확하게는 00000101이라는 2진수가 표현될 것이다. `print(x)` 코드는 메모리에서 x라는 이름의 공간을 찾아 그 곳에 저장되어 있는 값을 가져와 화면에 출력하는 역할을 한다. `bin` 함수는 이진수(binary) 값으로 확인할 수 있다.

```
>>> x = 5
>>> print(x)
    5
>>> bin(x)
    '0b101'                              #2진수: 101
```

변수에 숫자만 들어가는 것은 아니다.

변수는 메모리 공간이다. 즉 메모리에 어떤 데이터를 입력하고 싶다면 변수를 만들어 입력하면 된다. 수학시간에는 변수에 보통 숫자를 입력하였지만 프로그래밍 언어에서는 다양한 형태의 데이터를 입력하게 될 것이다. 아래의 예제를 따라 입력하고 입력된 변수의 값을 화면에 출력해보자.

```
>>> a = 5
>>> b = 'A'
>>> c = '홍길동'
>>> d = [10, 20, 30, 40]
```

위 예제에서는 숫자, 문자, 텍스트, 벡터(리스트) 등의 데이터를 예로 들었지만 이외에도 행렬, 이미지, 파일 등의 더 복잡한 형태의 데이터들도 입력할 수 있다.

변수는 대소문자를 구분한다.

대부분의 프로그래밍 언어들과 같이 파이썬도 대소문자를 구분한다. 즉, x와 X는 다른 변수로 취급된다. 그러나 아래와 같이 대소문자를 섞어서 쓰는 경우 변수를 구분하기 어렵고 실수하기 쉬우므로 권장하지 않는다.

```
>>> x = 100
>>> X = 50
>>> Y = 2*x + X + 1
>>> print(y)                          # 에러 발생
```

아래와 같이 여러 단어가 합쳐진 변수를 사용할 때 대소문자를 혼용하여 각 단어를 구분한다.

```
>>> mathScore = 80
>>> englishScore = 90
>>> averageScore = (mathScore + englishScore) / 2
>>> print(averageScore)
```

한글 변수명을 사용할 수 있다.

C, JAVA 등 대부분의 프로그래밍 언어들의 경우 변수 이름을 영어로 지정해야만 한다. 반면 파이썬의 경우 한글로 변수 이름을 지을 수가 있다. 한글 변수를 사용하면 훨씬 편하게 프로그래밍을 할 수 있다.

위의 국어 점수, 영어 점수의 평균을 계산하여 출력하는 예제를 아래와 같이 한글 변수로 표현할 수 있다.

```
>>> 수학 = 80
>>> 영어 = 90
>>> 평균 = (수학 + 영어) / 2
>>> print(평균)
```

변수 이름은 숫자로 시작할 수 없다.

변수 이름에는 숫자가 사용될 수 있다. x1, x2, x3 등의 변수명이 가능하다. 그러나 변수명이 숫자로 시작할 수는 없다. x1은 가능하지만 1x는 가능하지 않다.

```
>>>  x1 = 100
>>>  x2 = 200
>>>  1x = 300                        # 숫자로 시작하면 오류
```

변수 이름에는 특수문자가 사용될 수 없다. 그러나 언더라인(_)은 사용 가능하다.

변수 이름에는 &, #, !, %, $ 등의 특수 문자를 사용할 수 없다. 그러나 언더라인 기호(_)는 사용할 수 있으며 자주 활용되는 편이다. 변수명을 지을 때 의미를 명확히 하기 위해 언더라인을 사용하면 좋다.

```
>>>  math# = 95                      # 특수문자 들어가면 오류
>>>  math_score = 95
```

변수명 중간에 공백이 들어갈 수 없다.

"평균점수"는 가능하나 "평균 점수"는 가능하지 않다. 의미를 명확하게 하기 위하여 단어를 구분하기 원한다면 _ (언더라인)을 사용하는 것이 좋다.

```
>>>  수학점수 = 90
>>>  물리 점수 = 95                    # 공백이 들어가면 오류
>>>  영어_점수 = 100
```

이미 지정된 키워드는 사용할 수 없다.

변수 이름을 파이썬에서 이미 지정된 for, while, break, continue 등의 키워드들과 동일하게 지을 수 없다. 아직 파이썬에 어떤 키워드들이 있는지는 몰라도 된다. 앞으로 공부하는 과정에서 키워드들을 알게 될 것이다. 변수명 중간에 키워드가 포함되는 것은 가능하다.

```
>>>  for = 10                        # 키워드로 하면 오류
>>>  break = 20                      # 키워드로 하면 오류
>>>  for1 = 20
```

등호(=) 연산자 이해하기

파이썬에서의 등호(=) 연산자의 의미를 이해해보자. 수학에서의 등호와 파이썬 등의 프로그래밍 언어에서의 등호 연산자의 의미는 다르기 때문에 잘 이해할 필요가 있다.

수학에서의 등호 의미

수학의 관점에서 아래의 연속된 수식을 해석해보자. 수학에서는 등호(=)를 Equal, 즉 좌변과 우변이 같다는 의미로 사용한다. 1번, 2번 라인은 해석하는데 별 어려움이 없다. 변수 x의 값은 5이고, 변수 y의 값은 7이라는 의미로 쉽게 이해할 수 있다. 3번 라인의 경우 수학의 관점에서는 잘못된 수식이다. 왜냐하면 x는 5이고, y는 7인데이 두 변수는 같을 수가 없기 때문이다. 5번 라인의 경우도 마찬가지 이유로 수학의 관점에서는 잘못된 수식이다.

```
01  x = 5
02  y = 7
03  x = y                    # 수학의 관점에서는 오류이다. x와 y는 같지 않다.
04  z = 10
05  z = x + y                # 수학의 관점에서는 오류이다.
```

프로그래밍에서 등호(=)의 의미

프로그래밍에서 = 기호는 '같다(equal)'라는 의미가 아니라 오른쪽(우변)의 변수 또는 계산 값을 왼쪽(좌변)의 변수에 '대입(Assign)한다'는 의미로 사용한다. 즉, 등호(=) 우측에 있는 수식의 최종 결과 값을 좌측에 있는 변수에 입력한다는 의미이다.

```
>>>  X = 5                   # X라는 변수(메모리 공간)에 5라는 값을 대입
>>>  Y = 7                   # Y라는 변수(메모리 공간)에 7이라는 값을 대입
>>>  X = Y                   # X라는 변수에 Y 값을 대입
>>>  Z = X + Y               # Z라는 변수에 X + Y 결과 값을 대입
```

등호의 우측에는 수식이 있어야 하고, 좌측에는 하나의 변수 이름만 있어야 한다.

```
>>>  X = 100
>>>  100 = Y                 # 오류: 좌측에는 단일 변수만 있어야 한다.
>>>  X = 2*X + 1
>>>  Y + 5 = X               # 오류: 좌측에는 단일 변수만 있어야 한다.
```

연산자 줄여서 짧게 쓰기

이번 장에서는 등호(=) 연산자 및 산술 연산자(+, − , *, /, //, **, %)를 짧게 줄여서 쓰는 방식을 배워보자.

우선 아래의 간단한 코드를 살펴보자. 변수 x에 5를 입력하였고, 두 번째 코드에서는 x를 3을 증가시켰다. 변수 x에 3을 더하여 x에 입력하였으니 원래 값에서 3이 증가되는 기능을 한다. 따라서 아래 코드를 실행해보면 8이 출력될 것이다.

```
>>> x = 5
>>> x = x + 3
>>> print(x)
    8
```

위의 코드에서 $x = x + 3$이라는 코드는 아래와 같이 x += 3으로 짧게 표현할 수 있다. $x = x + 3$의 코드를 보면 x라는 변수가 2번이나 쓰여지는 번거로움이 있기 때문에 x를 한 번만 쓰고 +=라는 특별한 기호를 사용한다. 이 기호는 '덧셈을 한 후 대입한다'라는 의미를 나타낸다.

```
>>> x = 5
>>> x += 3                          # x = x + 3의 축약된 표현
>>> print(x)
    8
```

위에서 설명한 함축 방식은 덧셈(+) 뿐 아니라 그 외의 기본 연산자들에도 적용할 수 있다. 함축 연산자를 아래에 표로 정리하였다.

함축 연산자	활용 코드	코드 의미
+=	x += a	x = x + a
−=	x −= a	x = x − a
*=	x *= a	x = x * a
/=	x /= a	x = x / a
//=	x //= a	x = x // a
%=	x %= a	x = x % a
**=	x **= a	x = x ** a

1만큼 증가시키거나 감소시키기

앞으로 프로그래밍을 공부하다보면 특정 변수에 1을 더하거나 빼는 작업을 의외로 많이 하게 된다. 변수 x에 10을 입력하고 1을 더한 후 2를 빼는 코드를 만들어보자. 앞에서 배운 += 및 −= 연산자를 사용해보자. 10에 1을 더한 후 2를 빼고 출력하였으므로 결과는 9가 출력된다.

```
>>> x = 10
>>> x += 1                              # x = x + 1
>>> x -= 2                              # x = x - 2
>>> print(x)
    9
```

C언어, JAVA 언어를 공부한 경우 주의점

C언어 및 JAVA 언어에서는 ++, −− 증감 연산자를 지원한다. ++은 1을 증가시키는 연산자이고, −−은 1을 감소시키는 연산자이며 매우 빈번하게 사용한다. 그러나 파이썬에서는 ++, −− 연산자를 지원하지 않는다. 변수 x에 1을 증가시키려면 위와 같이 x+=1이라고 표현해야지 x++ 또는 ++x라고 표현하면 안된다.

```
>>> x = 10
>>> x++
    SyntaxError: invalid syntax
>>> ++x
>>> print(x)
    10
```

위의 코드에서 x++라고 명령하면 에러가 발생한다. ++ 및 −− 증감 연산자가 지원되지 않기 때문에 나오는 오류이다. 반면 ++x라고 명령하면 에러없이 실행이 된다. 이 경우는 단지 +(plus) 연산자가 두 번 실행된 것이며 실제로 값의 변화는 없다.

−−x라고 명령한 경우에도 에러 없이 실행되는데이 경우도 증감 연산자 −−이 실행된 것이 아니라, −(minus) 연산을 두 번 실행한 것으로 x 값의 변화는 생기지 않는다.

```
>>> x = 10
>>> --x
```

응용문제: 원의 둘레와 넓이 구하기

문제 이해하기

반지름이 15인 원의 둘레와 넓이를 계산하는 문제를 해결해보자. 아래와 같은 형식으로 화면에 계산 결과가 출력되도록 파이썬 프로그램을 만들어보자. 코드 편집기 모드에서 소스코드를 작성하여 실행해보자.

```
반지름: 15
원의둘레: 94.24776
원의넓이: 706.8582
```

문제 해결하기

이 문제는 앞에서 반복적으로 실습했던 내용이기 때문에 전혀 어렵지 않을 것이다. 아래의 정답을 보지 말고 여러분 스스로 소스코드를 작성해보기 바란다. 반지름, 파이, 원의둘레, 원의넓이 값들을 각각 변수로 사용하여 계산하자.

- 반지름이라는 변수에 15를 입력한다.
- 원의 둘레를 '2* 반지름 * 3.14'의 공식으로 계산한 후 변수에 저장한다.
- 원의 넓이를 '반지름 * 반지름 * 3.14'의 공식으로 계산한 후 변수에 저장한다.

완성된 소스코드는 아래와 같다.

```
01  반지름 = 15
02  파이 = 3.141592
03  원의둘레 = 2 * 반지름 * 파이
04  원의넓이 = 반지름 * 반지름 * 파이
05  print("반지름 :", 반지름)
06  print("원의둘레 :", 원의둘레)
07  print("원의넓이 :", 원의넓이)
```

응용문제: 달러 환전액과 잔액 구하기

문제 이해하기

해외 여행을 위해 한국 돈을 미국 돈으로 환전하고자 한다. 1달러가 1,175원이라고 할 때 250만 원을 환전하면 몇 달러를 받을 수 있을까? 그리고 환전 후 남은 금액(잔액)은 얼마인지 계산하려고 한다. 이 문제를 해결하는 프로그램을 작성해보고 아래와 같이 출력해보자.

```
가진돈: 2500000
환율: 1175
환전액: 2127  달러
남은돈: 775 원
```

문제 해결하기

쉘 모드에서 해결해보자. 우선 변수를 사용하지 않고 한 줄의 명령으로 결과를 얻을 수도 있다. 실행 결과 250만 원을 미국 달러로 환전하면 2,553 달러임을 확인할 수 있다. 환전의 문제에서 소수점 단위는 필요하지 않기 때문에 정수 나누기 연산자(//)을 사용하여 정수값만 표현하자.

```
>>>  2500000 / 1175                    # 실수 나누기
     2127.659574468085
>>>  2500000 // 1175                   # 정수 나누기(몫)
     2127
```

그러나 위의 코드는 환전했을 때 달러 금액은 구할 수 있지만 환전 후 잔액을 구하지는 못한다. 이번에는 변수를 사용하여 문제를 해결해보자. 변수를 사용하면 계산 중간 단계의 값들을 메모리에 저장해 둘 수 있으므로 효율적인 계산이 가능해진다. 코드 편집기 모드에서 아래 소스코드를 입력한 후 실행해보자.

```
01  가진돈 = 2500000            # 2_500_000로 표현 가능
02  환율 = 1175                # 1,175로 표현하면 안됨. 1_175는 가능
03  환전액 = 가진돈 // 환율      # 소수점 단위는 필요하지 않으므로 정수 나누기
04  잔액 = 가진돈 % 환율
05  print ("가진돈: ", 가진돈)
06  print ("환율: ", 환율)
07  print ("환전액: ", 환전액, "달러")
08  print ("남은돈: ", 잔액, "원")
```

01. 아래의 변수들 중 잘못된 변수 이름을 선택하고 그 이유를 설명하시오.

x	y	y1	1x	1달러 _kor
#math	성적	$환전	engScore	eng_score

02. 변수 이름을 지정할 때 주의해야 할 점들을 나열하시오.

03. 아래의 문장을 실행하면 어떤 결과가 나올까?

```
>>>  x = 10
>>>  y = x // 3
>>>  y += 2
>>>  print(y)
```

04. 아래의 문장을 실행하면 어떤 결과가 나올까?

```
>>>  a = 5
>>>  b = 3
>>>  c = a % b
>>>  c *= 7
>>>  print(c)
```

05. 아래의 문장을 실행하면 어떤 결과가 나올까?

```
>>>  a = 8 - 3 * 2
>>>  b = a * 2 ** 3
>>>  c = a + b
>>>  print(c)
```

06. 컴퓨터 부품을 구입하고자 한다. 마우스의 가격은 15,000원, 키보드의 가격은 23,000원, 스피커의 가격은 30,000원이라고 하자. 마우스를 3개, 키보드를 5개, 스피커를 2개 구입하면 지불해야 할 총 금액을 구해보자.

07. 국어 점수가 95점, 영어 점수가 87점, 과학 점수가 100점일 때 3과목의 합계 점수와 평균 점수를 계산해보자.

08. 온도의 단위로 우리나라에서는 섭씨온도(℃)를 주로 사용하지만 미국에서는 화씨온도(℉)를 많이 사용한다. 섭씨온도로 32도는 화씨온도로 몇 도일까?

변환 공식: 화씨온도(℉) = 섭씨온도(℃) × (9/5) + 32

09. 100미터 상공에서 공을 떨어뜨렸을 때 3초 후의 속도는 얼마일까? 참고로, 속도 = 중력가속도 × 시간(초)로 계산되며, 중력가속도는 9.8 m/s이며 저항은 없다고 가정한다(쉽게 말하면 1초에 9.8 m/s씩 속도가 빨라진다).

10. 현재 20 kg 단위의 쌀 가격이 34,900원 이라고 하자. 만약 내년에는 쌀 가격이 12% 인상된다고 하면 내년의 20 kg 단위의 쌀 가격은 얼마가 될까?

11. 현재 20 kg 단위의 쌀 가격이 50,000원 이라고 하자. 매년 쌀 가격이 6%씩 인상된다고 한다면 10년 후의 20 kg 단위의 쌀 가격은 얼마가 될까?

12. 매년 물가가 5%씩 일정하게 상승된다고 가정하자. 20년 후의 물가는 현재에 비해 몇 배가 증가했을까? 현재 대학 등록금이 300만 원이라고 할 때 물가 상승률과 동일하게 등록금이 올라간다면 20년 후의 등록금은 얼마가 될까?

기본 출력 함수: print

학습목차

4.1 print 함수 기본 활용

4.2 문자열(텍스트) 출력하기

4.3 재미있게 출력해보기

4.4 특별한 따옴표 활용법

4.5 특별한 문자를 출력하기

4.6 쉼표(,) 사용하여 출력하기

4.7 끝 문자 및 구분 문자 변경하기

print 함수 기본 활용

print 함수는 파이썬을 공부하는 과정에서 가장 많이 사용하는 함수이다. 교재의 앞 장의 내용에서도 print 함수를 사용하는 예제들을 간단히 수행해보았기 때문에 어느 정도는 이해하고 있을 것이다. 이번 장에서 print 함수를 사용해서 출력하는 방법을 제대로 배워보도록 하자.

값, 변수, 수식 출력하기

이미 앞에서 실습해 본 여러 가지 예제들을 통해서 print 함수의 사용법은 대략적으로 알고 있을 것이다. 다시 한번 정리를 해보자. print 함수는 숫자, 변수, 수식 등을 출력할 수 있다.

```
>>> print(3.14)                      # 숫자 출력
    3.14
>>> x = 10
>>> print(x)                         # 변수 출력
    10
>>> print(10 + 5/2 - 5)              # 수식의 결과 값 출력
    7.5
```

쉘 모드에서는 숫자, 변수, 수식을 입력하면 print 함수를 생략한 것으로 인식한다. 즉, 숫자, 변수, 수식 등을 그냥 입력하면 위에서 print 함수를 사용한 것과 동일하게 값이 화면에 출력된다. 코드 편집기 모드에서는 print 함수를 생략할 수 없기 때문에 명시적으로 print 함수를 써주어야 한다.

```
>>> 3.14                             # print(3.14)와 동일
    3.14
>>> x = 10
>>> x                                # print(x)와 동일
    10
>>> 10 + 5/2 - 5                     # print(10 + 5/2 - 5)와 동일
    7.5
```

문자열(텍스트) 출력하기

따옴표로 텍스트 만들어 출력하기

파이썬에서는 텍스트(문자열)를 지정할 때 큰따옴표 또는 작은따옴표를 사용한다. 이름, 고향 등의 정보를 변수에 저장한 후 출력해보자.

```
>>> 이름 = "홍길동"                        # 큰따옴표로 문자열 지정
>>> 고향 = '아름다운 서울'                   # 작은따옴표도 가능함
>>> print(이름)
    홍길동
>>> print(고향)
    아름다운 서울
```

print 함수로 문자열을 직접 출력하는 경우에도 큰따옴표나 작은따옴표를 사용하여 텍스트를 화면에 직접 출력할 수 있다. 참고로 C언어 및 JAVA 언어에서는 문자열을 표현할 때 반드시 큰따옴표를 사용해야 한다는 차이점이 있다.

```
01  print('내 이름은 홍길동이야')              # 작은따옴표
02  print("나의 고향은 아름다운 서울이야")        # 큰따옴표
```

에러가 발생하는 경우들을 살펴보자. 1번 라인과 같이 여는 따옴표와 닫는 따옴표가 일치하지 않으면 에러가 발생한다. 2번 라인의 경우 여는 따옴표는 있지만 닫는 따옴표는 없으므로 에러가 발생한다. 3번 라인은 닫는 괄호가 없으므로 에러가 발생한다.

```
01  print('내 이름은 홍길동이야")              # 여는 따옴표와 닫는 따옴표가 다름
02  print("나는 올해 21살이 되었어)            # 닫는 따옴표 없음
03  print("내 이름은 홍길동이야"               # 닫는 괄호가 없음
```

위의 예제는 코드가 짧고 단순하므로 에러를 발견하기가 어렵지 않으나, 앞으로 좀 더 복잡한 코딩을 하는 경우 닫는 따옴표, 닫는 괄호 등을 입력하지 않는 실수를 하는 경우가 많으니 주의하도록 하자.

수식 자체를 출력하는 방법

print 함수 안에 수식이 존재하면 수식의 결과 값을 계산한 후 최종 결과를 출력

한다. 수식이라고 하더라도 따옴표로 묶으면 문자열로 인식되기 때문에 계산이 되지 않고 수식이 그대로 출력된다.

```
>>>  print(5 * 5 * 3.14)                     # 수식의 결과 값 출력
     78.5
>>>  print("5 * 5 * 3.14")                   # 수식 자체가 텍스트로 출력
     5 * 5 * 3.14
```

아래와 같이 실행하면 어떤 결과가 나올 지 예상해보자.

```
>>>  print("5 * 5 * 3.14 = " , (5*5*3.14))
```

변수를 출력할 때의 주의점

변수의 값을 화면에 출력할 때는 따옴표를 지정하면 안된다. 변수 이름만을 입력해야 한다. 너무 당연한 내용을 설명하는 것 같지만 파이썬을 처음 배울때는 실수하는 경우가 많기 때문에 예제를 통해 설명하였다.

```
>>>  num = 10
>>>  print(num)                              # 변수 값 출력
     10
>>>  print("num")                            # 따옴표 안의 내용 출력
     num
>>>  print("num =" , num)                    # 따옴표 안의 내용 출력과 변수값 출력
     num = 10
```

재미있게 출력해보기

앞에서 배운 print 함수를 사용하면 별로 어렵지 않게 원하는 내용을 화면에 출력할 수 있다. 그럼 간단한 응용으로 화면에 자신을 소개하는 파이썬 프로그램을 만들어 보도록 하자.

아래의 예시를 참고하여 여러분을 소개하는 내용을 화면에 출력해보도록 하자. 코드 편집기 모드에서 아래의 소스코드 3줄을 입력한 후 실행해보자.

```
01  print("안녕 만나서 반가워")
02  print("내 이름은 홍길동이라고 해")
03  print("나는 요즘 파이썬을 공부하고 있어")
```

위의 소스코드를 실행하면 3줄이 빠르게 출력되기 때문에 거의 동시에 화면에 출력된다. print 함수는 사용하기 너무 쉬워서 조금은 지루한 감도 있다. 약간 컴퓨터와 대화하는 느낌이 나도록 문장 단위로 시간 간격을 주도록 수정해보자.

```
01  import time
02
03  print("안녕 만나서 반가워")
04  time.sleep(1)
05  print("내 이름은 홍길동이라고 해")
06  time.sleep(1)
07  print("나는 요즘 파이썬을 공부하고 있어")
```

import time이란 시간에 관련된 기능을 제공하는 time이라는 모듈을 가져온다는 의미가 있으며 time.sleep(1)은 time 모듈에 들어있는 sleep이라는 잠깐 멈추는 함수를 사용하겠다는 것을 의미한다. 여기서 1은 1초를 의미한다. time.

sleep(0.5)로 수정하면 0.5초 간격으로 출력된다.

이번에는 화면에 한 줄씩 출력될 때마다 스피커로 '삑삑' 소리가 나오도록 추가해보자. 아래의 소스코드를 참고하여 코드를 작성해보자.

```
01  import time
02  import winsound
03
04  print("안녕 만나서 반가워")
05  winsound.Beep(600, 500)
06  time.sleep(1)
07  print("내 이름은 홍길동이라고 해")
08  winsound.Beep(600, 500)
09  time.sleep(1)
10  print("나는 요즘 파이썬을 공부하고 있어 ")
11  winsound.Beep(600, 500)
```

winsound라는 소리에 관련된 모듈을 임포트한 후 Beep 함수를 사용하여 삑 소리를 출력한다. Beep(600, 500)에서 첫 번째 파라미터 600은 소리의 높이(음색)를 의미하고, 두 번째 파라미터는 소리가 출력되는 시간(길이)을 의미한다. 시간(길이)의 단위는 밀리초(1/1000초)이며, 따라서 500은 0.5초를 의미한다. Beep 함수를 배우는 것이 목적은 아니기 때문에 winsound 모듈의 Beep 함수를 사용하면 삑 소리를 낼 수 있다는 정도만 알고 넘어가도록 하자.

아래는 학교종이 땡땡땡 노래를 간단하게 연주하는 소소코드이다. 아직 배우지 않은 내용들(튜플 자료구조, 문자열, 반복문, 조건문 등)이 포함되어 있으므로 정확히 이해하려기 보다는 따라하기 식으로 해보자.

```
01  import winsound
02  import time
03
04  음계 = {'도':523, '레':587, '미':659, '파':698,
05        '솔':783, '라':880, '시':987, '또':1046 }
06  학교종 = "솔솔라라솔솔미 솔솔미미레 솔솔라라솔솔미 솔미레미도"
07
08  for i in 학교종 :
09      if i == ' ':
10          time.sleep(1)
11      else :
12          winsound.Beep( 음계[i],  300)
```

특별한 따옴표 활용법

따옴표 자체를 출력하는 방법

일반적으로 큰따옴표와 작은따옴표는 자유롭게 사용할 수 있지만 항상 그런 것은
아니다. 화면에 파이썬 '최고'의 언어라고 내용을 출력하려면 어떻게 해야 할까?

내용 중에 작은따옴표가 사용되기 때문에 아래의 1번 라인과 같이 바깥쪽에는 큰
따옴표를 꼭 사용해야 한다. 2번 라인과 같이 작은따옴표를 연달아 사용하면 에러
가 발생한다.

```
01  print("파이썬 '최고'의 언어")              # 정상적으로 출력됨
02  print('파이썬 '최고'의 언어')              # 오류 발생
```

이번에는 화면에 **파이썬 "최고"의 언어**라고 내용을 출력해보자. 내용 중에 큰따옴
표가 사용되기 때문에 바깥쪽에는 작은따옴표를 사용해야 한다.

```
01  print('파이썬 "최고"의 언어')              # 정상적으로 출력됨
02  print("파이썬 "최고"의 언어")              # 오류 발생
```

위의 2번 라인 코드는 아래의 방식으로 수정될 수도 있다. 만약 바깥쪽에도 큰따옴
표를 꼭 사용하고 싶은 경우에는 텍스트 안쪽의 큰 따옴표를 표시하기 위해 \" (역
슬래시")기호를 사용할 수 있다. 여기서 \" 기호는 탈출(escape)문자라고 말하는데
이것에 대해서는 다음 5절에서 배울 것이다.

```
02  print("파이썬 \"최고\"의 언어")
```

여러 줄을 입력하는 방법

지금까지는 문자열 변수에 한 줄의 텍스트만을 입력하였다. 만약 한 줄이 아니라 여러 줄의 텍스트를 입력하려면 어떻게 할까? 따옴표 세개를 연속적으로 사용하는 방식을 사용한다. 아래의 예제를 따라서 수행해보자.

```
>>> 메모 = '''나는 파이썬을 공부한다.
파이썬 정복하고 말거야
한달만 기다려 파이썬'''
>>> print(메모)
나는 파이썬을 공부한다.
파이썬 정복하고 말거야
한달만 기다려 파이썬
```

print 함수에서 여러 줄을 바로 출력하는 경우에는 아래와 같이 하면 된다.

```
>>> print('''Hello world
See you Python''')
Hello world
See you Python
```

작은따옴표 세 개 대신에 큰따옴표 세 개를 사용할 수도 있다.

```
>>> print("""Hello world
See you Python""")
Hello world
See you Python
```

특별한 문자를 출력하기

print 함수를 사용할 때 보통 따옴표 안에 있는 내용이 그대로 출력된다. 그러나 따옴표 안의 내용이 그대로 출력되지 않는 경우도 있다. 아래의 예제 소스코드를 수행해보자.

```
>>>  print("Hello World Hello Python")
>>>  print("Hello World\nHello Python")
```

특수문자는 아래의 표와 같이 '\' 기호와 그 뒤에 문자가 붙는 방식을 사용한다. '\' 기호는 폰트에 따라 통화표시(₩) 모양으로 표시될 수도 있다. 아래의 표에 정리된 것과 같이 '\n' 등의 특별한 문자를 Escape(탈출)문자라고 부른다. 원래 의미를 벗어난다(탈출한다)는 의미를 갖기 때문이다.

특수문자	표현 내용	비고
\n	새로운 줄	새로운 줄(New line)을 의미함, Enter 키를 누른 것과 같은 줄바꿈 효과
\t	탭	Tab 키를 누른 효과(보통 4칸 띄움)
\'	작은따옴표 문자	' 자체를 출력함
\"	큰따옴표 문자	" 자체를 출력함
\\	\ 문자	\ 자체를 출력함
\b	backspace	역방향으로 한문자 지움, IDLE 쉘 모드에서는 실행 안될 수 있음. 콘솔에서 확인 가능함.

위에서 배운 몇 가지 특수문자(Escape문자)들을 아래의 예제 소스코드를 따라 해보면서 익혀보도록 하자. \n 특수문자는 가장 많이 사용되는 특수문자이며, 새로운 줄로 넘어가는 기능을 한다. 줄(행)을 새롭게 연다라는 의미로 '개행문자'라고도 부른다. 아래 명령을 수행하면 어떤 결과가 나올지 예상해보고 실행해보자.

```
01  print("Powerful Python")
02  print("Powerful\nPython\n ")
```

이번에는 \t 및 \" 특수문자를 사용해보자. 1번 라인은 \t 특수문자를 사용하여 tab(4칸 띄우기)을 실행한 예제이다. 2번 라인은 \" 특수문자를 사용하여 큰따옴표 자체를 출력하는 예제이다.

```
01  print("Hello World\tSee you")          # \t (탭) 특수문자 사용하기
02  print("I Love \"Seoul\" city")          # 따옴표 특수문자 사용하기
```

이 방식을 활용하여 I Love 'Seoul' city, I need ₩1,000,000"이라는 텍스트를 아래와 같이 출력할 수 있다.

```
>>> print('I Love ₩'Seoul₩' city, I need ₩₩1,000,000')
```

쉼표(,) 사용하여 출력하기

기본 예제

지금까지의 예제에서는 print 함수로 하나의 문자열만 출력해보았다. 2개 이상의 문자열을 출력하는 방식을 배워보자. 쉼표(,)를 사용하여 두 개 이상의 문자열을 이어서 사용할 수 있다.

```
01  print("파이썬 정말 반가워")
02  print("파이썬", "정말", "반가워")              # 파이썬 정말 반가워
```

쉼표를 사용하여 연속된 문자열을 출력하면 문자열 사이에 공란(한 개의 빈칸)이 삽입된다. 즉, 위의 2번 라인을 실행하면 "파이썬정말반가워"라고 출력되는 것이 아니라 자동으로 공란이 삽입되어 "파이썬 정말 반가워"라는 내용이 출력된다.

변수의 활용

쉼표(,)를 사용하여 문자열만 이어 붙이는 것이 아니라 변수, 숫자, 계산식 등도 이어 붙일 수 있다. 아래의 코드에서는 name, age 두 개의 변수에 값을 저장하고 print 함수에서 변수를 사용하였다. 변수의 의미 및 사용법 등 자세한 내용들은 뒤에서 다시 배우도록 하자. 6번 라인에서는 2000이라는 숫자 값을 직접 사용하였다.

```
01  name = "홍길동"
02  age = 21
03  print("안녕~ 만나서 반가워")
04  print("내 이름은", name, "이라고 해")
05  print("나는", age, "살이야")
06  print("나는", 2000, "년에 태어났어")
```

두 개의 정수 더하기

그럼 지금까지 배운 내용을 활용하여 두 개의 정수를 더하는 아주 간단한 프로그램을 만들어보자. 변수 x에 5를 대입하고, 변수 y에 3을 대입한 후 더한 값을 출력하는 프로그램이다.

```
01  x = 5
02  y = 3
03  print("x + y =", x+y)              # x + y = 8이 출력된다.
04  print(x, "+", y, "=", x+y)         # 5 + 3 = 8이 출력된다.
```

끝 문자 및 구분 문자 변경하기

끝 문자 변경

print 함수는 기본적으로 '\n' 문자를 끝문자로 가정한다. 때문에 print 함수를 사용하여 어떤 내용을 출력하면 자동으로 줄바꿈이 된다는 것이다.

아래 소소코드를 입력한 후 실행해보자. 3개의 문장이 새로운 줄로 출력될 것이다. 2번 문장에서는 끝문자를 end='\n'으로 명시적으로 지정하였는데 어차피 기본이기 때문에 생략해도 동일하다.

```
01  print("Hello")
02  print("Powerful Python", end='\n')
03  print("Fun Python")
```

```
Hello
Powerful Python
Fun Python
```

만약, print 함수에서 줄바꿈을 하지 않도록 하려면 어떻게 해야할까? print 함수에 end="끝문자" 형식으로 새로운 끝문자를 지정하면 된다. 아래의 소소코드에서는 끝문자를 빈 칸으로 지정하였다. 실행해보면 각 문장이 새로운 줄로 출력되지 않고 한 개의 빈 칸이 들어간 형태로 출력된다.

```
01  print("Hello" , end=" ")
02  print("Easy" , end=" ")
03  print("Powerful Python" , end=" ")
```

```
Hello Easy Powerful Python
```

구분 문자 변경

print 함수에서 쉼표로 여러 내용을 입력하면 기본적으로 공란(한 개의 빈칸)이 자동적으로 들어간 형태로 출력된다.

```
>>>  print("Hello" , "Easy" , "Python")
```

```
Hello Easy Python
```

print 함수에 sep="구분자" 형식으로 파라미터를 지정하여 쉼표 단위로 출력할 때 구분자를 변경할 수 있다. 아래의 소스코드를 실행해보고 그 역할을 이해하자.

```
01  print("Hello" , "Easy" , "Python", sep=" ")      # 한 칸
02  print("Hello" , "Easy" , "Python", sep="")       # 공란 없이
03  print("Hello" , "Easy" , "Python", sep="\t")     # 탭 구분
04  print("Hello" , "Easy" , "Python", sep=",")      # 쉼표 구분
```

```
Hello Easy Python
HelloEasyPython
Hello    Easy    Python
Hello,Easy,Python
```

01. 쉘 모드에서 intro라는 변수에 자신을 소개하는 내용을 2줄 이상 입력한 후 화면에 출력하시오.

02. 코드 편집기 모드에서 자신에 대한 소개(이름, 고향, 취미)를 1초 간격으로 화면에 출력되도록 하는 프로그램을 만드시오.

03. 2번 문제에서 작성한 소스코드를 1초 간격으로 '삑' 소리가 출력되도록 수정하여 실행하시오.

04. 너비가 25 m이고 높이가 15 m인 삼각형의 넓이를 구한 후 화면에 출력해보자. 변수를 사용하여 각각의 정보를 저장한 후 계산하고 아래의 형식과 같이 결과 값을 출력하도록 하자.

```
=== 삼각형 넓이 계산 ===
너비: 25 미터
높이: 15 미터
삼각형 넓이: 187.5 제곱미터
```

05. 미국의 뉴욕과 시애틀 두 도시의 거리는 2,860마일(miles)이다. 두 도시의 거리를 km 단위로 변환하여 출력하시오. 참고로 1마일은 1.60934 km이다. 아래와 같은 형식으로 출력되도록 프로그램을 작성하시오.

```
뉴욕-시애틀 거리 변환
마일단위: 2860 miles
킬로단위: 4602.7124 km
```

06. 류현진 선수가 MLB의 한 경기에서 최고구속 93마일(miles/h), 평균구속 91.2마일의 구속으로 투구했다. 최고구속과 평균구속을 km 단위의 속도로 표현하시오. 참고로 1마일은 1.60934 km이다. 아래와 같은 형식으로 출력되도록 프로그램을 작성하시오.

```
최고구속: 149.66862 km/h
평균구속: 146.771808 km/h
```

07. 이번 방학에 미국 여행을 가려고 한다. 장학금과 아르바이트로 350만 원을 준비하였다. 미국 여행에 앞서이 금액을 미국 달러로 환전하고자 한다. 1달러는 한화 1,175원 이라고 가정할 때, 350만 원을 달러로 환전할 경우 몇 달러를 받게 될까? 아래의 형식으로 출력되도록 프로그램을 작성하시오.

```
가진돈: 3500000 원
환전기준: 1달러 = 1175원
환전결과: 2978 달러
```

08. 반지름이 16.5 cm인 원의 둘레와 원의 넓이를 계산하시오. 아래와 같은 형식으로 출력되도록 프로그램을 작성하시오(π = 3.14로 하여 계산할 것).

```
원의 반지름: 16.5
원의 둘레: 103.62
원의 넓이: 854.865
```

09. 아래 3줄의 소스코드를 코드 편집기 모드에 입력한 후 출력하면 3줄로 나뉘어져 출력될 것이다. print 함수에 end 파라미터를 설정하여 출력 예시와 같이 한 줄로 출력되도록 수정하시오(출력 예시: 파이썬은 쉽지만 매우 유용한 프로그래밍 언어입니다).

```
01  print("파이썬은 쉽지만")
02  print("매우 유용한")
03  print("프로그래밍 언어입니다.")
```

10. 아래 출력 예시와 같이 출력되도록 주어진 소스코드를 수정하시오. print 함수의 sep 파라미터를 활용하시오(출력 예시: 내 이름은 홍길동이고 올해 19살입니다).

```
01  name = "홍길동"
02  age = 19
03  print("내 이름은 ", name, "이고 올해 ", age, "살입니다.")
```

CHAPTER

05

데이터 타입에 대한 이해

학습목차

5.1 파이썬의 변수 타입 지정

5.2 데이터 타입 확인하기

5.3 자동으로 변경되는 데이터 타입

5.4 강제로 데이터 타입 변환하기

5.5 정수는 메모리에 어떻게 저장될까?

5.6 숫자의 정확도, 정밀도에 대한 이해

5.7 텍스트 저장 방식

5.8 텍스트를 암호화하는 문제

파이썬의 변수 타입 지정

자동으로 지정되는 데이터 타입

파이썬은 변수를 생성할 때 특별히 변수의 자료 형태를 지정하지 않는다. 이 점은 C언어, JAVA 등의 다른 프로그래밍 언어와 차별되는 중요한 특징 중 하나이다. 정수, 실수, 문자, 문자열 등을 메모리에 저장할 때 변수의 형태를 지정하지 않고 변수 이름을 그냥 입력하면 된다.

```
>>>  a = 17
>>>  b = 167.5
>>>  c = 'A'
>>>  d = "아름다운 서울"
>>>  print("내 나이는 ", a)
>>>  print("내 키는 ", b)
>>>  print("내가 좋아하는 알파벳은 ", c)
>>>  print("나의 고향은 ", d)
```

C언어와 비교하기

위의 파이썬 코드를 C언어로 작성한다면 아래와 같이 int, float, char, char*, char[] 등과 같이 자료형을 지정해주어야 한다. 자료형을 지정해주는 것은 어떤 점에서는 장점이고, 어떤 점에서는 단점이 될 수도 있다. 우선 프로그래밍을 처음 배우는 단계에서는 파이썬과 같이 데이터 타입(Data Type)을 지정하지 않는 것이 부담이 없다.

```
01  #include <stdio.h>
02  #include <string.h>
03  int main(void) {
04      int a = 17;
05      float b = 167.5;
06      char c = 'A'
07      char* d = "아름다운 서울";
08
09      print("내 나이는 %d \n", a);
10      print("내 키는 %f \n", b);
11      printf("내가 좋아하는 알파벳은 %c \n", c);
12      printf("나의 고향은 %s \n", d);
13      return 0;
14  }
```

데이터 타입 확인하기

파이썬은 변수의 자료형을 지정하지 않는다. 그러나 정확하게는 파이썬에 자료형이 없는 것이 아니라 변수에 들어가는 값에 따라서 자동으로 데이터 타입을 지정하는 것이다. 파이썬이 내부적으로 변수를 어떤 자료형으로 지정하고 있는가를 알고 싶다면 **type** 함수를 사용하면 된다.

변수를 생성한 후 17이라는 정수를 입력하고 데이터 타입을 확인해보자. **'int'** 클래스, 즉 정수(integer) 값의 형태로 저장되어 관리되는 것을 볼 수 있다.

```
>>>  x = 17
>>>  type (x)
     <class 'int'>
```

변수를 생성한 후 3.14라는 값을 입력하고 변수 타입을 확인해보자. **'float'** 클래스, 즉 실수 값의 형태로 관리된다는 것을 확인할 수 있다.

```
>>>  y = 3.14
>>>  type (y)
     <class 'float'>
```

이번에는 변수에 텍스트를 입력한 후 데이터 타입을 확인해보자. **'str'** 클래스, 즉 문자열(string) 형태로 관리되는 것을 확인할 수 있다.

```
>>>  name = "gildong"
>>>  type(name)
     <class 'str'>
```

변수에 한 문자만 입력한 후 확인해보자. 결과를 통해 알 수 있듯이, 파이썬에서는 문자열이든 한 문자이든 모두 **'str'** 객체로 취급한다.

```
>>>  ch = 'A'
>>>  type(ch)
     <class 'str'>
```

정리하자면, 파이썬에서는 프로그래머가 변수의 데이터 타입을 지정해줄 필요가 없다. 변수 이름만 지정하고 값을 입력하면 자동으로 해당되는 데이터 타입의 변수가 생성된다.

자동으로 변경되는 데이터 타입

동적 데이터 타입 변환

아래와 같이 변수 x를 만들어 정수(10), 실수(3.14), 문자열("gildong") 데이터를 차례대로 입력해보자. 에러가 발생할까? 발생하지 않을까?

```
>>> x = 10
>>> x = 3.14
>>> x = "gildong"
>>> print(x)
```

위의 코드를 실행해 보면 아무런 에러 메시지가 나타나지 않으며 정상적으로 실행된다. 마지막으로 입력한 **"gildong"**이라는 값이 출력될 것이다. C언어, JAVA 등의 프로그래밍 언어에서는 기본적으로 동일한 타입의 데이터만 입력이 가능하지만 파이썬의 경우에는 한 가지 변수에 정수, 실수, 문자열 등 다양한 자료형의 값이 입력될 수 있다.

파이썬에서는 변수가 생성될 때 입력되는 값에 따라 데이터 타입이 자동으로 지정된다.

```
>>> x = 10
>>> type(x)
    <class 'int'>
```

그러나 처음에 정수로 입력되었다고 해서 계속 정수 값만 입력될 필요는 없다. 3.14와 같이 실수 값으로 입력될 수 있으며, 'gildong'과 같이 텍스트(문자열)가 입력될수도 있다.

```
>>> x = 3.14
>>> type(x)
    <class 'float'>
>>> x = 'gildong'
>>> type(x)
    <class 'str'>
```

파이썬은 여러분이 신경쓰지 않아도 동적으로(실행 시간에) 데이터 타입이 변경됨을 알 수 있다. 이것이 다른 언어들과 차별되는 특징 중에 하나이다.

강제로 데이터 타입 변환하기

데이터 타입 변환의 필요성

쉘 모드에서 아래의 명령을 수행한 경우를 생각해보자. 두 변수 x, y가 정수형으로 생성되며 2019, 2000라는 정수가 입력된다. 2019 - 2000이 수행되어 결과 19가 출력될 것이다.

```
>>> x = 2019
>>> y = 2000
>>> x - y
```

이번에는 아래 명령의 결과를 예상해보자. x, y 변수는 문자열(str) 데이터 타입이므로 뺄셈이 수행될 때 에러가 발생한다. 문자열 간에 뺄셈은 불가능하기 때문이다.

```
>>> x = "2019"
>>> y = "2000"
>>> x - y                                    # 에러 발생
```

문자열(str)을 정수(int) 데이터로 변환하기

위의 문제를 해결하기 위해서 int 함수를 활용하여 데이터 타입을 정수형(int)으로 변경해줄 수 있다. int 함수는 형 변환 함수로서, 문자열 데이터를 정수형 데이터로 변환해준다.

```
>>> x = int("2019")
>>> y = int("2000")
>>> x - y
    19
>>> type(x)
    <class 'int'>
```

물론 아래와 같이 계산할 수도 있다. 그러나 아래의 코드는 뺄셈 계산을 하는 과정에서 정수로 바꿔 계산하기는 하지만, 변수(x, y)의 데이터 타입이 바뀌는 것은 아니다.

```
>>> x = "2019"
>>> y = "2000"
>>> int(x) - int(y)
    19
>>> type(x)
    <class 'str'>
```

문자열(str)을 실수(float) 데이터로 변환하기

아래의 명령을 수행할 때의 결과를 예상해보자. 변수 r, pi 데이터가 문자열(str)이므로 곱셈 계산 에러가 발생한다.

```
>>>  r = "5.5"
>>>  pi = "3.14"
>>>  r * r * pi                              # 에러 발생
```

이 문제를 해결하기 위해서는 float 함수를 사용하여 형 변환을 하면 된다. float 함수는 문자열(str) 데이터를 실수형(float) 데이터로 변환해주는 형 변환 함수이다.

```
>>>  r = float("5.5")
>>>  pi = float("3.14")
>>>  r * r * pi
```

아래와 같이 계산하는 수식에서 float 함수를 적용해도 답을 구할 수는 있다. 그러나 아래 방식보다는 위의 방식과 같이 r, pi 값 자체를 float 타입으로 변환하는 것을 권장한다.

```
>>>  r = "5.5"
>>>  pi = "3.14"
>>>  float(r) * float(r) * float(pi)
```

데이터 타입(자료형) 변환 함수 정리

문자열 데이터와 숫자형 데이터 간에 데이터 타입을 변환해주는 형 변환 함수는 아래와 같이 정리될 수 있다.

함수	기능	예시
int 함수	문자열(str) 데이터를 정수(int) 데이터로 변환한다.	x = int("2002")
float 함수	문자열(str) 데이터를 실수(float) 데이터로 변환한다.	pi = float("3.14")
str 함수	숫자(정수, 실수) 데이터를 문자열(str) 데이터로 변환한다.	text = str(3.14)

정수는 메모리에 어떻게 저장될까?

컴퓨터는 내부적으로 0과 1만 표현할 수 있으며 0과 1을 계산하여 다양한 문제를 처리한다. 1부터 5까지의 10진수를 2진수로 표현해보자. 어렵지 않은 내용이지만 아래의 표에 정리하였다.

10진수	2진수
1	0000 0001
2	0000 0010
3	0000 0011
4	0000 0100
5	0000 0101

파이썬에서는 bin 함수를 사용하여 변수에 입력된 값이 실제 2진수로 어떻게 저장되는가를 확인할 수 있다. 변수 a, b, c, d에 각각 1, 4, 5, 1000의 값을 입력한 후 bin 함수를 사용하여 2진수 값을 확인해보자. 아래 코드를 실행해보면 정수 데이터가 실제 메모리에 어떻게 저장되는지 이해할 수 있을 것이다.

```
>>> a = 1
>>> b = 4
>>> c = 5
>>> d = 1000
```

```
>>> bin(a)
    '0b1'
>>> bin(b)
    '0b100'
>>> bin(c)
    '0b101'
>>> bin(d)
    '0b1111101000'
```

아래와 같이 코드 편집기 모드를 사용하여 위의 내용을 확인해볼 수 도 있다. 참고로 코드 편집기 모드에서 화면에 내용을 출력할 때는 print 문을 꼭 명시적으로 사용해야 한다.

```
01  a = 1
02  b = 4
03  c = 5
04  d = 1000
05  print("a: " , bin(a))
06  print("b: " , bin(b))
07  print("c: " , bin(c))
08  print("d: " , bin(d))
```

```
a: 0b1
b: 0b100
c: 0b101
d: 0b1111101000
```

숫자의 정확도, 정밀도에 대한 이해

정수의 정확도

아래의 명령을 수행해보자. 파이썬에서 정수는 여러분이 특별히 신경을 쓰지 않아도 대부분의 경우에 정확하게 관리됨을 확인할 수 있다. 다른 언어에서는 정수의 값의 크기에 따라 프로그래머가 데이터 타입을 지정해주어야 하는데 파이썬에서는 자동적으로 가변적인 크기가 사용된다.

```
>>> n1 = 10
>>> n2 = 30
>>> n3 = 1234567890
>>> n4 = 12345678901234567890
>>> import sys
>>> sys.getsizeof(n1)
    14                              # 14 byte 사용
>>> sys.getsizeof(n2)
    14                              # 14 byte 사용
>>> sys.getsizeof(n3)
    18                              # 18 byte 사용 (+4)
>>> sys.getsizeof(n4)
    22                              # 22 byte 사용 (+8)
```

실수의 정확도

실수의 정확도, 정밀도를 점검해보자. 실수는 값의 크기 및 정밀도와 상관없이 항상 14 byte를 사용하고 있다. 따라서 값이 매우 크거나 또는 소수점으로 매우 정밀할 경우 그 값을 모두 제대로 저장하지 못하는 한계가 있음을 이해할 필요가 있다. 아래 코드에서 f3의 값을 출력해보면 정밀하게 기억되지 못했음을 확인할 수 있다.

```
>>> f1 = 1.1
>>> f2 = 1.2345
>>> f3 = 1.2345678901234567890123456
>>> sys.getsizeof(f1)
    14
>>> sys.getsizeof(f2)
    14
>>> sys.getsizeof(f3)
    14
>>> print(f3)
    1.2345678901234567
```

텍스트 저장 방식

문자는 어떻게 저장될까?

문자(Character)는 메모리에 어떻게 저장될까? 앞에서도 얘기했지만 메모리에는 0과 1의 정보만 표현이 가능하다. 즉, 메모리에 문자가 직접 들어갈 수 없으므로 그 문자를 약속된 숫자로 변환하여 입력해야 한다. 영어 알파벳의 경우 ASCII 코드라는 약속에 근거하여 저장된다.

그럼 영어 알파벳이 어떻게 저장되는가를 실습해보자. ord 함수와 bin 함수를 사용하면 저장 내용을 확인할 수 있다. ord() 함수는 파라미터로 들어온 문자가 메모리에 어떤 숫자로 표시되는지를 알려준다. bin() 함수는 binary 값을 표시해주는 함수이다. 'a'의 숫자코드 값은 97이므로 bin(97)이라고 하면 'a'라는 문자가 실제 메모리에 어떻게 저장되는 가를 눈으로 확인할 수 있다.

```
>>> x = "a"
>>> y = "b"
>>> z = 'c'
>>> x
    'a'
>>> y
    'b'
>>> z
    'c'
```

```
>>> ord("a")
    97
>>> ord("b")
    98
>>> ord("c")
    99
```

```
>>> bin(97)
    '0b1100001'
>>> bin(98)
    '0b1100010'
>>> bin(99)
    '0b1100011'
```

| 변수에 문자 데이터 저장 | 문자에 대한 숫자 확인 | 문자를 2진수로 확인 |

이번에는 코드 편집기 모드를 사용해보자. 변수에 'a', 'b', 'c'를 저장한 후 그에 대한 2진수 값을 출력해주는 소스코드이다.

```
01  x = 'a'
02  y = 'b'
03  z = 'c'
04
05  print('문자', x, '->', bin(ord(x)))
06  print('문자', y, '->', bin(ord(y)))
07  print('문자', z, '->', bin(ord(z)))
```

```
문자 a -> 0b1100001
문자 b -> 0b1100010
문자 c -> 0b1100011
```

문자열은 어떻게 저장될까?

단일 문자가 아닌 연속된 문자를 문자열(String)이라고 한다. 파이썬에서 단일 문자(Character)와 연속된 문자(String)을 변수에 입력하는 방식이 동일하다. 문자이든 문자열이든 작은따옴표를 사용해도 되고 큰따옴표를 사용해도 된다. 파이썬은 단일 문자라도 문자열로 취급한다.

```
>>> c1 = 'A'
>>> c2 = "B"
>>> name = "Gil dong"
>>> name2 = 'Gil dong'
```

아래와 같이 `type` 함수를 적용하여 c1, name 변수를 체크해보자. 한 문자이든 문자열이든 동일하게 `str`으로 처리되고 있음을 확인할 수 있다.

```
>>> type(c1)
    <class 'str'>
>>> type (name)
    <class 'str'>
```

"HELLO" 문자열 확인하기

아래는 문자열의 각 문자가 어떤 숫자로 표현되는지 출력해주는 프로그램이다. 아직 반복문(for문)은 배우지 않은 내용이므로 그냥 따라서 수행해보자. 반복문을 통해 c라는 변수에 "HELLO" 문자열에서 한 문자씩 입력되며 그 문자에 대한 숫자 값을 `ord` 함수로 확인해주는 코드이다.

```
01  text = "HELLO"
02
03  for c in text :
04      print(c, "->", ord(c))
```

```
H -> 72
E -> 69
L -> 76
L -> 76
O -> 7\
```

아래는 각 문자열이 실제로 메모리에 2진수로 어떻게 표현되는지 확인하는 코드이다. 아래 코드에서는 `format` 함수를 사용하였는데 아직 배운 내용이 아니므로 이해하기 보다는 똑같이 따라 수행해보자.

```
01  text = "HELLO"
02
03  for c in text :
04      print("{0:3c} {0:3d} {0:08b}".format(ord(c)))
```

```
H  72 01001000
E  69 01000101
L  76 01001100
L  76 01001100
O  79 01001111
```

텍스트를 암호화하는 문제

중요한 편지를 다른 사람에게 암호화하여 전달하도록 해보자. 그 사람만 편지를 읽을 수 있도록 하고 중간에 다른 사람이 그 편지 파일을 습득하더라도 이해할 수 없도록 암호화하는 프로그램을 만들어보자.

간단한 계산으로 암호화하기

앞에서 배운 내용을 약간 응용하여 텍스트를 암호화하는 프로그램을 만들어보자. 각 문자에 해당하는 숫자에 단순히 1을 더하는 암호화하는 방식을 사용하였다.

```
01  letter = "HELLO Python"
02  encodeLetter =""
03
04  for ch in letter :
05      num = ord(ch)
06      encodeLetter += chr(num+1)
07
08  print("원문: ", letter)
09  print("암호: ", encodeLetter)
```

원문: HELLO Python
암호: IFMMP!Qzuipo

암호 텍스트를 해석하기

앞에서 암호화된 텍스트를 해석하여 원래의 텍스트를 보여주는 기능을 추가해보자. 암호화할 때 +1을 했으므로 암호를 풀 때는 −1을 적용하면 된다.

```
10
11  decodeLetter = ""
12
13  for ch in encodeLetter :
14      num = ord(ch)
15      decodeLetter += chr(num-1)
16
17  print("암호 해제: ", decodeLetter)
```

원문: HELLO Python
암호: IFMMP!Qzuipo
암호 해제: HELLO Python

01. 2020이라는 정수가 메모리에 2진수로 어떻게 표현되는지 확인해보자. 해당 숫자를 변수에 입력한 후 **bin** 함수를 활용하면 된다.

02. 중국 여행에 앞서 우리나라 돈을 중국 돈(위안)으로 환전하고자 한다. 1위안은 165원이라고 할 때, 150만 원을 위안으로 환전한 결과를 구해보자.

03. 지름이 30 cm인 피자를 1/4 등분하였다. 이 조각 피자의 넓이를 구해보자.

04. 3개의 변수에 2000, 3.14, Seoul을 각각 입력한 후 **type** 함수를 사용하여 각 변수가 어떤 데이터 타입으로 지정되었는지 확인해보자.

05. "KIM"이라는 문자열이 메모리에 2진수로 어떻게 표현되는지 확인해보자. 각 문자를 변수로 지정한 후 **ord** 및 **bin** 함수를 사용하여 출력해보자.

기본 입력 함수 : input

학습목차

6.1 input 함수 사용법

6.2 input 함수 숙달하기

6.3 간단한 채팅 로봇 만들기

6.4 번역 프로그램 만들기

6.5 정수 값을 입력 받기

6.6 응용문제: 주차료 계산하기

6.7 실수 값을 입력받아 활용하기

6.8 자료 형태에 따른 입력 방식 정리

6.9 응용문제: 단위를 변환해주는 프로그램

6.10 응용문제: 태어난 달의 달력 보여주기

6.11 응용문제: 키로 적정 몸무게 제안하기

input 함수 사용법

키보드로부터 입력받기

input 함수의 사용 방법은 매우 단순하다. 어떤 내용을 입력 받은 후 화면에 출력하는 간단한 명령을 수행해보자. 단지 input()이라고만 명령하면 된다. input 함수가 실행되면 화면에 커서가 멈춰서 깜박거리고 있다. 이때 키보드로 내용을 입력한 후 엔터 키를 누르면 된다.

셸 모드에서 아래와 같이 실행해보자.

```
>>>  input()
     가나다라                                    # 키보드로 입력
     '가나다라'                                  # 입력한 내용 출력
```

이번에는 input 함수를 이용하여 사용자로부터 이름을 입력받아 변수 name에 저장하는 명령이다. 즉, 키보드로 입력을 받은 후 메모리에 저장하고, 그 메모리에 있는 내용을 화면에 출력하는 것이다.

```
>>>  name = input()
     홍길동
>>>  print(name)
     홍길동
>>>  print("안녕~", name, "씨 반가워요")
     안녕~ 홍길동 씨 반가워요
```

아래는 home이라는 변수에 고향을 입력 받은 후 관련된 메시지를 출력해주는 코드이다.

```
>>>  home = input()
     서울
>>>  print("아름다운", home, "이 고향이군요")
     아름다운 서울 이 고향이군요
```

안내 문구 출력하기

그럼 이제 앞에서 배운 input 함수 사용법을 사용하여 사용자로부터 이름을 입력받은 후 인사해주는 프로그램을 만들어보자. 코드 편집기 모드에 아래와 같이 입력한 후 실행해보자.

```
01  print("이름 입력: ")
02  name = input()
03  print("안녕~" , name , "씨 반가워요")
```

위의 소스코드를 수행한 결과는 아래와 같다. "이름 입력: "이라는 메시지가 출력된 후 그 아래 줄에서 커서가 깜박이며 입력을 기다린다. 왜 입력 커서가 "이름 입력: " 메시지 바로 우측에 오지 않을까? 왜냐하면 print 함수의 경우 내용을 출력한 후 기본적으로 줄 바꿈을 하는 기능이 들어가 있기 때문이다.

```
이름 입력 :
홍길동
안녕~ 홍길동 씨 반가워요
```

입력 메시지 표시하기

안내 문구 바로 오른쪽에서 입력을 받는 방식을 배워보자. 기본적으로 input 함수의 파라미터는 input()와 같이 비워둘 수도 있지만, 그 안에 내용을 입력하면 그 내용이 입력 안내 메시지, 즉 프롬프트의 역할을 한다.

```
input(입력_메시지)
```

아래의 예제를 수행해보자. 아래의 예제를 통해서 프롬프트의 역할을 확인해보자. 첫 번째 예제는 프롬프트가 없는 경우이며 두 번째와 세 번째는 "?"와 "이름: "이라는 프롬프트가 표시되도록 한 예이다.

```
>>>  input()
가나다
'가나다'
```
안내 메시지 없음

```
>>>  input("? ")
? 홍길동
'홍길동'
```
"?" 안내 메시지 표시

```
>>>  input("이름: ")
이름: 홍길동
'홍길동'
```
"이름: " 안내 메시지 표시

따라서 이름을 입력받아 변수에 입력하는 소스코드는 위와 같이 3줄에서 아래와 같이 2줄로 간결하게 표현될 수 있다. 단지 소스코드만 간결해지는 것이 아니라 입력 받을 때 커서의 위치가 새로운 줄이 아니라 안내 문구 바로 오른쪽에 오도록 할 수 있다.

```
01  print("이름 입력: ")
02  name = input()
03  print("안녕~" , name , "씨 반가워요")
```

```
이름 입력 :
홍길동
안녕~ 홍길동 씨 반가워요
```

```
01  name = input("이름 입력: ")
02  print("안녕~" , name , "씨 반가워요")
```

```
이름 입력: 홍길동
안녕~ 홍길동 씨 반가워요
```

정리하면 input 함수에 입력 메시지(프롬프트)를 지정하여 입력 받고 변수에 저장하는 방식은 아래와 같다.

$$변수 = input(입력\_메시지)$$

이 방식을 사용하여 이름, 주소, 취미를 입력받아 관련된 메시지를 출력해주는 프로그램을 작성해보자. 코드 편집기 모드에서 아래의 소스코드를 입력한 후 실행해보자.

```
01  name = input("이름 입력: ")
02  addr = input("주소 입력: ")
03  hobby = input("취미 입력: ")
04
05  print("안녕~" , name , "씨 반가워요")
06  print("당신은" , addr , "에 살고 있군요")
07  print("당신은" , hobby , "를 좋아하는 군요")
```

```
이름 입력: 홍길동
주소 입력: 서울시 동작구
취미 입력: 축구
안녕~ 홍길동 씨 반가워요
당신은 서울시 동작구에 살고 있군요
당신은 축구를 좋아하는 군요
```

input 함수 숙달하기

앞에서 텍스트를 입력받아 변수에 저장하고 출력하는 방식을 공부하였다. 키보드로부터 내용을 입력받아 메모리에 변수를 생성한 후 입력하는 방식을 정리하면 아래와 같다. = 기호 좌측에 저장할 변수명을 지정하고, = 기호 우측에는 **input** 함수명과 파라미터에 안내 문구를 입력하는 방식이다. 이 방식을 기억하여 아래에 제시한 몇 가지 간단한 예제들을 직접 프로그래밍 해보도록 하자.

저장할_변수명 = input(입력_메시지)

고향 물어보기

아래 예시와 같이 고향을 물어본 후 답해주는 프로그램을 만들어보자.

> 당신의 고향은 어디인가요? 파주
> 아름다운 파주 출신이군요

아래는 **print** 문으로 안내 문구를 출력하고 다음 라인에 입력을 받는 코드를 작성하는 방식이다. 3번 라인에서 출력할 때 변수를 중간에 직접 입력하는 기본적인 방식을 사용하였다.

```
01  print("당신의 고향은 어디인가요? ", end="")
02  home = input()
03  print("아름다운", home, "출신이군요")
```

위의 소스코드에서 1번, 2번 라인의 코드를 한 줄로 표현하였다. **input** 함수의 파라미터로 안내 문구를 입력하는 방식을 사용하였다. 3번 라인은 양식문자를 설명하기 위한 주석이므로 입력할 필요가 없다. 양식문자 활용법은 뒤에서 배울 것이다.

```
01  home = input("당신의 고향은 어디인가요? ")
02  print("아름다운", home, "출신이군요")
03  # print("아름다운 %s 출신이군요" % home)
```

좋아하는 색상과 동물 물어보기

아래 예시와 같이 좋아하는 색상과 좋아하는 동물을 물어본 후 답해주는 프로그램을 만들어보자.

```
무슨 색을 좋아해요? 파란색
어떤 동물을 좋아해요? 강아지
그럼 파란색 강아지 를 좋아하겠군요.
```

완성된 소스코드는 아래와 같다. 1번~3번 라인만 입력하면 된다. 4번 라인은 양식 문자를 사용하여 출력하는 방식을 보여주기 위한 코드이며, 뒤에서 자세히 배울 것이다.

```
01  color = input("무슨 색을 좋아해요? ")
02  animal = input("어떤 동물을 좋아해요? ")
03  print("그럼", color, animal, "를 좋아하겠군요.")
04  # print("그럼 %s %s를 좋아하겠군요." % (color, animal))
```

개인정보 물어보기

아래 예시와 같이 이름, 학교, 전공을 물어본 후 답을 듣고 답변해주는 프로그램을 만들어보자.

```
이름이 뭐에요? 홍길동
당신은 어느 학교를 다니나요? 한국대학교
당신의 전공은 무엇인가요? 컴퓨터
홍길동 씨, 당신은 한국대학교 에서 컴퓨터 를 공부하고 있군요
```

완성된 소스코드는 아래와 같다. 1번~4번 라인만 입력하면 된다. 5번 라인은 양식 문자를 사용하여 출력하는 방식을 보여주기 위한 코드이다.

```
01  name = input("이름이 뭐에요? ")
02  school = input("당신은 어느 학교를 다니나요? ")
03  major = input("당신의 전공은 무엇인가요? ")
04  print(name, "씨, 당신은", school, "에서", major, "를 공부하고 있군요")
05  # print("%s씨, 당신은 %s에서 %s를 공부하고 있군요" % (name,school,major))
```

간단한 채팅 로봇 만들기

간단한 채팅 프로그램

지금까지 배운 input 입력함수와 print 출력함수를 사용하여 아래와 같이 컴퓨터와 사람이 대화하는 듯한 느낌이 나도록 간단한 챗봇(채팅 로봇)을 만들어보자.

챗봇> 안녕하세요.

챗봇> 나는 인공지능 채팅 로봇입니다.

챗봇> 당신의 이름은 무엇인가요?

사람> 홍길동

챗봇> 홍길동 씨 만나서 반가워요

챗봇> 당신의 고향은 어디인가요?

사람> 경기도 파주

챗봇> 홍길동 씨는 아름다운 경기도 파주에서 왔군요

챗봇> 안녕 다음에 또 만나요.

완성된 소스코드는 아래와 같다.

```
01  print("챗봇> 안녕하세요.")
02  print("챗봇> 나는 인공지능 채팅 로봇입니다.")
03  print("챗봇> 당신의 이름은 무엇인가요?")
04  name = input("사람> ")
05  print("챗봇>", name , "씨 만나서 반가워요.")
06  print("챗봇> 당신의 고향은 어디인가요?")
07  home = input("사람> ")
08  print("챗봇>" , name , "씨는 아름다운" , home , "에서 왔군요.")
09  print("챗봇> 안녕 다음에 또 만나요.")
```

위의 소스코드를 약간 수정하여 좀 더 대화하는 듯한 느낌이 들도록 수정해보자.

`time` 모듈과 `winsound` 모듈을 가져와서 time.sleep 함수를 사용하여 시간 딜레이를 적용하고, winsound.Beep 함수를 사용하여 '삑' 소리가 나도록 수정하였다.

```
01  import time
02  import winsound
03
04  print("챗봇> 안녕하세요.")
05  winsound.Beep(700, 500); time.sleep(0.5)
06  print("챗봇> 나는 인공지능 채팅 로봇입니다.")
07  winsound.Beep(700, 500); time.sleep(0.5)
08  print("챗봇> 당신의 이름은 무엇인가요?")
09  name = input("사람> " )
10  winsound.Beep(700, 500); time.sleep(0.5)
11  print("챗봇>", name, "씨 만나서 반가워요")
12  winsound.Beep(700, 500); time.sleep(0.5)
13  print("챗봇> 당신의 고향은 어디인가요?")
14  home = input("사람> " )
15  winsound.Beep(700, 500); time.sleep(0.5)
16  print("챗봇>", name, "씨는 아름다운", home, "에서 왔군요")
17  winsound.Beep(700, 500); time.sleep(0.5)
18  print("챗봇> 안녕 다음에 또 만나요")
```

파이썬에서는 세미콜론(;)을 사용하여 두 개의 명령을 한 줄에 표현할 수 있다. C 언어나 JAVA에서는 모든 명령 뒤에 항상 세미콜론(;)을 입력하여 명령이 마무리됨을 표시한다. 그러나 파이썬은 한 줄에 하나의 명령을 쓰는 것을 기본으로 하기 때문에 세미콜론을 입력하지 않는 것이 기본이다. 물론 명령 끝에 세미콜론을 입력한다고 해서 에러가 발생하지는 않는다. 파이썬은 두 개 이상의 명령을 한 줄에 입력할 때 각 명령에 대한 구분자로 세미콜론(;)을 사용한다는 점을 기억하자.

번역 프로그램 만들기

웹브라우저 열기

한글 문장을 입력받아 영어, 일본어 등의 다른 언어로 번역해주는 프로그램을 만들어보자. 물론 번역에 관련된 기능을 우리가 직접 프로그래밍 하는 것이 아니라, 구글에서 지원하는 번역 웹사이트를 활용할 것이다.

우선 파이썬에서 특정 웹페이지 주소를 웹브라우저로 표시하는 방법을 배워보자. 아래의 소스코드를 입력하여 실행해보자. webbrowser 모듈을 임포트하여 open 함수를 사용하면 웹사이트를 열도록 할 수 있다.

```
01  import webbrowser
02
03  url = "http://www.naver.com"
04  webbrowser.open(url)
```

번역 서비스 주소확인

프로그램을 만들기 전에 먼저 구글의 번역 페이지 주소(https://translate.google.co.kr)에 방문해보자. 한국어 문장을 입력하여 영어, 일본어, 중국어 등의 언어로 번역해보자. 주소창을 보면 "https://translate.google.co.kr/#ko/en/+검색문자열"형식으로 표시됨을 확인할 수 있다.

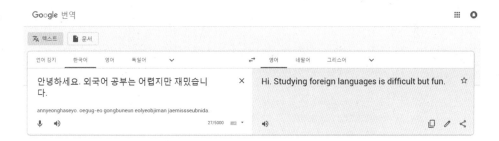

번역되는 언어를 '영어'에서 '중국어', '일본어' 등으로 변경해보자. 변경하여 웹사이트 주소가 어떻게 변경되는지 확인하자.

- 영어 번역 주소: https://translate.google.co.kr/#ko/en/
- 일본어 번역 주소: https://translate.google.co.kr/#ko/ja/
- 중국어 번역 주소: https://translate.google.co.kr/#ko/zh-CN/

번역 프로그램 만들기

그럼 한글 문장을 입력받아 영어로 번역한 내용을 보여주는 프로그램을 만들어보자.

```
01  import webbrowser
02
03  text = input("문장 입력: ")
04  url = "https://translate.google.co.kr/#ko/en/" + text
05  webbrowser.open(url)
```

문장 입력: 안녕하세요. 나는 요즘 파이썬을 공부하고 있습니다. 약간 어렵지만 그래도 재밌습니다.

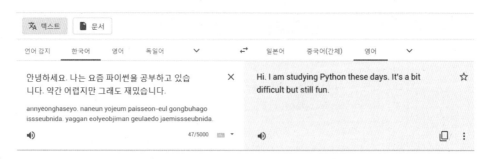

일본어와 중국어도 웹브라우저에 추가 탭으로 표시되도록 아래의 코드를 추가해보자. 위의 4번~5번 라인과 거의 유사하므로 복사하여 붙여넣은 후 en을 ja와 zh-CN으로 변경한다.

```
06
07  url = "https://translate.google.co.kr/#ko/ja/" + text
08  webbrowser.open_new(url)
09
10  url = "https://translate.google.co.kr/#ko/zh-CN/" + text
11  webbrowser.open_new(url)
```

정수 값을 입력 받기

앞의 예제에서는 **input** 함수를 사용하여 문자열(텍스트) 데이터를 입력받는 방법을 공부하였다. 이번에는 숫자 값을 입력받는 방법을 공부해보자. 문자열을 입력받는것과 숫자를 입력받는 것이 어떤 차이가 있는지 아직 모를 수 있지만 뒤의 예제를 따라해보면 이해할 수 있을 것이다.

간단한 예제를 해결해보면서 숫자 값을 입력받는 방식과 그 필요성을 배워보자. 우선 앞에서 배운 입력 방식을 활용하여 사용자로부터 "몇 년도에 태어났나요?"라고 질문하여 출생연도를 입력 받은 후 현재 나이를 계산하여 알려주는 프로그램을 만들어보자.

```
01  year = input("몇 년도에 태어났나요? ")
02  age = 2019 - year + 1
03  print("그럼 올해", age, "살 이겠군요")
```

위 소스코드는 아무리 살펴봐도 별 문제가 없어 보이지만 실행해보면 에러가 발생한다. 빨간색으로 표시된 에러를 해석해보면 2번 라인에서 정수(int) 자료와 문자열(str) 자료 간의 뺄셈을 할 수 없다는 것이다. **year** 변수에 들어간 값이 1995라는 숫자(정수)가 아니라 "1995"라는 문자열(텍스트)이기 때문이다.

```
몇 년도에 태어났나요? 1995
Traceback (most recent call last):
  File "C:/Users/Administrator/AppData/Local/Programs/Python/Pytho
n37-32/78657.py", line 2, in <module>
    age = 2018 - year + 1
TypeError: unsupported operand type(s) for -: 'int' and 'str'
```

값의 형식이 일치하지 않아 에러가 발생한 것이다. 정수(int)와 문자(str) 간에 덧셈, 뺄셈 등의 연산을 할 수 없기 때문에 나타나는 에러이다. 셀 모드에서 아래의 명령을 수행해보면 에러의 원인을 명확히 이해할 수 있을 것이다.

```
>>>  2019 + "홍길동"
     TypeError 발생
>>>  2019 - "1995"
     TypeError 발생
>>>  2019 - 1995
     24
```

텍스트를 정수형으로 변경하려면 int라는 함수를 사용한다. 아래 예시와 같이 **int** 함수의 파라미터로 문자열을 입력해주면 정수로 자료형을 변환하여 준다. 참고로 파이썬 언어에서 **int**는 자료형(Data-type)이 아니라 함수(Function)임을 기억해 두자.

```
>>>  int("1995")
     1995
>>>  2019 - int("1995")
     24
>>>  int("홍길동")
     에러 발생
```

해결방법 1

위에서 오류가 났던 문제를 해결해보자. 첫 번째 해결 방법은 문자열 변수인 year에 직접 **int** 함수를 적용하여 정수 값으로 변환시킨 후 계산하는 방식이다. 아래와 같이 수정한 후 실행해보면 정상적으로 실행되는 것을 확인할 수 있을 것이다.

```
01  year = input("몇 년도에 태어났나요? ")
02  age = 2019 - int(year) + 1
03  print("그럼 올해", age, "살 이겠군요")
```

```
몇 년도에 태어났나요? 1995
그럼 올해 25 살 이겠군요
```

해결방법 2

오류를 해결하는 두 번째 방식은 입력 받을 때부터 바로 정수로 변환하여 변수에 저장하는 것이다. 1번 라인에서 **input** 함수로 입력 받는 부분에 직접 **int** 함수를 적용하는 것이다. 이렇게 되면 year라는 변수는 처음부터 정수형 변수가 된다. 따라서 뒤의 수식에서 그대로 사용할 수 있게된다.

```
01  year = int (input("몇 년도에 태어났나요? "))
02  age = 2018 - year + 1
03  print("그럼 올해", age, "살 이겠군요")
```

정수 입력 방식 정리

지금까지 정수형 자료를 입력받는 방법을 공부하였다. 정수 저장 방식은 아래와 같이 정리될 수 있다. 정확하게 설명하자면 **input** 함수를 사용하여 키보드로 입력받은 데이터는 문자열(String) 데이터이고, **int** 함수를 사용하여 이것을 정수(integer)형 데이터로 형(Date Type)을 변환한 후 지정한 변수(메모리 공간)에 저장하는 것이다.

> 저장할_변수명 = int(input(입력_메시지))

확인문제 **6.1**

그럼 위 방식을 사용하여 아래와 같은 형식으로 나이를 물어본 후 아래와 같이 답해주는 프로그램을 여러분 스스로 만들어보자.

> 당신은 몇 살 인가요? 20
> 당신은 20 살 이군요
> 내년에는 21 살이 됩니다.

```
01  age = int (input("당신은 몇 살인가요? "))
02  print("당신은", age , "살 이군요")
03  nextYearAge = age + 1
04  print("내년에는", nextYearAge , "살이 됩니다.")
```

응용문제: 주차료 계산하기

문제 이해하기

A학교는 외부인들에게 아래와 같은 주차요금을 부여하고 있다. 15분 단위로 1,000원의 요금을 부여한다. 즉, 주차료를 분 단위로 표로 정리하면 아래와 같다.

주차시간	주차료
0분 ~ 14분	0원
15분 ~ 29분	1,000원
30분 ~ 44분	2,000원
45분 ~ 59분	3,000원

위의 기준에 근거하여 주차시간을 분 단위 시간으로 입력받아 주차요금을 계산해주는 프로그램을 작성해보자. 아래와 같은 형식으로 실행되도록 프로그램을 작성해보자.

```
=== 주차료 계산 프로그램 ===
주차시간 입력: 25
주차시간: 25
주차요금: 1000
```

완성된 소스코드는 아래와 같다. 4번 라인에서 주차시간을 15로 나누었는데, 이 때 소수점 정보는 필요 없으므로 정수 나누기(//) 연산자를 사용하였다.

```
01  print("=== 주차료 계산 프로그램 ===")
02
03  주차시간 = int(input("주차시간 입력: "))
04  단위시간 = 주차시간 // 15
05  요금 = 단위시간 * 1000
06  print("주차시간: ", 주차시간)
07  print("주차요금: ", 요금)
```

실수 값을 입력받아 활용하기

앞에서는 int 함수와 input 함수를 함께 사용하여 정수(integer) 데이터를 변수에 입력하고 사용하는 방법을 공부하였다. 이번에는 실수(floating point number)값을 입력받는 방법을 배워보자.

실수 값은 소수점을 포함하는 값이다. 실수 값을 입력 받는 방식은 float 함수를 사용하는 것이다. int, float 함수를 '형 변환' 함수라고 한다. 즉, 자료형(Date Type)을 변환해주는 함수라는 의미이다.

형 변환 함수	사용 목적	사용 예
int 함수	텍스트를 '정수' 값으로 변환	`>>> text = "1995"` `>>> int(text)`
float 함수	텍스트를 '실수' 값으로 변환	`>>> text = "3.14"` `>>> 5 * 5 * float(text)`

앞에서도 설명하였지만 C언어 및 JAVA 언어에서는 int, float라는 명칭이 자료형으로 사용되지만 파이썬에서는 함수임을 기억하자. C언어에서는 값의 크기에 따라서 정수는 int, unsigned int, short int, long int, long long int 등 실수는 float, double, long double 등 다양한 형태의 자료형이 제공되며, 프로그래머가 사용하고자 하는 값에 적합한 데이터형을 사용해야 하므로 공부할 때 어려움이 있다. 반면 파이썬은 int, float 함수로 변환해주기만 하면 알아서 문제가 되지 않는 넉넉한 크기의 메모리를 할당하므로 프로그래머는 복잡하게 신경쓸 필요가 없다.

간단한 실습을 수행해보면서 실수 값을 입력 받는 방식을 익혀보자. 반지름을 소수점 정보까지 입력받아 원의 넓이를 계산한 후 출력해주는 프로그램을 만들고자 한다. 아래 소스코드를 입력한 후 실행하여 반지름의 길이를 16.5로 입력해 보자.

```
01  radius = input("원의 반지름을 입력하세요: ")
02  pi = 3.14
03  area = radius ** 2 * pi
04  print("반지름이" , radius , "인 원의 넓이를 계산합니다.")
05  print("원의 넓이는", area , "입니다.")
```

위의 코드를 실행하면 어떤 결과가 나올까? 이미 예상했겠지만 아래와 같이 에러가 발생한다. 변수 radius에 "16.5"라는 문자열이 입력되었기 때문이다. 16.5라는 숫자가 아니라 "16.5"라는 텍스트이기 때문에 계산을 하는 3번 라인에서 에러가 발생한다.

```
원의 반지름을 입력하세요 : 16.5
Traceback (most recent call last):
  File "C:/Users/Administrator/AppData/Local/Programs/Python/Python37-32,
    area = radius ** 2 * pi
TypeError: unsupported operand type(s) for ** or pow(): 'str' and 'int'
```

해결 방법1

첫 번째 해결방식은 수식에서 텍스트 변수(radius)에 float 함수를 적용하여 실수 값으로 변환한 후 계산하는 것이다. radius 변수 자체는 문자열 데이터 타입이지만 float 함수로 실수 값으로 변환하여 계산하는 것이다. 6번 라인에서 radius 변수의 자료형을 확인하도록 하였다.

```
01  radius = input("원의 반지름을 입력하세요: ")
02  pi = 3.141592
03  area = float(radius) ** 2 * pi
04  print("반지름이" , float(radius) , "인 원의 넓이를 계산합니다.")
05  print("원의 넓이는", area , "입니다.")
06  print("자료형 :", type(radius))
```

```
원의 반지름을 입력하세요: 16.5
반지름이 16.5 인 원의 넓이를 계산합니다.
원의 넓이는 855.2984220000001 입니다.
자료형: <class 'str'>
```

해결 방법2

두 번째 해결방식은 input 함수로 입력을 받을 때 바로 float를 적용하는 것이다. 그러면 1번 라인에서 radius라는 변수가 생성될 때부터 실수(float) 자료형으로 생성된다.

```
01  radius = float(input("원의 반지름을 입력하세요: "))
02  pi = 3.141592
03  area = radius ** 2 * pi
04  print("반지름이" , radius , "인 원의 넓이를 계산합니다.")
05  print("원의 넓이는", area , "입니다.")
06  print("자료형 :", type(radius))
```

원의 반지름을 입력하세요: 16.5
반지름이 16.5 인 원의 넓이를 계산합니다.
원의 넓이는 855.2984220000001 입니다.
자료형: <class 'float'>

실수 입력 방식 정리

지금까지 원의 넓이를 구하는 문제를 해결해보면서 파이썬에서 실수 값을 입력받는 방식을 공부하였다. 정수 입력 방식과 거의 유사하므로 별로 어려운 점은 없었을 것이다. 실수 값을 변수에 입력받는 방식을 정리하면 아래와 같다.

저장할_변수명 = float(input(입력_안내_문구))

확인문제 6.2

거리 단위를 변환하는 프로그램을 만들어보자. 킬로미터(km) 단위의 거리를 마일(miles) 단위의 거리로 변환해주는 프로그램이다. 참고로 1 km는 0.621371 miles 이며, 1 mile은 1.60934 km이다.

킬로미터 단위 거리 입력: 42.195
입력값: 42.195 km
변환값: 26.218749345 miles

여러분 스스로 코딩을 해본 후 아래에 제시된 해답 소스코드와 비교해보자.

```
01  kmDist = float(input("킬로미터 단위 거리 입력: "))
02  milesDist = kmDist * 0.621371
03  print("입력값: ", kmDist , "km")
04  print("변환값: ", milesDist , "miles")
```

반대로 마일(miles) 단위를 킬로미터(km) 단위로 변환해주는 프로그램은 아래와 같다.

```
01  milesDist = float(input("마일 단위 거리 입력: "))
02  kmDist = milesDist * 1.60934
03  print("입력값: ", milesDist , "miles")
04  print("변환값: ", kmDist, "km")
```

자료 형태에 따른 입력 방식 정리

지금까지 정수 또는 실수 형태의 수치 값을 키보드로부터 입력받아 변수에 저장하는 방법에 대해서 공부하였다. 대표적인 세 개의 데이터 형태인 문자열(텍스트), 정수, 실수를 입력하는 방식을 정리하면 아래 표와 같다. 각 데이터 타입에 대한 양식문자를 표에 제시하였는데 양식문자에 대해서는 뒤에서 자세히 배울 것이다.

데이터 형태	입력 방식	출력시 양식문자
문자, 문자열	변수명 = input(안내문구)	%s
정수	변수명 = int(input(안내문구))	%d
실수	변수명 = float(input(안내문구))	%f

그럼 위 3개의 입력 방식을 명확히 이해하고 숙달하는 의미에서 아래의 예시와 같이 실행되는 프로그램을 코딩해보자. 아래의 예시와 같이 이름, 나이, 키를 물어본 후 입력 받은 내용을 변수에 저장하고 정리하여 출력해주는 프로그램이다.

```
이름이 뭐에요? 홍길동
몇 살이에요? 21
키가 몇이에요? 171.3
이름: 홍길동
나이: 21
신장: 171.3
```

우선 아래의 해답을 보지 않고 스스로 코딩해보기를 권한다. 스스로 하면서 막히는 부분은 아래에 제시된 소스코드를 참고하여 보완해보기 바란다.

```
01  name = input("이름이 뭐에요? ")
02  age = int(input("몇 살이에요? "))
03  height = float(input("키가 몇이에요? "))
04
05  print("\n이름: " , name)
06  print("나이: " , age)
07  print("신장: " , height)
```

응용문제: 단위를 변환해주는 프로그램

문제 이해하기

인치 단위를 입력받아 센티미터 단위로 변환하여 출력해주는 프로그램을 만들어보자. 참고로 1인치(inch)는 2.54 센티미터(cm)이다. 아래의 형식으로 출력되는 프로그램을 만들어보자.

> 인치를 센티미터로 변환해주는 프로그램
> 인치 입력: 15
> 15 inch는 38.1 cm 입니다.

문제 해결하기

인치를 센티미터로 변환해주는 방식은 간단하다. 1인치가 2.54 cm이므로 단지 인치 단위에 2.54를 곱해주기만 하면 된다. 완성된 소스코드는 아래와 같다.

```
01  print("=== 인치-센티미터 변환 프로그램 ===")
02  인치길이 = int(input("인치 입력: "))
03  센티미터길이 = 인치길이 * 2.54
04  print(인치길이, "inch는", 센티미터길이, "cm 입니다.")
```

위의 프로그램은 한번만 계산을 한 후 프로그램을 종료한다. 아래 소스코드와 같이 2번 라인에 while 1:을 추가하고 아래 문장들을 탭(tab)으로 들여쓰기하면 아래 문장들이 계속적으로 실행하도록 할 수 있다. while 반복문은 아직 배우지 않은 문법이므로 제대로 이해하려고 하기보다는 그냥 따라해 보자.

```
01  print("=== 인치-센티미터 변환 프로그램 ===")
02  while 1 :
03      인치길이 = int(input("인치 입력: "))
04      센티미터길이 = 인치길이 * 2.54
05      print(인치길이, "inch는", 센티미터길이, "cm 입니다.")
```

> === 인치-센티미터 변환 프로그램 ===
> 인치 입력: 28
> 28 inch는 71.12 cm 입니다.
> 인치 입력: 30
> 30 inch는 76.2 cm 입니다.

6.10 응용문제: 태어난 달의 달력 보여주기

문제 이해하기

혹시 여러분은 자신이 무슨 요일에 태어났는지 알고 있는가? 자신이 태어난 달력을 보면 자신이 무슨 요일에 태어났는지 쉽게 확인할 수 있을 것이다. 출생연도와 월을 입력받아 그 달의 달력을 출력해주는 프로그램을 만들어보자.

문제 해결하기

먼저 calendar 모듈을 불러와서 prmonth 함수를 사용하는 방식을 살펴보자. calendar는 달력, 날짜 등에 관련된 기능을 제공해주는 모듈이고, 그 모듈에 포함된 함수 중 하나인 prmonth 함수는 연도와 월을 입력받아 해당 달의 달력을 출력해주는 기능을 한다.

```
>>> import calendar
>>>
>>> calendar.prmonth(2019,1)
     January 2019
Mo Tu We Th Fr Sa Su
       1  2  3  4  5  6
 7  8  9 10 11 12 13
14 15 16 17 18 19 20
21 22 23 24 25 26 27
28 29 30 31
```

위 기능을 참고하여 출생연도와 월을 입력받아 그 달의 달력을 출력해주는 프로그램을 만들어보자. 아래의 예시와 동일하게 실행되는 프로그램을 스스로 만들어보자.

당신이 태어난 달의 달력을 보여줄게요.

몇 년도에 태어났어요? 1995
몇 월에 태어났어요? 9

당신이 태어난 달의 달력입니다.

```
    September 1995
Mo Tu We Th Fr Sa Su
             1  2  3
 4  5  6  7  8  9 10
11 12 13 14 15 16 17
18 19 20 21 22 23 24
25 26 27 28 29 30
```

완성된 소스코드는 아래와 같다. 연도 및 월은 정수(int) 데이터가 적합하므로 4번, 5번 라인에서 int 함수를 적용하였다.

```
01  import calendar
02
03  print("당신이 태어난 달의 달력을 보여줄게요.\n")
04  year = int(input("몇 년도에 태어났어요? "))
05  month = int(input("몇 월에 태어났어요? "))
06
07  print("\n당신이 태어난 달의 달력입니다.\n")
08  calendar.prmonth(year, month)
```

calendar 모듈에서 prmonth 함수는 달력을 화면에 직접 출력하는 함수이고, month 함수는 해당 달력을 텍스트로 가져오는 함수이다. 따라서 위의 소스코드에서 8번 라인은 아래와 같이 수정될 수 있다.

```
08  달력 = calendar.month(year, month)
09  print(달력)
```

응용문제: 키를 입력받아 적정 몸무게 제안하기

문제 이해하기

키(cm)를 입력받아 표준 몸무게를 계산하여 제안해주는 프로그램을 작성해보자. 표준 몸무게는 키에서 100을 뺀 후 0.9를 곱하여 계산한다. 또한 표준 몸무게의 120%를 과체중 위험 기준으로 안내하고, 표준 몸무게의 80%를 저체중 위험 기준으로 안내해보자.

아래와 같이 실행되도록 프로그램을 작성해보자.

```
키가 몇 cm에요? 163
당신의 신장: 163.0
적정 몸무게: 56.7
과체중 위험 기준: 68.04
저체중 위험 기준: 45.36000000000001
```

문제 해결하기

먼저 키를 입력받아 표준 몸무게를 계산한다. 계산된 값의 120%, 80%를 계산하여 과체중 기준, 저체중 기준 값으로 저장한 후 결과를 안내해준다.

완성된 소스코드는 아래와 같다.

```
01  키 = float(input("키가 몇 cm에요? "))
02
03  표준몸무게 = (키 - 100) * 0.9
04  print("당신의 신장:", 키)
05  print("적정 몸무게:", 표준몸무게)
06
07  과체중기준 = 표준몸무게 * 1.2
08  저체중기준 = 표준몸무게 * 0.8
09  print("과체중 위험 기준:", 과체중기준)
10  print("저체중 위험 기준:", 저체중기준)
```

위 프로그램을 실행하고 키를 입력해보자. 결과 값으로 소수점이 길게 표시되는 문제가 있는데 뒤에서 양식문자를 사용하는 방식 및 format 함수를 사용하는 방식을 배워 활용하면 깔끔하게 표현할 수 있다.

01. 이름을 물어보고 입력받은 이름을 사용하여 아래의 예시와 같이 대답하며 인사해주는 프로그램을 작성하시오.

> 당신의 이름은 무엇인가요? 홍길동
> 하이 홍길동 씨 만나서 반가워요.

02. 고향을 물어보고 입력받은 고향에 대하여 아래의 예시와 같이 답해주는 프로그램을 작성하시오.

> 당신의 고향은 어디인가요? 경기도 수원
> 당신은 아름다운 경기도 수원 에서 왔군요.

03. 좋아하는 숫자를 물어 본 후 좋아하는 숫자에 10을 더한 값을 말해주는 프로그램을 작성하시오.

> 당신이 좋아하는 숫자는? 7
> 아하 당신이 좋아하는 숫자에 10을 더하면 17 이군요.

04. 한국 돈 금액을 입력받아 미국 달러로 환전하여 알려주는 프로그램을 작성하시오. (소수점은 표시하지 말 것, 1달러는 1175원으로 계산할 것)

> 환전 계산 프로그램입니다.
> 한국 돈 입력: 300000
> 300000 원을 환전하면 255 달러입니다.

05. 키를 입력받아 적정 몸무게를 구해주는 프로그램을 작성하시오. 적정 몸무게는 키에서 100을 뺀 후 0.9를 곱하여 계산한다.

> 키를 입력하세요: 170
> 당신의 키 170 cm에 대한 적정몸무게: 63 kg

06. 원의 반지름 길이를 입력받아 원의 넓이와 둘레를 구해서 알려주는 프로그램을 작성하시오.
(원의 넓이 = 반지름 * 반지름 * 3.141592, 원의 둘레 = 2 * 반지름 * 3.141592)

```
반지름 입력: 10
원의 넓이는 314.1592 입니다.
원의 둘레는 62.83184 입니다.
```

07. 두 정수를 입력받아 두 수를 곱한 값을 알려주는 프로그램을 작성하시오.

```
X를 입력하세요 > 6
Y를 입력하세요 > 4
6 과 4 를 곱한 값은 24 입니다.
```

08. 인치(inch) 단위 길이를 입력받아 센티미터(cm) 단위로 변환해주는 프로그램을 작성하시오.
참고로 1인치는 2.54 센티미터이다. 정수 단위로 입력을 받도록 하시오.

```
=== 인치 -> 센티미터 변환 프로그램 ===
인치 입력: 15
15 inch는 38.1 cm 입니다.
```

09. 센티미터(cm) 단위 길이를 입력받아 인치(inch) 단위로 변환해주는 프로그램을 작성하시오.
참고로 1인치는 2.54 센티미터이다. 실수 단위로 입력이 가능하도록 하시오.

```
=== 센티미터 -> 인치 변환 프로그램 ===
센티미터 입력: 166.37
166.37 cm는 65.5 inch 입니다.
```

10. 출생연도와 출생월을 입력받아 생일의 달력을 출력해주는 프로그램을 작성하시오. 달력을
출력하기 위해 calendar 모듈에 포함된 prmonth(year, month) 함수를 활용한다.

COMPUTATIONAL
THINKING
with Python

CHAPTER

07

거북이(turtle)모듈로 그림 그리기

학습목차

7.1 거북이(turtle)모듈 불러오기

7.2 거북이를 움직여 그림 그리기

7.3 거북이 변신하기

7.4 거북이 모듈을 사용하는 몇 가지 방법

7.5 사각형 그리기

7.6 삼각형 그리기

7.7 인공지능 다각형 그리기

7.8 좌표점으로 도형 그리기

7.9 영역 색칠하기

7.10 Circle 함수를 사용하여 인공지능 다각형 그리기

7.11 펜을 올리고 내리며 그림 그리기

7.12 원을 그리는 거북이

7.13 turtle 주요 기능 정리

거북이(turtle)모듈 불러오기

지금까지 파이썬을 사용하여 간단한 계산을 하는 방법을 배웠다. 이번에는 파이썬을 활용하여 간단한 도형 및 패턴 등의 그림을 그리는 방법을 배워보자. 파이썬에서 turtle(거북이)이라는 모듈을 통해서 기본적인 그림 그리기 기능을 제공한다. 즉, 그림을 그리려면 `import turtle`이라는 명령으로 turtle(거북이)모듈을 먼저 불러와야 한다.

쉘 모드에서 아래 두 줄의 명령을 한 줄 한 줄 실행해보자. turtle 모듈에 포함된 **shape()**이라는 함수를 사용하여 거북이 모양이 나타나도록 표시할 수 있다.

```
>>>  import turtle
>>>  turtle.shape("turtle")
```

두 번째 줄을 실행하면 아래와 같이 그림이 실제로 그려지는 별도의 창이 나타나고 그 중간에 작은 거북이가 표시된 것을 확인할 수 있다. 창이 겹쳐지면 거북이가 그림을 그리는 화면이 안보일 수 있으므로 아래와 같이 2개의 창을 겹치지 않게 배치하자.

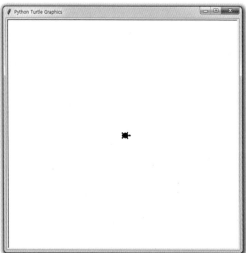

이번에는 거북이의 크기를 변경해보자. **shapesize** 함수에 수치를 입력하여 크기를 변경할 수 있다. 크기를 5로 한 후, 다시 3으로 변경하는 명령이다.

```
>>>  turtle.shapesize(5)
>>>  turtle.shapesize(3)
```

거북이를 움직여 그림 그리기

앞으로 움직이는 거북이

앞에서 거북이(turtle)를 나타나게 하는 것까지 공부하였다. 그럼 이번에는 실제로 거북이가 그림을 어떻게 그릴 수 있는지 간단히 확인해보자. 아래의 코드를 실행해 보면 거북이가 움직이는 것을 확인할 수 있다.

```
>>>   turtle.forward(200)
>>>   turtle.left(90)
>>>   turtle.forward(200)
```

위 3개의 명령을 수행했을 때의 결과를 아래에 차례대로 표시하였다. forward 함수는 앞으로 이동하면서 선을 그리는 기능을 한다. left 함수는 입력된 각도만큼 왼쪽으로 회전하는 역할을 한다. 모듈 이름에 점(.)을 붙인 후 그 다음에 함수 이름을 입력하여 거북이에게 명령을 할 수 있다.

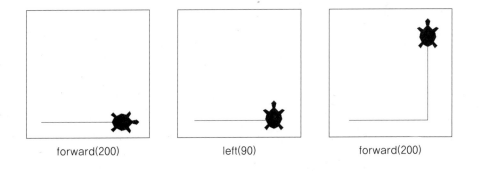

forward(200)   left(90)   forward(200)

아래 2개의 명령을 수행해보자. right 함수는 오른쪽으로 회전하는 기능을 하는 함수이다. backward 함수는 뒤로 이동하면서 선을 그리는 함수이다.

```
>>>   turtle.right(90)
>>>   turtle.backward(200)
```

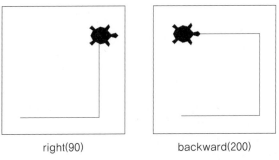

right(90)   backward(200)

그림 지우고 새로 그리기

현재 그려진 그림을 지우고 새롭게 그림을 그리기 위해 아래의 2줄의 코드를 실행해보자.

```
>>> turtle.home()
>>> turtle.clear()
```

함수의 이름을 통해 어떤 역할을 하는지 이미 파악이 되었을 것이다. home 함수는 원래 위치인 화면 중앙으로 이동하는 함수이고, clear 함수는 화면을 깨끗하게 지우는 함수이다.

거북이 변신하기

앞에서 turtle.shape("turtle")이라는 코드를 사용하여 거북이 모양을 표현하였다. 이 shape이라는 함수를 사용하면 모양을 거북이 뿐 아니라 다른 모양이나 그림 파일로 변경할 수 있다.

파이썬에서 기본적으로 제공하는 모양을 아래 표에 정리하였다. 참고로 arrow와 triangle은 모두 삼각형 모양이며 가로 세로 비율의 차이만 있다.

명칭	설명	그림	코드 예시
turtle	거북이	✖	turtle.shape("turtle")
arrow	화살표	▶	turtle.shape("arrow")
square	정사각형	■	turtle.shape("square")
circle	원	●	turtle.shape("circle")
triangle	삼각형	▶	turtle.shape("triangle")
classic	기본	➤	turtle.shape("classic")

참고로 아래와 같이 shape 함수를 실행하지 않는 경우 기본적으로 classic 형태가 적용된다.

```
>>> import turtle
>>> turtle.forward(200)
>>> turtle.right(90)
>>> turtle.forward(200)
```

소스코드   실행결과

거북이를 사용하는 방법1

먼저 1번 라인에서 import turtle이라는 명령으로 모듈을 불러 온다. 그 다음부터 turtle 객체를 바로 사용하여 그림을 그리는 방식이다. turtle 다음에 점(.)을 찍은 후 함수명을 붙여 명령을 실행한다.

```
01  import turtle
02  turtle.shape("turtle")
03  turtle.forward(200)
```

거북이를 사용하는 방법2

먼저 import turtle 명령으로 실행하는 것까지는 동일하다. 다음에 t = turtle.Turtle() 명령을 사용하여 t라는 이름의 거북이 객체를 생성한다. 이제부터는 t 라는 이름에 점(.)을 찍고 함수명을 붙여 명령을 실행할 수 있다.

```
01  import turtle
02  t = turtle.Turtle()                      # 대소문자 입력 주의
03  t.shape("turtle")
04  t.forward(200)
```

지금 설명한 방법2는 방법1 보다 오히려 어렵고 작성하기 불편한 면이 있다. 그러나 장점은 아래와 같이 거북이를 t1, t2, …으로 여러 개의 거북이 객체를 생성한 후 그림을 그리도록 할 수 있다.

```
01  import turtle
02  t1 = turtle.Turtle(); t1.shape("turtle")
03  t2 = turtle.Turtle(); t2.shape("turtle")
04  t1.color("red"); t2.color("blue")
05  t1.forward(200); t1.right(90); t1.forward(200)
06  t2.left(90); t2.forward(200)
07  t2.right(90); t2.forward(200)
```

소스코드   실행결과

거북이를 사용하는 방법3

먼저 `import turtle as t`로 시작한다. 거북이(turtle) 모듈을 불러와서 t라는 이름으로 앞으로 사용하겠다는 의미로 이해할 수 있다. 방법1에서는 거북이 모듈을 활용하는 모든 명령에 turtle.을 붙여야했지만 이제부터는 간결하게 `t.`으로 사용할 수 있다.

```
01  import turtle as t
02
03  t.shape("turtle")
04  t.forward(200)
05  t.right(90)
06  t.forward(200)
```

위의 방법3의 방식이 앞에서 설명한 방법1, 방법2 보다 간결하고 사용하기 편하다. 따라서 뒤에서 turtle을 활용하는 예제들에서는 방법3을 주로 활용하도록 하겠다.

정리하면 turtle 모듈을 불러와서 t라는 이름으로 개체를 생성하고자 할 때 아래 두 가지 방식을 사용할 수 있다. 아래의 2가지 방식은 같은 역할을 하는 것임을 기억하자.

```
01  import turtle
02  t = turtle.Turtle()
```

```
01  import turtle as t
```

그럼 방법3의 방식으로 아래와 같이 원을 2개 그리는 예제를 만들어보자. 앞에서는 쉘 모드에서 간단한 그림을 그려보았다. 참고로 circle(r)은 반지름이 r인 원을 그리는 역할을 한다.

```
01  import turtle as t
02  t.shape("turtle")
03  t.shapesize(3)
04  t.color("blue")
05  t.circle(100)
06  t.forward(200)
07  t.circle(100)
```

소스코드　　　　　　　　　　　　실행결과

크기가 정해진 정사각형 그리기

앞에서 거북이(turtle) 모듈을 사용하는 방식을 간단히 실습을 통해 배웠다. 앞에서 배운 내용들을 활용하여 각 선분의 길이가 300인 정사각형을 그려보자. 코드 편집기 모드를 사용하여 코드를 입력한 후 실행해보자.

```
01  import turtle as t
02  t.shape("turtle")
03  t.shapesize(3)
04
05  t.forward(300)
06  t.right(90)
07  t.forward(300)
08  t.right(90)
09  t.forward(300)
10  t.right(90)
11  t.forward(300)
```

소스코드   실행결과

위의 코드를 보면 각 선분을 그린 후 90도 회전하는 기능을 하는 두 줄(5번~6번 라인)의 코드가 4번 반복하는 것을 볼 수 있다. 같은 내용을 4번이나 반복하여 입력하는 것은 매우 비효율적이다. 따라서 아래와 같이 반복문을 사용하여 코드를 단순화할 수 있다. 반복문 문법에 대해서는 이후에 반복문 관련 챕터에서 자세히 배울 것이다.

```
01  import turtle as t
02  t.shape("turtle")
03  t.shapesize(3)
04
05  for i in range (4) :
06      t.forward(300)
07      t.right(90)
```

5번 라인의 코드는 아래의 두줄 (6~7번 라인)의 명령을 4번 반복한다는 것을 의미한다. 6, 7번 라인은 들여쓰기가 1단락(4칸) 되어있어야 함을 유의하자. 6번 라인

입력 후 엔터를 누르면 자동으로 들여쓰기가 적용될 것이다. 자동으로 들여쓰기가 안된다면 직접 탭(tab) 키를 눌러주면 된다.

선분의 길이 입력받기 1

이번에는 사각형의 선분의 길이를 사용자가 직접 입력하도록 수정해보자. 기본 셀 화면에서 한 변의 길이를 입력 받은 후 해당크기의 정사각형을 그려주면 된다. 한 변의 길이는 50~300 범위의 값을 입력하자.

```
01  print("=== 사각형을 그리는 거북이 === ")
02  size = int(input("한 변의 길이: "))
03  import turtle as t
04
05  t.shape("turtle")
06  t.shapesize(3)
07
08  for i in range(4) :
09      t.forward(size)
10      t.right(90)
```

선분의 길이 입력받기 2

turtle 객체의 textinput이라는 함수를 사용하여 turtle 객체를 사용하는 중에 사용자의 키보드 입력을 받을 수 있다. textinput("사각형", "한 변의 길이: ")와 같이 2개의 파라미터가 사용되었는데, 첫 번째 파라미터는 입력 창의 제목, 두 번째 는 입력 안내 메시지이다.

```
01  import turtle as t
02  t.shape("turtle")
03  t.shapesize(3)
04
05  temp = t.textinput("사각형", "한 변의 길이: ")
06  size = int(temp)
07
08  for i in range(4) :
09      t.forward(size)
10      t.right(90)
```

삼각형 그리기

앞의 예제에서 사각형을 그리는 실습을 해보았다. 소스코드와 실행결과를 다시 살펴보자.

```
01  import turtle as t
02  t.shape("turtle")
03
04  for i in range (4) :
05      t.forward(200)
06      t.right(90)
```

소스코드   실행결과

앞의 코드를 변경하여 아래 그림과 같이 삼각형을 그리도록 코드를 수정해보자. 그렇게 어렵지 않은 문제이다. 조금만 생각하면 쉽게 해결할 수 있을 것이다.

```
01  import turtle as t
02  t.shape("turtle")
03
04  for i in range (3) :
05      t.forward(200)
06      t.right(120)
```

소스코드   실행결과

수정할 부분은 다음과 같다. 4번 라인에서 괄호 안에 숫자 4를 3으로 변경한다. 사각형은 4번 반복하지만 삼각형은 3번 반복하기 때문이다. 6번 라인에서 숫자 90을 120으로 변경한다. 사각형은 각 선분이 90도로 꺾이지만 삼각형은 120도로 꺾이기 때문이다. 120이라는 숫자는 360도를 삼각형이므로 3으로 나누어 얻은 결과이다.

인공지능 다각형 그리기

오각형 그리기

사각형과 삼각형을 그려보았으니 조금만 생각하면 오각형도 그릴 수 있을 것이다.
소스코드는 아래와 같다. 반복하는 숫자를 5로 지정하였으며, 회전하는 각도를 72
도(360/5)로 지정하였다.

```
01  import turtle as t
02  t.shape("turtle")
03
04  for i in range (5) :              # 오각형 5
05      t.forward(200)
06      t.right(72)                   # 오각형 360 / 5 = 72도
```

다양한 다각형 그리기

몇 각형을 그릴지 물어본 후 값을 입력받아 해당되는 다각형을 그리도록 보완하자.
예를 들어, 7을 입력하면 칠각형을 그려주도록 한다. 아래와와 같이 몇 각형을 입력
할 지에 대하여 input 함수를 사용할 수 있다. input 함수로 입력받은 후 정수로
데이터 타입을 변환하기 위하여 int 함수를 적용하였다.

```
01  import turtle as t
02  t.width(3)
03  t.shape("turtle")
04
05  n = int(input("몇 각형을 그려줄까요?"))
06
07  for i in range(n) :
08      t.forward(100)
09      t.right(360/n)
```

몇 각형을 그려줄까요?

소스코드   실행결과

5번 라인을 아래와 같이 수정하면 대화상자를 통해 입력받는 방식으로 변경할 수
있다.

```
05  n = int(t.textinput("다각형", "몇 각형을 그려줄까요? "))
```

더 똑똑하게 다각형 그리는 프로그램

지금까의 삼각형, 사각형 등의 다각형 그리기 기능은 몇 가지 문제점이 있다. 첫 번째는 우측 하단에 도형이 그려져서 상단과 좌측은 비어있는 문제가 있다. 두 번째는 다각형을 그리는 선분의 길이가 일정하므로 칠각형, 십각형, 이십각형 등으로 숫자가 커질수록 화면을 벗어나 버리는 문제점이 있다.

위의 언급한 문제점을 어느 정도 해결한 소스코드이다. 입력한 후 실행하여 보자. 입력한 숫자에 따라서 다각형의 변의 길이가 적절히 조절되어 그려지는 것을 확인할 수 있을 것이다. 입력 값을 3, 4, 5, … , 30 등으로 변화하여 보자. 삼십각형까지는 적절하게 한 변의 길이가 조절되며 그림이 그려진다.

```python
01  import turtle as t
02  import math
03  t.width(3)
04
05  while 1:
06      n = int(t.textinput("다각형", "몇 각형을 그려줄까요? "))
07      t.goto(-100,350)
08      t.clear()
09      for i in range(n) :
10          t.forward(400/math.sqrt(n-2))
11          t.right(360/n)
```

한 변의 길이를 어떻게 조절할 것인가? 이 문제에 대한 정답은 없다. 여러분이 간단하든 복잡하든 어떤 식을 만들어내면 되는 것이다. 2개의 가변 방식을 제안하였는데 참고해보기 바란다. 좀 더 고민하면 여러분은 더 좋은 수식을 만들어 낼 수도 있을 것이다.

n각형	방식1(고정)	방식2(가변)	방식3(가변)
	400	400/(n-2)	400/math.sqrt(n-2)
3	400	400	400
4	400	200	282
5	400	133	230
6	400	100	200
7	400	80	179
8	400	67	163
9	400	57	151
10	400	50	141

좌표점으로 도형 그리기

앞의 예제들에서는 forward, backward, left, right 함수를 주로 사용하여 간단한 그림을 그리는 방법을 설명하였다. 이번에는 좌표점을 지정하여 그림을 그리는 방식을 배워보고자 한다.

아래의 코드를 입력하여 실행해보자. 4개의 좌표점을 지정하여 그림을 그리는 코드이다.

```
01  import turtle as t
02  t.shape("turtle")
03  t.home()            # t.goto(0,0)과 동일
04  t.goto(100, 0)      # 선분1 그리기
05  t.goto(100, 100)    # 선분2 그리기
06  t.goto(0, 100)      # 선분3 그리기
07  t.goto(0, 0)        # 선분4 그리기
```

소스코드   실행결과

위의 코드를 실행하면 좌표점은 출력되지 않는다. 좌표점을 나타내려면 write 함수를 사용하여 거북이가 이동하는 위치에 텍스트를 출력하면 된다. 아래와 같이 t.write 함수를 사용하여 해당 좌표점 텍스트를 표시해줄 수 있다.

```
01  import turtle as t
02  t.shape("turtle")
03
04  t.home() ;              t.write("(0,0)")
05  t.goto(300, 0) ;        t.write("(300,0)")
06  t.goto(300, 300) ;      t.write("(300,300)")
07  t.goto(0, 300) ;        t.write("(0,300)")
08  t.goto(0, 0) ;          t.write("(0,0)")
```

- goto(x, y): 좌표점 (x,y)를 지정하여 이동하도록 한다.
- write (text): 텍스트 문자열을 거북이의 위치에 출력한다.

영역 색칠하기

지금까지는 다각형, 원 등의 그림을 그릴 때 테두리 선을 그렸다. 이번에는 다각형의 내부를 색칠하는 방법에 대해서 배워보자. 아래에 도형의 내부를 색칠하지 않았을 때와 색칠했을 때의 차이를 표시한 그림이다.

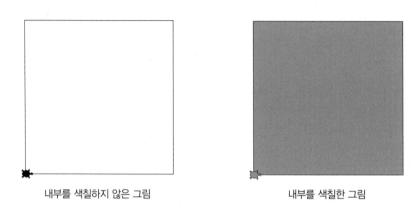

내부를 색칠하지 않은 그림   내부를 색칠한 그림

위의 오른쪽과 같이 안쪽이 색칠된 정사각형을 그리는 코드를 작성한 후 실행해 보자.

```
01  import turtle as t
02  t.shape("turtle")
03
04  t.fillcolor("orange")
05  t.begin_fill()
06  t.goto(0, 0)
07  t.goto(300, 0)          # 선분1 그리기
08  t.goto(300, 300)        # 선분2 그리기
09  t.goto(0, 300)          # 선분3 그리기
10  t.goto(0, 0)            # 선분4 그리기
11  t.end_fill()
```

도형 내부를 색칠하기 위하여 3줄의 코드를 추가하였다. 4번 라인에서 `fillcolor` 함수를 사용하여 채우고자 하는 색상을 지정하였다. 만약 4번 라인이 없다면 색상은 기본적으로 검정색이 설정된다. 5번의 `begin_fill`은 앞으로 그려질 도형을 색칠하겠다는 의미이다. 닫혀진 공간이 생기면 자동으로 색칠이 된다. 색칠을 종료하기 위해서는 11번 라인과 같이 `end_fill` 함수를 적용해야 한다.

Circle 함수를 사용하여 인공지능 다각형 그리기

앞에서 삼각형, 사각형 등 다양한 다각형을 효과적으로 그리는 방법을 공부하였다. 그러나 사실 circle 함수만을 사용하여 아주 간단한 코드로 다각형을 그릴 수 있다. Circle 함수는 최대 3개의 파라미터를 사용할 수 있다. 일반적으로 2개는 생략하고 1개만 사용하는 경우가 많은데 그 경우 1개의 파라미터는 반지름의 길이를 의미한다. 즉 아래는 반지름이 150인 원을 그린다는 의미이다.

```
01  import turtle as t
02  t.circle(150)
```

두 개의 파라미터를 사용할 경우 첫 번째는 반지름, 두 번째는 각도를 의미한다. 아래와 같이 180을 입력하면 전체 360도를 다 그리는 것이 아니라 절반인 180도만큼 원을 그린다.

```
01  import turtle as t
02  t.circle(150, 180)
```

아래 프로그램은 그려진 그림을 확실하게 보기 위하여 내부 색칠하기 기능을 추가하였다.

```
01  import turtle as t
02  t.fillcolor("blue")
03  t.begin_fill()
04  t.circle(150, 180)
05  t.end_fill()
```

세 개의 파라미터를 사용할 경우, 세 번째 파라미터는 각진 선분의 수를 의미한다. 아래의 코드는 원을 완전히 둥그렇게 그리는 것이 아니라 10번 꺾어가면서 그리게 된다. 만약 세 번째 파라미터 값을 3으로 하면 삼각형, 4로 하면 사각형이 그려지게 된다.

```
01  import turtle as t
02  t.circle(150, 360, 10)
```

최종적으로 다각형을 그려주는 프로그램을 아래와 같이 단 3줄로 완성할 수 있다.

```
01  import turtle as t
02  n = int (t.textinput("다각형", "몇 각형을 그려줄까요"))
03  t.circle(150, 360, n)
```

Pen 올리고 내리며 그림 그리기

이번에는 x, y 좌표 공간에 y=x라는 함수의 그래프를 그려주는 기능을 만들어 볼 것이다. 아래의 결과 그림과 같이 x축과 y축 직선은 기본색인 검정색으로 표시하고 각 좌표점을 표시한다. 그리고 y=x 및 y=2x 등의 함수의 그래프를 파란색, 빨강색 선으로 그리는 기능을 만들어보자.

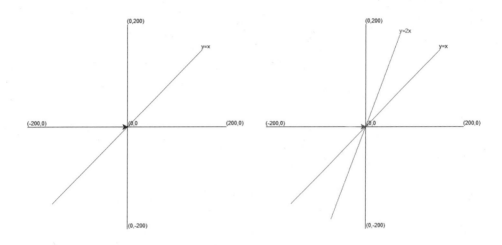

먼저 x축과 y축의 기본 직선을 그려주는 소스코드는 아래와 같다. 참고로 penup 함수는 펜을 들어주는 역할을 하여 goto 함수를 실행해도 선이 그려지지 않도록 한다. pendown 함수를 실행하여 펜을 내린 상태로 만든 후 goto 함수를 실행하면 선이 그려진다.

```
01  import turtle as t
02
03  t.penup()
04  t.goto(0,0); t.write(" (0,0")
05  t.goto(0,200); t.write("(0,200)")
06  t.pendown()
07  t.goto(0,-200); t.write(" (0,-200)")
08
09  t.penup()
10  t.goto(-200,0); t.write("(-200,0)")
11  t.pendown()
12  t.goto(200,0); t.write("(200,0)")
13  t.penup()
```

소스코드

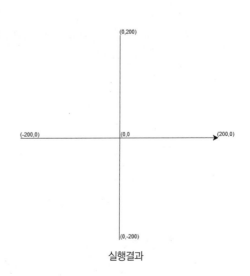

실행결과

만약 위의 소스코드에서 penup, pendown 함수가 사용안된 경우 어떤 결과가 나올지 생각해보자. 기본적으로는 pendown 상태이므로 goto 함수를 실행하여 위치를 이동할 때마다 선이 그려져서 아래와 같이 불필요한 선이 그려지게 된다.

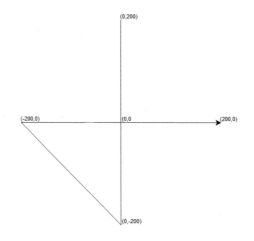

위의 소스코드에 이어서 아래의 코드를 입력해보자. 아래는 y=x 함수 그래프를 파란색으로 그리는 역할을 한다.

```
14  t.goto(-150,-150);
15  t.pendown()
16  t.color("blue")
17  t.goto(150,150); t.write("y=x")
18  t.goto(0,0)
19  t.penup()
```

아래는 빨강색 선으로 y=2x 직선을 표시하는 선을 그리는 소스코드이다. 이 직선이 정확하게 y=2x 직선을 의미하지는 않으며 단지 선을 그리는 방식만을 알려주는 것임을 참고하자.

```
20  t.goto(-70,-180);
21  t.pendown()
22  t.color("red")
23  t.goto(70,180); t.write("y=2x")
24  t.goto(0,0)
```

원을 그리는 거북이

지금까지 배운 내용을 활용하여 여러분 스스로 간단한 그림을 그리는 프로그램을 만들어보자. 아래의 실행 결과 예시와 같이 거북이가 앞으로 이동하면서 10개의 원을 그림을 그리는 프로그램을 만들어보자.

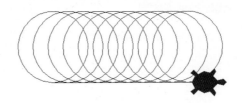

```
01  import turtle as t
02
03  t.shape("turtle")
04  t.shapesize(3)
05  t.color("blue")
06  t.speed(10)
07
08  for i in range (10) :
09      t.circle(70)
10      t.forward(30)
```

turtle 모듈의 speed 함수는 그림이 그려지는 (거북이가 이동하는) 속도를 조절하는 함수이다. 파라미터로 0~10까지의 값을 지정할 수 있다. 1~10의 경우 숫자가 높을수록 속도가 빨라진다. 0의 경우 예외적으로 가장 빠르게 움직이며 그림을 그리도록 한다. 11 이상의 값들은 0과 동일한 속도로 그려진다.

7.13 turtle 주요 기능 정리

지금까지 배운 함수들과 그 외에 자주 사용되는 함수들을 아래 표에 정리하였다.

함수명	함수 기능	비고
shape()	개체의 모양을 설정한다.	기본으로는 arrow 모양이 지정된다.
shapesize()	개체의 크기를 설정한다.	보통 1~5 정도의 크기를 사용한다.
register_shape()	이미지 파일로 개체 모양을 설정한다.	이미지 파일로 개체 모양을 등록한다. 형식: register_shape("image.gif")
home()	중심 위치로 이동한다.	(0, 0) 좌표점으로 이동한다.
clear()	화면을 깨끗하게 지운다.	
right(각도N)	오른쪽으로 N도 만큼 회전한다.	
left(각도N)	왼쪽으로 N도 만큼 회전한다.	
forward(d)	앞으로 거리d 만큼 이동한다.	pendown 상태라면 이동하면서 선을 그린다.
backward(d)	뒤로 거리d 만큼 이동한다.	pendown 상태라면 이동하면서 선을 그린다.
goto(x, y)	좌표점 (x, y)로 이동한다.	setpos 함수, setposition 함수와 동일하다.
circle(n)	반지름이 n인 원을 그린다.	
dot.(n)	크기가 n인 점을 그린다.	
width(n)	펜의 두께를 n으로 설정한다.	
color(c)	거북이의 색을 색상c로 지정한다.	펜의 색을 따로 지정하지 않은 경우 거북이의 색이 펜 색으로 지정된다.
pencolor(색상c)	펜의 색을 색상c로 지정한다.	
bgcolor(색상)	배경의 색상을 지정한다.	형식: red, green, blue 등의 텍스트코드 형식2: #800080 등의 숫자코드
bgcolor(r,g,b)	r, g, b 값을 지정하여 배경 색상을 지정한다.	Bgcolor(r, g, b) 형식으로 사용할 수도 있다.
screensize(x, y)	배경의 크기를 지정한다.	
penup()	펜을 올린다.	펜을 올린 상태에서는 forward 등의 함수에서 그림이 그려지지 않는다.
pendown()	펜을 내린다.	
Screeen()	배경화면(캔버스)을 가져온다.	
bgpic()	배경 화면을 그림으로 처리한다.	screen = turtle.Screen() screen.bgpic("back.png")
xcor()	거북이의 현재 x위치를 리턴한다.	
ycor()	거북이의 현재 y위치를 리턴한다.	
setx(a)	x축 a위치로 이동한다. y축 위치는 유지된다.	
sety(b)	y축 b위치로 이동한다. x축 위치는 유지된다.	
distance(x, y)	현재 거북이의 위치와 (x, y) 좌표와의 거리를 계산하여 리턴한다.	

01. 거북이 모양을 나타나게 한 후, 거북이 크기를 4로 설정하시오. 나타난 거북이가 기역(ㄱ) 모양을 그리도록 하시오.

02. turtle 개체를 사용하여 색은 파란색으로 선의 두께는 5로 설정하여 Z 모양의 그림을 그리시오.

03. 내부가 파란색으로 칠해진 선분의 길이가 150인 정사각형을 그리시오.

04. 직사각형의 가로의 길이와 세로의 길이를 물어본 후 직사각형의 넓이를 구해주는 프로그램을 만드시오. 또한 **turtle** 모듈을 사용하여 직사각형을 그리시오(길이는 100~400 범위에서 입력한다).

05. 원의 반지름을 입력받은 후 원의 넓이를 계산하여 알려주는 프로그램을 작성하시오. **turtle** 모듈을 사용하여 크기가 200인 원을 그리시오.

06. turtle 모듈을 사용하여 칠각형을 그려주는 프로그램을 작성하시오.

07. 몇 각형을 그려줄까요?라고 물어본 후 정수를 입력받아 해당하는 다각형을 그려주는 프로그램을 작성하시오.

08. X, Y 축을 그린 후 화면 중앙에 (0, 0) 이라고 텍스트로 표시하시오.

09. 8번 문제의 축을 활용하여 y = x의 그래프를 빨강색으로 그리시오. 선 그래프 옆에 "y=x"라는 텍스트를 표시하시오.

10. 거북이가 빠른 속도로 앞으로 이동하며 원을 10개 그리는 프로그램을 작성하시오.

**COMPUTATIONAL
THINKING
with Python**

포맷에 맞추어
출력하기

학습목차

8.1 문자열과 양식 문자

8.2 양식문자를 활용하여 문자열 만들기

8.3 print 함수에서 양식문자 활용하기

8.4 키에 대한 적정 몸무게를 구하는 문제

8.5 두 개의 정수를 입력받아 계산하기

8.6 8진수, 16진수 표현하기

8.7 자릿수 확인 문제

8.8 포맷(format) 함수 사용하기

8.9 문자열 객체의 format 함수 활용

문자열과 양식문자

양식문자의 종류

문자열에 안에 아래와 같이 특이한 문자들이 포함될 수 있다. %d, %f, %s 등 %로 시작하는 특이한 아래의 문자들을 양식문자라고 한다. 여기서 '양식'이란 형식(format)을 의미한다.

양식 문자	표현 내용	비고
%d	정수(십진수)	Decimal (0~9)
%f	실수(소수점)	Floating point number
%g	정수 혹은 실수	소수점의 여부에 따라 정수, 실수 자동표시
%s	문자열	String
%c	문자	Character
%o	8진수	Octal number (0~7)
%x	16진수	Hexa number (0~9, A~F)

양식문자를 사용하는 이유

지금까지는 변수에 값을 입력하고 계산한 후 결과를 출력할 때 양식문자를 사용하지 않았다. 양식문자를 사용하면 아래와 같이 여러 가지 장점이 있다.

- 소스코드가 보기 좋게 표현될 수 있다.
- 실수의 경우 소수점 자릿수를 지정할 수 있다.
- 출력 형태를 깔끔하게 정렬하여 표현할 수 있다(칸 수 지정, 천 단위 쉼표 지정 등).
- 정수를 10진수 뿐 아니라 8진수, 16진수 등의 형태로 표현할 수 있다.

양식문자 활용 소스코드

아래는 3개의 변수에 값을 입력한 후 print 함수를 사용하여 자기소개의 내용을 출력하는 소스코드이다. 아래와 같이 양식문자를 사용하지 않는 경우 따옴표와 쉼표가 반복적으로 나타나기 때문에 소스를 읽기 힘들어지는 문제가 있다. 아래의 소스코드를 입력한 후 실행해보자.

```
01  name = "홍길동"
02  age = 21
03  weight = 58.7
04  print("내 이름은", name, "입니다.")
05  print("나는", age, "살입니다.")
06  print("나의 몸무게는", weight, "kg입니다.")
```

위의 소스코드를 양식문자를 사용하는 소스코드로 수정해보자. 3개의 변수 name(문자열), age(정수), weight(실수)에 대하여 %s, %d, %f를 사용하는 코드이다. 아직은 양식문자를 제대로 배운 단계가 아니므로 우선 따라서 위의 소스코드를 아래와 같이 수정하고 실행해보자.

```
01  name = "홍길동"
02  age = 21
03  weight = 58.7
04  print("내 이름은 %s입니다." % name)
05  print("나는 %d살입니다." % age)
06  print("나의 몸무게는 %f kg입니다." % weight)
```

소스코드를 실행한 결과는 아래와 같다. 실수의 경우 소수점이 길게 나타날 수 있는데 소수점을 깔끔하게 정리하는 방법은 잠시 뒤에 배울 것이다.

```
내 이름은 홍길동입니다.
나는 21살입니다.
나의 몸무게는 58.700000 kg입니다.
```

8.2 | 양식문자를 활용하여 문자열 만들기

하나의 양식문자 사용하기

양식문자를 사용하여 문자열(텍스트)의 중간에 특정 변수의 값을 입력할 수 있다. 아래는 변수 x에 값을 입력한 후 %d 양식문자를 사용하여 문자열에 대입하는 예시이다.

```
>>>  x = 5
>>>  "x의 값은 %d입니다." % x
     'x의 값은 5입니다.'
```

거의 동일한 예제로 age 변수에 나이를 저장하고 %d 양식문자를 사용하여 문자열에 대입하는 코드이다.

```
>>>  age = 20
>>>  "안녕 나는 %d살이야" % age
     '안녕 나는 20살이야'
```

아래는 %f 양식문자를 활용하는 예시이다.

```
>>>  height = 167.5
>>>  "내 키는 %f cm입니다." % height
     '내 키는 167.5 cm입니다.'
```

정리하면 양식문자를 사용하여 문자열을 생성하는 형식은 아래와 같다. 중간에 % 문자를 구분자로 사용됨을 유의하자. 쉼표(,)로 실수하는 경우가 많은데 %를 사용해야 한다.

```
양식문자가_포함된_문자열  %  양식문자에_대입될_변수
```

아래는 양식문자를 사용하여 문자열 변수 text에 저장한 후 출력하는 예제이다.

```
>>>  height = 167.5
>>>  text = "내 키는 %f cm입니다." % height
>>>  print(text)
     '내 키는 167.5 cm입니다.'
```

양식문자를 2개 이상 활용

2개의 양식문자를 활용하는 예제이다.

```
>>> kor = 90
>>> eng = 80
>>> "국어는 %d점이고 영어는 %d점입니다" % (kor, eng)
    국어는 90점이고 영어는 80점입니다
```

아래의 소스코드도 실행해보자.

```
>>> x = 10
>>> y = 20
>>> "x = %d 그리고 y = %d 입니다" % (x, y)
    x = 10 그리고 y = 20 입니다
```

아래는 두 개의 정수를 곱한 값을 알려주는 예시이다.

```
>>> x = 7
>>> y = 8
>>> "%d와 %d를 곱한 값은 %d입니다" % (x, y, x*y)
    7과 8을 곱한 값은 56입니다
```

아래는 두 개의 정수를 나눈 값을 알려주는 예시이다.

```
>>> x = 10
>>> y = 3
>>> "%d와 %d를 나눈 값은 %f입니다" % (x, y, x/y)
    10와 3를 나눈 값은 3.333333입니다
```

8.3 print 함수에서 양식문자 활용하기

이번에는 양식문자를 사용하여 출력(print)을 좀 더 고급스럽게 하는 방법을 배워보자. 양식문자를 사용하여 print 함수로 출력하면 자신의 원하는 형식을 지정하여 더욱 깔끔하게 표현할 수 있다.

print 함수에서 %d 양식문자를 사용하여 출력하는 아래의 명령을 수행해보자.

```
>>>  year = 1999
>>>  print("나는", year, "년에 태어났어요")            # 양식문자 사용 안함
     나는 1999 년에 태어났어요
>>>  print("나는 %d년에 태어났어요" % year)            # 양식문자 %d 사용함
     나는 1999년에 태어났어요
```

확인문제 8.1

이름, 출생연도를 입력받아서 아래와 같이 인사를 한 후 현재 나이를 알려주는 프로그램을 만들어보자.

```
이름이 뭐에요? 홍길동
몇 년도에 태어났어요? 2001

안녕하세요. 홍길동씨 반가워요.
당신은 2001년에 태어났군요.
당신은 올해 19살이 되었습니다.
```

완성된 소스코드는 아래와 같다.

```
01  name = input("이름이 뭐에요? ")
02  year = int(input("몇 년도에 태어났어요? "))
03
04  print("\n안녕하세요. %s씨 반가워요." % name)
05  print("당신은 %d년에 태어났군요." % year)
06  print("당신은 올해 %d살이 되었습니다." % (2019-year+1))
```

키에 대한 적정 몸무게를 구하는 문제

키를 입력받아 적정 몸무게를 구하는 프로그램을 만들어보자. 적정 몸무게는 키에서 100을 뺀 후 0.9를 곱하여 계산한다. 키는 cm 단위로 소수점까지 입력 가능하며 결과는 소수점 한 자리까지 출력하도록 한다. 아래와 같은 형식으로 실행되는 프로그램을 작성하시오.

```
=== 몸무게 제안 프로그램 ===
키 입력 -> 167.5
키 167.5 cm에 대한 적정 몸무게는 60.8 kg입니다.
```

우선 양식문자를 사용하지 않는 방식으로 프로그램을 작성해보자.

```
01  print("=== 몸무게 제안 프로그램 ===")
02  height = float(input("키 입력 -> "))
03  weight = (height - 100) * 0.9
04  print("키", height, "cm에 대한 적정 몸무게는", weight, "kg입니다.")
```

위의 소스코드를 양식문자를 사용하는 방식으로 수정해보자. 실수 데이터이므로 %f 양식문자를 사용하면 된다.

```
01  print("=== 몸무게 제안 프로그램 ===")
02  height = float(input("키 입력 -> "))
03  weight = (height - 100) * 0.9
04  print("키 %f cm에 대한 적정 몸무게는 %f kg입니다." % (height, weight))
```

위의 4번 라인에서 %f 코드를 %.1f 코드로 수정하자. 이 코드는 소수점 1자리까지 표현한다는 의미이며, 정확하게 말하면 소수점 둘째 자리에서 반올림된다.

```
04  print("키 %.1f cm에 대한 적정몸무게는 %.1f kg입니다." % (height, weight))
```

이와 같이 %f를 표현할 때 '%' 기호와 'f' 사이에 소수점과 숫자를 지정하면 소수 자릿수를 지정할 수 있다. %.1f 소수점 1자리까지 표현하고, %.2f 소수점 2자리까지 표현하고, %.3f 소수점 3자리까지 표현한다.

%.숫자f : 실수를 숫자만큼 소수점 자릿수로 표시

두 개의 정수를 입력받아 계산하기

두 개의 정수를 입력받아 사칙연산을 계산하는 프로그램을 만들어보자.

우선 양식문자를 사용하지 않는 형태의 프로그램을 작성해보자. 앞에서도 언급하였지만 양식문자를 사용하지 않는 경우 여러 가지 문제점이 있지만 우선은 따옴표와 쉼표가 반복되어 코드를 입력하기 쉽지 않고, 읽기도 쉽지 않다.

```
01  a = int(input("첫 번째 정수 입력: "))
02  b = int(input("두 번째 정수 입력: "))
03
04  print(a, " + ", b, " = ", (a+b))
05  print(a, " - ", b, " = ", (a-b))
06  print(a, " * ", b, " = ", (a*b))
07  print(a, " / ", b, " = ", (a/b))
```

작성한 프로그램에 아래와 같이 숫자 10, 숫자 3을 입력해보자. 그러면 아래와 같은 결과를 보게된다. 소수점이 길게 표시되고 있다. 양식문자를 사용하지 않으면 소수점을 처리해줄 수 없다.

```
첫 번째 정수 입력: 10
두 번째 정수 입력: 3
10 + 3 = 13
10 - 3 = 7
10 * 3 = 30
10 / 3 = 3.3333333333333335
```

이번에는 위에서 작성한 코드를 양식문자를 사용하는 방식으로 변경해보자. 나눗셈의 경우 소수점이 표시될 수 있으므로 %.2f 양식문자를 사용하였다. 앞의 코드와 비교해 볼 때 소스코드가 보기 좋게 표현되었다.

```
01  a = int(input("첫 번째 정수 입력: "))
02  b = int(input("두 번째 정수 입력: "))
03
04  print("%d + %d = %d" % (a, b, a+b))
05  print("%d - %d = %d" % (a, b, a-b))
06  print("%d * %d = %d" % (a, b, a*b))
07  print("%d / %d = %.2f" % (a, b, a/b))
```

이번에는 %d 이외에 %o, %x 양식문자를 아래의 예제로 확인해보자. 다시 설명하면 %d는 변수의 값을 10진수 (정수)값으로 표현하고, %o는 8진수로 표현하고, %x는 16진수로 표현한다.

```
01  x = 2019
02  y = 153
03  print("%d + %d = %d" % (x, y, x+y))
04  print("%o + %o = %o" % (x, y, x+y))
05  print("%x + %x = %x" % (x, y, x+y))
```

```
2019 + 153 = 2172
3743 + 231 = 4174
 7e3 +  99 = 87c
```

좀 더 깔끔하게 출력되도록 약간만 수정해보자. %d를 %5d와 같은 형식으로 변경한 후 실행해보자. 여기서 5는 차지하는 칸수를 의미하며 열을 맞추어 깔끔하게 출력할 수 있다.

```
01  x = 2019
02  y = 153
03  print("%5d + %4d = %5d" % (x, y, x+y))
04  print("%5o + %4o = %5o" % (x, y, x+y))
05  print("%5x + %4x = %5x" % (x, y, x+y))
```

```
 2019 + 153 = 2172
 3743 + 231 = 4174
  7e3 +  99 =  87c
```

양식문자를 지정할 때 자릿수를 지정하기를 원한다면 %[숫자][양식문자]의 형태로 표현하면 [숫자]만큼의 칸 수를 지정한다. 예를 들어 %10d라고 출력하면 정수(십진수)로 값을 출력하며 자릿수를 10칸으로 지정한다. 만약 표현할 수가 10칸으로 부족하면 그 이상으로 표현된다.

```
%숫자d  ← 숫자 만큼의 자릿수로 정수 표시
%숫자f  ← 숫자 만큼의 자릿수로 실수 표시
```

숫자 앞에 -(마이너스) 부호를 삽입하면 숫자만큼의 칸수에 왼쪽 정렬을 하여 표시한다는 것을 의미한다. %-10d와 같이 -(마이너스) 부호를 사용한 경우 내용이 지정된 칸 수(10칸)에서 좌측으로 정렬된다. -(마이너스) 부호를 사용하지 않는 경우에는 기본적으로 우측으로 정렬된다.

```
%-숫자d  ← 숫자 만큼의 자릿수로 정수를 좌측 정렬로 표시
%-숫자f  ← 숫자 만큼의 자릿수로 실수를 좌측 정렬로 표시
```

스스로 해결해보기

아래는 두 개의 실수를 변수 a, b에 저장한 후 사칙연산을 적용하는 코드이다.

```
01  a = 2019 / 13
02  b = 10 / 3
03  print(a, " + ", b, " = ", (a+b))
04  print(a, " - ", b, " = ", (a-b))
05  print(a, " * ", b, " = ", (a*b))
06  print(a, " / ", b, " = ", (a/b))
```

위의 소스코드를 실행하면 아래와 같은 형태로 소수점이 매우 지저분하게 출력된다.

```
155.30769230769232 + 3.3333333333333335 = 158.64102564102566
155.30769230769232 - 3.3333333333333335 = 151.97435897435898
155.30769230769232 * 3.3333333333333335 = 517.6923076923077
155.30769230769232 / 3.3333333333333335 = 46.59230769230769
```

지금까지 배운 양식문자를 사용하여 아래와 같이 깔끔하게 표현되도록 소스코드를 수정해보자. 소수점 둘째 자리까지 표현되도록 하고, 자릿수를 적절히 지정한 후 우측 정렬하자.

```
155.31 +   3.33 =  158.64
155.31 -   3.33 =  151.97
155.31 *   3.33 =  517.69
155.31 /   3.33 =   46.59
```

완성된 소스코드는 아래와 같다. 양식코드 %f는 실수 값을 의미한다. 양식코드 %.2f는 소수점 둘째자리까지 표시함을 의미한다. 양식코드 %8.2f는 자릿수를 8칸

으로 지정하고 소수점 둘째 자리까지 나타냄을 의미한다. 기본적으로 우측 정렬이
지정되며 만약 좌측 정렬을 원할 경우에는 %-8.2f라고 코드를 작성한다.

```
01  a = 2019 / 13
02  b = 10 / 3
03
04  print("%8.2f + %5.2f = %8.2f" % (a, b, a+b))
05  print("%8.2f - %5.2f = %8.2f" % (a, b, a-b))
06  print("%8.2f * %5.2f = %8.2f" % (a, b, a*b))
07  print("%8.2f / %5.2f = %8.2f" % (a, b, a/b))
```

자릿수 확인 문제

3개의 측정값 363.719, 485.82, 559.19를 변수에 입력하고 세 값의 합계와 평균을 화면에 출력해보자. 먼저 양식문자를 사용하지 않는 방식으로 프로그램을 만들어 본 후 양식문자를 사용하는 방식으로 수정해보자.

아래와 같이 결과가 출력되도록 프로그램을 만들어보자.

```
합계:    1408.73
평균:     469.58
```

아래는 양식문자를 사용하지 않고 3개 값의 합계와 평균을 계산하여 출력하는 소 스코드이다.

```
01  측정1 = 363.719
02  측정2 = 485.82
03  측정3 = 559.19
04  합계 = 측정1 + 측정2 + 측정3
05  평균 = 합계/3
06  print("합계: ", 합계)
07  print("평균: ", 평균)
```

```
합계: 1408.729
평균:    469.57633333333337
```

양식문자를 사용하지 않는 위 프로그램의 수행결과를 보면 표현 방식이 깨끗하지 않은 상태로 보기에 불편하다. 아래에서는 %10.2f 형식의 양식문자를 사용하였다. 실수 값을 출력하며, 10칸을 사용하고, 소수점 2째자리까지 표현(셋째자리에서 반올림)하도록 포맷을 지정한 것이다.

```
01  측정1 = 363.719
02  측정2 = 485.82
03  측정3 = 559.19
04  합계 = 측정1 + 측정2 + 측정3
05  평균 = 합계/3
06  print("합계: %10.2f" % 합계)
07  print("평균: %10.2f" % 평균)
```

```
합계:    1408.73
평균:     469.58
```

포맷(format) 함수 사용하기

앞에서 양식문자를 사용하는 방법을 공부하였다. `format` 함수를 사용하면 양식문자를 사용하는 것보다 좀 더 확장된 기능으로 원하는 형식(포맷)을 지정할 수 있다. `format` 함수를 사용하여 다양한 포맷을 지정할 수 있지만 본 교재에서는 천 단위 쉼표를 지정하는 방법, 소수점 자릿수를 지정하는 방법, 전체 자릿수를 지정하는 방법을 중심으로 설명한다.

천 단위 쉼표

`format` 함수에 첫 번째 파라미터로는 값을 입력하고, 두 번째 파라미터로는 따옴표 사이에 쉼표(,)를 지정하면 천 단위 쉼표를 지정한 문자열을 얻을 수 있다. 쉼표 대신에 '_' (언더바)를 사용하면 천 단위로 _ 기호가 들어간다.

```
>>>  n = 123456789
>>>  n
     123456789
>>>  format(n, ',')                    # 쉼표
     '123,456,789'
```

소수점 자릿수

그럼 이번에는 소수점까지 존재하는 실수에 대해서 소수점 자릿수를 지정하는 방식을 적용해보자.

```
>>>  n = 123456789.12345
>>>  n
     123456789.12345
>>>  format(n, '.2f')                   # 소수점 둘째자리
     '123456789.12'
```

전체 자릿수 지정

전체 자릿수를 지정하는 방법은 아래와 같다.

```
>>>  n = 12345
>>>  n
     12345
>>>  format(n, '10')                    # 10칸을 사용함
     '     12345'
```

좌우 정렬

방향을 의미하는 < 또는 > 문자를 사용하여 정렬을 지정할 수 있다. 아래는 자릿수를 10으로 지정한 상태에서 좌측 정렬, 우측 정렬을 하는 예이다.

```
>>>  n = 12345
>>>  format(n, '10')                        # 10칸을 사용함
     '     12345'
>>>  format(n, '<10')                       # 10칸을 사용하면서 좌측 정렬
     '12345     '
>>>  format(n, '>10')                       # 10칸을 사용하면서 우측 정렬
     '     12345'
```

복합적 포맷 설정

우측 정렬, 15칸 사용, 천 단위 쉼표, 소수점 2자리의 포맷을 한꺼번에 적용해보자.

```
>>>  N = 12345.12345
>>>  format(n, '>15,.2f')                   # > 15 쉼표(,) 점(.)2f
     '      12,345.12'
```

진수 변환하여 출력하기

o는 8진수, x는 16진수, e는 지수 형태의 텍스트로 변환해준다.

```
>>>  n = 12345
>>>  format(n, 'o')                         # 8진수
     '30071'
>>>  format(n, 'x')                         # 16진수
     '3039'
>>>  format(n, 'e')                         # 지수 형태
     '1.234500e+04'
```

format 함수 정리

앞에서 배운 **format** 함수 사용법을 아래 표에 정리하였다.

기호	의미	형식
,	천 단위 쉼표(,)	format(1234567, ",")
E 또는 e	지수 형태 출력	format(1234567, "E")
X 또는 x	16진수 출력	format(1234567, "X")
o (소문자)	8진수 출력	format(1234567, "o")
숫자	자릿수 지정	format(1234567, "10")
<	왼쪽 정렬	format(1234567, "<10")
>	오른쪽 정렬	format(1234567, ">10")
0 (숫자0)	빈자리를 0으로 채우기	format(1234567, "010")
f	실수(소수점) 표시	format(1234.1234, "f")

아래는 천 단위 쉼표 표현, 지수 형태 표현, 16진수, 8진수로 표현하는 예시이다.

```
>>>  n = 1234567
>>>  format(n, ",")                        # 천 단위 쉼표
     '1,234,567'
>>>  format(n, "e")                        # 지수 형태로 출력
     '1.234567e+06'
>>>  format(n, "x")                        # 16진수
     '12d687'
>>>  format(n, "o")                        # 8진수
     '4553207'
```

8.9 문자열 객체의 format 함수 활용

우리는 바로 전 8절에서 format 함수를 배웠다. 이번에는 문자열 객체에 포함되는 format 함수를 배워보자. 8절의 format 함수는 사실 자주 사용되지 않는다. 그러나 이번 9절에서 배울 문자열(str) 객체에 포함된 format 함수는 자주 사용되므로 잘 배워두기를 바란다.

이름은 동일하지만 다른 함수이므로 혼동하지 않도록 주의하자. 문자열 객체의 format 함수를 사용하면 특정 값이 들어갈 위치에 { } 괄호를 배치하여 원하는 값들을 입력할 수 있다. 또한 다양한 옵션 값들을 지정하여 다양한 형태로 값들을 표현할 수 있는 장점이 있다.

괄호 { } 안에 값을 입력하기

아래의 명령을 수행해보자. { } 안에 format 함수의 파라미터의 값이 대입되어 출력되는 것을 확인할 수 있다.

```
>>> x = 10
>>> "x is { }".format(x)
    'x is 10'
```

물론 변수를 사용하지 않고 format의 파라미터로 직접 값을 입력할 수도 있다.

```
>>> "I am { } years old".format(20)
    'I am 20 years old'
```

format 함수의 파라미터 값이 2개 이상일 수도 있다. { } 안에 차례대로 파라미터의 값이 입력된다.

```
>>> x = 10
>>> y = 20
>>> "x is { } and y is { }".format(x, y)
    'x is 10 and y is 20'
```

아래의 3개의 명령을 수행하면 어떤 결과가 나올지 예상해보고 실습해보자.

```
>>> "a={ }, b={ }".format(100, 200)
>>> "I like number { } and { }". format(5, 7)
>>> "{ } plus { } is { }".format(5, 3, 8)
```

괄호 안의 값의 순서를 지정하기

{ } 안에 숫자를 입력하여 파라미터 값들의 순서를 지정할 수 있다. {0}은 첫 번째 파라미터, {1}은 두 번째 파라미터 값을 의미한다. 파라미터의 개수가 n개 라면 {0} 부터 시작하여 {n-1} 까지의 값을 지정하여 사용할 수 있다.

```
>>>  "x is {0} and y is {1}".format(10, 20)
>>>  'x is 10 and y is 20'
>>>  "x is {1} and y is {0}".format(10, 20)
     'x is 20 and y is 10'
```

{ } 안에 차례대로 파라미터의 값이 입력된다.

```
>>>  "first {2} second {1} third {0}".format(10, 20, 30)
     'first 30 second 20 third 10'
```

정수와 실수의 표현

아래와 같이 반지름이 15인 원의 넓이를 계산하여 출력해보자.

```
>>>  x = 15
>>>  y = 15 * 15 * 3.141592
     "반지름={0}, 원넓이={1}".format(x, y)
     '반지름=15, 원넓이=706.8582'
```

변수의 값을 정수, 실수 등을 명시하여 출력하려면 아래의 방식을 사용한다. 괄호 안에 인덱스(숫자) 뒤에 콜론(:)을 입력한 후 그 뒤에 형식문자(d, f 등)를 입력한 다. 여기서 d는 정수(십진수)를 의미하며, f는 실수를 의미한다.

```
{ 인덱스 : 형식문자 }
```

즉 아래와 같이 {0:d}라고 표시하면 1번째 값(15)을 정수(십진수)로 표현한다는 의미이고, {1:f}는 2번째 값(r)을 실수(소수점 포함)값으로 표현하는 것을 의미한다.

```
>>>  r = 15 * 15 * 3.141592
>>>  "반지름={0:d}, 원넓이={1:f}".format(15, r)
     '반지름=15, 원넓이=706.8582'
```

정수, 실수 외에 다양한 형식코드들

앞에서 코드 d는 10진수(정수), f는 실수 값으로 표현함을 배웠다. 그 외에 2진수, 8진수, 16진수, 지수형태 등으로 변환하여 출력하는 방법을 배워보자. 다양한 형식코드를 아래에 표로 정리하였다.

코드	의미	예시
d	10진수	"{0:d}".format(1000)
f	실수	"{0:.2f}".format(3.141592)
e	지수	"{0:e}".format(1000)
b	2진수	"{0:b}".format(1000)
o	8진수	"{0:o}".format(1000)
x	16진수	"{0:x}".format(1000)

아래의 예제를 통해 형식코드를 사용하는 방식을 이해해보자. 1000이라는 값을 10진수(d), 2진수(b), 8진수(o), 16진수(x)로 출력하는 예제이다.

```
>>> "x is {0:d}".format(1000)          # d: 10진수로 표시
    'x is 1000'
>>> "x is {0:b}".format(1000)          # b: 2진수로 표시
    'x is 1111101000'
>>> "x is {0:o}".format(1000)          # o: 8진수로 표시
    'x is 1750'
>>> "x is {0:x}".format(1000)          # x: 16진수로 표시
    'x is 3e8'
>>> "x is {0:e}".format(1000)          # e: 지수 형태로 표시
    'x is 1.000000e+03'
```

천 단위 쉼표를 표현하는 방법

큰 값의 경우에 천 단위 쉼표를 지정하면 값을 보기에 편리하다. {0:d}은 첫 번째 파라미터 값을 십진수로 출력함을 의미한다. {0:,d} 코드는 d 앞에 쉼표(,)를 추가한 코드로 천 단위로 쉼표를 지정함을 의미한다. {0:d} 및 {0:,d}를 표기할 때 d는 생략 가능하기 때문에 {0} 및 {0:,}로 표현될 수도 있다.

```
>>> "수출액 {0:d} 달러".format(1000000)      # {0}과 동일
    '수출액 1000000 달러'
>>> "수출액 {0:,d} 달러".format(1000000)     # {0:,}와 동일
    '수출액 1,000,000 달러'
```

아래는 천 단위로 쉼표를 표시하는 방법의 예이다.

```
>>> price = 3_000_000
>>> "제품가격은 {0:d}".format(price)
    '제품가격은 3000000입니다.'
>>> "제품가격은 {0:,d}".format(price)
    '제품가격은 3,000,000입니다.'
```

소수점 자릿수, 전체 자릿수 지정

아래와 같이 반지름이 15인 원의 넓이를 계산하여 출력해보자. 아래 명령을 수행하면 소수점이 너무 길게 나타나는 문제가 있다.

```
>>> r = 15 * 15 * 3.141592
>>> "반지름={0:d}, 원넓이={1:f}".format(15, r)
    '반지름=15, 원넓이=706.8582'
```

소수점 둘째자리까지 표현하려면 어떻게 해야할까? 코드 .2는 소수점 둘째자리까지 표현함을 의미하고, 코드 10.2는 자릿수 10자리를 사용하며 소수점 둘째자리까지 표현함을 의미한다.

```
>>> r = 15 * 15 * 3.141592
>>> "반지름={0:d}, 원넓이={1:.2f}".format(15, r)        # 소수점 둘째자리
    '반지름=15, 원넓이=706.86'
>>> "반지름={0:d}, 원넓이={1:10.2f}".format(15, r)     # 자릿수 10, 소수점 둘째자리
    '반지름=15, 원넓이=    706.86'
```

정수의 경우에도 자릿수를 지정할 수 있다. {0:d}의 의미는 첫 번째 값을 십진수(정수)로 표현한다는 의미이다. {0:10d}라고 표현하면 첫 번째 값을 10칸의 자릿수를 가지고 표현함을 의미한다. < 및 >의 방향 기호로 정렬을 지정할 수도 있다.

```
>>> "{0:d}".format(1000)                    # 10진수로 표현
    '1000'
>>> "{0:7d}".format(1000)                   # 자릿수를 7칸으로 표현
    '   1000'
>>> "{0:10d}".format(1000)                  # 자릿수를 10칸으로 표현
    '      1000'
>>> "{0:<10d}".format(1000)                 # 왼쪽으로 정렬하여 표현
    '1000      '
>>> "{0:>10d}".format(1000)                 # 오른쪽으로 정렬하여 표현
    '      1000'
```

```
>>> "{0:-10d}".format(1000)              # 음수일 경우에 - 표시, 양수는 표시 안함
'      1000'
>>> "{0:+10d}".format(1000)              # 양수일 경우에 + 표시, 음수일 경우는 - 표시
'     +1000'
```

정리하기

문자열의 **format** 함수에서 정수에 대한 표현을 확장하는 예이다.

표기	설명
{ }	0번 파라미터(변수) 출력
{0}	변수를 십진수로 출력. 값이 하나라면 {0:d}가 생략된 것으로 가정함.
{0:d}	0번 변수를 십진수로 출력
{0:10d}	0번 변수를 십진수로 10칸 자릿수로 출력
{0:,d}	0번 변수를 십진수로 천 단위 쉼표 적용
{0:10,d}	0번 변수를 10칸으로 하고 천 단위 쉼표를 적용한 십진수 출력

문자열의 **format** 함수에서 실수에 대한 표현을 확장하는 예이다.

표기	설명
{0:f}	실수 출력
{0:,f}	실수 출력, 천 단위 쉼표
{0:.2f}	소수점 2자리 실수
{0:10.2f}	10칸 / 소수점 2자리 실수
{0:10,.2f}	10칸 / 소수점 2자리 실수

01. 섭씨온도를 입력받아 화씨온도로 변환하여 알려주는 프로그램을 작성하시오. 섭씨온도는 정수로 입력 받고, 변환된 화씨온도는 소수점 둘째자리까지 표시하시오. 참고로, 화씨온도 = 섭씨온도 × (9/5) + 32이다.

```
=== 섭씨-화씨 온도변환기 ===
섭씨온도 입력 -> 32
섭씨온도: 32.00 도
화씨온도: 89.60 도
```

02. 킬로미터 단위의 거리를 입력받아 마일(miles) 단위로 변환해주는 프로그램을 작성하시오. 킬로미터 거리 입력은 소수점까지 받을 수 있도록 하고, 출력할 때 소수점 둘째자리까지 표시하시오(참고 1 mile = 1.60934 km).

```
=== 킬로미터-마일 거리변환 프로그램 ===
Km 거리 입력 -> 130.5
입력한 킬로미터거리: 130.50 km
변환된 마일거리: 81.09 miles
```

03. 이름, 나이, 키를 물어봐서 입력받은 후 아래와 같이 정리하여 출력해주는 프로그램을 작성하시오. 키는 소수점까지 입력받을 수 있도록 하고, 출력할 때 키는 소수점 둘째자리까지 표시하도록 한다.

```
이름이 뭐에요? 홍길동
몇 살이에요? 22
키가 몇이에요? 171.8

이름: 홍길동
나이: 22살
키: 171.80 cm
```

04. 숫자가 큰금액을 입력받아 천 단위 쉼표를 적용하여 출력해주는 프로그램을 작성하시오.

```
금액 입력 -> 15000000
표현 변경 -> 15,000,000원
```

05. 한화로 금액을 입력받아 달러로 환전할 경우 얼마인지 알려주는 프로그램을 작성하시오. 환전 후의 잔액은 무시할 것. 1달러는 1,135원으로 계산할 것.

```
한화 금액 입력 -> 15000000
입금액: 15,000,000 원화
환전액: 13,215 달러
```

06. 저축액을 입력받아 1년 후의 이자와 원리금(원금 + 이자)을 출력해주는 프로그램을 작성하시오. 이자율은 3.75%, 이자에 대한 세금은 15%로 계산하시오

```
=== 원리금 계산 프로그램 ===
저축금액 입력: 5000000
원금:   5000000원
이자:    187500원
세금:     28125원
최종:   5159375원
```

07. 6번 문제를 문자열의 **format** 함수를 사용하여 아래와 같이 출력되도록 수정하시오. 저축액은 아래와 같이 천 단위 쉼표 단위로 출력되도록 하시오.

```
=== 원리금 계산 프로그램 ===
저축금액 입력: 5000000
원금:   5,000,000원
이자:     187,500원
세금:      28,125원
최종:   5,159,375원
```

08. 정수를 입력받아 2진수, 8진수, 16진수로 출력해주는 프로그램을 작성하시오. 문자열의 `format` 함수를 사용하여 표현하시오.

```
정수입력 --> 1000
10진수: 1000
02진수: 1111101000
08진수: 1750
16진수: 3e8
```

09. 두 정수를 입력받아 사칙연산 결과를 열을 맞추어 깔끔하게 출력해주는 프로그램을 작성하시오.

10. 두 실수를 입력받아 사칙연산 결과를 열을 맞추어 깔끔하게 출력해주는 프로그램을 작성하시오. 모두 수치는 소수점 둘째자리까지 표시할 것.

COMPUTATIONAL THINKING with Python

조건문 활용하기

학습목차

9.1 조건에 따라 흐름 제어하기

9.2 비교 연산자, 논리 연산자

9.3 if 조건문의 문법 이해하기

9.4 if ~ else 조건문의 문법 이해하기

9.5 짝수 홀수를 판별하는 프로그램

9.6 if ~ else 구문을 복합적으로 사용하기

9.7 if ~ elif ~ else 조건문 문법 이해하기

9.8 응용문제: 두 과목의 평균 점수로 합격 여부 판단하기

9.9 응용문제: Pass, Fail 안내하기

9.10 응용문제: 주차료 계산하기

9.11 응용문제: 윤년 판별하기

9.12 체질량지수(BMI) 계산하여 건강 진단하기

조건문이 없는 프로그램의 경우 흐름을 제어할 수 없기 때문에 항상 동일한 방식으로만 실행되는 단조로운 프로그램으로 기능이 제한될 수 밖에 없다. 반면 조건문을 사용하면 프로그램이 사용자의 입력 및 상황에 맞게 제어될 수 있으므로 지능적인 프로그램을 제작할 수 있다.

파이썬의 조건문을 아래 3개의 문법으로 구분하여 설명하고자 한다.

조건문	설명
if	조건이 맞는 경우 실행할 명령을 정의
if … else …	조건에 맞는 경우와 맞지 않는 경우에 대하여 다른 명령을 정의
if … elif … elif … else	여러 가지 조건에 따라 다른 명령을 정의

if … else … 조건문 활용

if ~ else 조건문을 사용하면 주어진 조건이 참(true)인 경우와 거짓(false)인 경우에 따라 명령문을 다르게 정의하여 실행할 수 있다. else 부분은 생략될 수 있으므로 조건문이 참이 경우에만 특정 명령이 실행되도록 할 수도 있다.

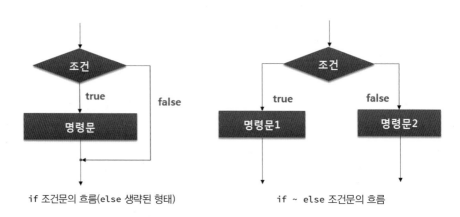

if 조건문의 흐름(else 생략된 형태)　　　　if ~ else 조건문의 흐름

if ~ elif ~ else 조건문 활용

if ~ else 조건문의 경우 흐름을 2가지 방향으로만 지정할 수 밖에 없는 한계가 있다. 그러나 실제적으로는 2가지 이상의 다양한 경우에 대하여 흐름을 제어해주어야 할 필요가 있다.

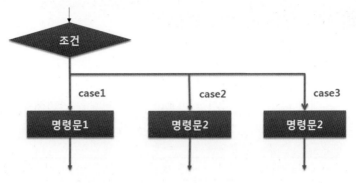

그림 9-1 if ~ elif ~ else 조건문의 흐름

다른 언어와 비교하기

C와 JAVA 등의 다른 언어에서는 if … else 및 if … else if … else 등의 조건문 외에 switch 문을 제공한다.

파이썬은 switch 문은 제공하지 않는다. switch 문이 없다고 해서 프로그래밍에 하는데 불편한 점은 별로 없다. 아마도 그렇기 때문에 파이썬에서 switch 문을 제공하지 않았을 것이다. if ~ elif ~ else 문을 사용하거나 앞으로 배울 다양한 자료구조를 사용하면 되므로 문제될 것이 없다.

비교 연산자, 논리 연산자

비교 연산자

두 개의 값 사이의 크기를 비교하여 참, 거짓을 판별해주는 연산자를 비교 연산자라고 한다. 비교 연산자는 관계 연산자라고 부르기도 한다.

비교 연산자	사용 방식	의미
==	x == y	x, y의 값이 같은가?
!=	x != y	x, y의 값이 같지 않은가?
>	x > y	x값이 y 값보다 큰가?
>=	x>= y	x값이 y값 보다 크거나 같은가? (이상인가?)
<	x < y	x값이 y값 보다 작은가?
<=	x <= y	x값이 y값 보다 작거나 같은가? (이하인가?)

== 연산자는 두 값이 같은가(equal)를 점검하는 연산자이다. 우리가 익숙한 = 연산자는 대입(assign)의 기능을 하는 연산자이다. 아래의 코드를 실행하면서 그 의미를 확인하고 분명히 숙지하도록 하자.

```
>>>  x = 10
>>>  y = 20
>>>  x == y                          # 두 값이 같은가 점검
     False
>>>  x = y                           # 우측 변수의 값을 좌측 변수에 대입
>>>  x == y                          # 두 값이 같은가 점검
     True
```

그 외에 나머지 연산자들에 대해서도 몇 개 실습해보자.

```
>>>  x = 100
>>>  y = 200
>>>  x != y                          # 같지 않은가?
     True
>>>  x >= y                          # 크거나 같은가?
     False
```

논리 연산자

논리(logic)이란 참, 거짓이 분명한 명제를 기초로 추론하는 과정을 의미한다. 논리

연산자는 이러한 논리의 추론 과정에서 기본적으로 사용되는 연산자이다. 조건을 판단하여 참, 거짓의 결과를 얻는 연산자를 논리 연산자라고 한다.

논리 연산자	사용 방식	의미
and	조건1 and 조건2	조건1, 조건2가 모두 만족하면 참(true)이다.
or	조건1 or 조건2	조건1, 조건2 둘 중 하나라도 만족하면 참(true)이다.
not	not 조건	조건이 참(true)이면 거짓(false)이 되고, 거짓이면 참이 된다.

아래의 예제를 통하여 논리 연산자를 수행해보고 그 의미를 명확히 이해하자.

```
>>> iq = 120
>>> age = 21
>>> age>=20 and iq>130
    False
>>> age>=20 or iq>130
    True
>>> not (age == 20)
    True
```

아래와 같이 True, False 값을 직접 사용하여 확인해 볼 수도 있다.

```
>>> True and False
    False
>>> True or False
    True
>>> not True
    False
```

키워드 is 이해하기

두 개의 변수의 값이 같은가를 비교할 때 == 연산자를 사용하였고, 같지 않은가를 비교할 때 != 연산자를 사용하였다. 자주 사용되는 연산자이므로 꼭 기억해두어야 한다.

```
>>> x = 100
>>> y = 100
>>> x == y                              # 같은가?
    True
>>> x != y                              # 같지 않은가?
    False
```

파이썬에서는 is라는 특별한 키워드를 지원한다. 아래의 명령을 수행해보면 is 키워드는 == 연산자와 같은 역할을 하는 것으로 이해된다. 같지 않은가(!=)를 판단할 때는 is not 명령을 사용할 수 있다.

```
>>>  x = 100
>>>  y = 100
>>>  x is y                              # 같은가?
     True
```

그러나 사실 is 키워드와 == 연산자가 하는 역할은 다르다. 아래 명령을 수행해 보자.

```
>>>  a = 123456
>>>  b = 123456
>>>  a is b                              # 같은가?
     False
```

분명히 두 개의 값이 같은데 is 키워드의 판단 결과 False(거짓)이 출력된다. 정리하면 == 연산자는 변수에 들어있는 값이 같은지 비교하고, is 연산자는 메모리의 주소가 같은지 비교한다. id(변수) 함수를 사용하면 변수의 메모리 주소를 확인할 수 있다.

앞에서 x = 100, y = 100인 경우 x is y를 실행한 경우 True가 출력된 것은 예외적인 경우이다. 파이썬은 자주 사용되는 몇 개의 값들을 메모리에 기본적으로 생성하고 그 주소와 연결시키는 경우가 있다. 위 예제의 경우도 두 변수의 주소가 같은 경우가 발생하여 True가 출력된 것이다.

if 조건문의 문법 이해하기

if 문법 살펴보기

if 문장을 사용하면 특정 조건이 맞을 경우에만 특정 명령이 실행되도록 할 수 있다. 아래 박스에 if 조건문을 사용하는 방식을 표현하였다.

```
if 조건문 :
    명령문1
```

- **콜론(:) 사용하기** if 키워드 다음에 조건문이 위치하며 조건문 옆에 콜론(:)을 꼭 입력해주어야 한다. 처음 파이썬을 배울 때 콜론(:)을 빠뜨리는 경우가 많으므로 주의하자.

- **조건문 괄호 사용 방식** 파이썬에서는 조건문에 여는 괄호 '('와 닫는 괄호 ')'는 일반적으로 사용하지 않는다. 물론 괄호를 사용해도 오류가 발생하지는 않지만 꼭 사용해야 하는 것은 아니다. C언어나 Java 에서는 ()를 꼭 사용해야 하는 것과 차이가 있다.

- **들여쓰기 주의하기** 조건문이 만족할 경우 실행될 문장(명령문)은 들여쓰기가 되어 있어야 한다. 들여쓰기는 "if 조건문:"을 입력한 후 엔터를 누르면 자동으로 들여쓰기가 되는데 그 부분에 명령문을 작성하면 된다. 들여쓰기를 직접 지정할 경우 Tab 키를 사용하면 된다.

아래 소스코드를 입력하면 어떤 결과를 얻게 될까? 조건이 만족하지 않으므로(거짓이므로) if에 종속된 문장이 실행되지 않는다. 즉, "수고하셨습니다."라는 문장만 화면에 출력될 것이다.

```
01  score = 80
02  if score >= 90 :
03      print("장학금 대상자입니다.")
04  print("수고하셨습니다.")
```

위의 코드를 수정하여 점수를 입력 받은 후, 입력한 점수에 따라서 장학금을 판단하도록 수정해보자. 1번 라인과 같이 input 함수로 텍스트를 입력 받은 후 int 함수로 정수로 변환하였다.

```
01  score = int(input("점수를 입력하세요: "))
02  if score >= 90 :
03      print("장학금 대상자입니다.")
04  print("수고하셨습니다.")
```

```
점수를 입력하세요: 95
장학금 대상자입니다.
수고하셨습니다.
```

[95를 입력한 결과]

```
점수를 입력하세요: 80
수고하셨습니다.
```

[80을 입력한 결과]

응용문제

그럼 이번에는 6시간 전의 시간을 알려주는 프로그램을 만들어보자. 즉 현재시간으로 14시를 입력했다면 6시간 전의 시간인 8시를 출력하면 된다.

```
01  curHour = int(input("지금 몇시인가요? "))
02  prevHour = curHour − 6
03  print("현재 시간: %d시" % curHour)
04  print("이전 시간: %d시" % prevHour)
```

```
지금 몇시인가요? 14
현재 시간: 14시
이전 시간: 8시
```

만약 위 프로그램에서 4시를 입력하면 어떻게 될까? 마이너스로 잘못된 시간이 출력될 것이다. 아래와 같이 if 문을 사용하여 이 문제를 해결할 수 있다.

```
01  curHour = int(input("지금 몇시인가요? "))
02  prevHour = curHour − 6
03  if prevHour < 0 :
04      prevHour += 24
05  print("현재 시간: %d시" % curHour)
06  print("이전 시간: %d시" % prevHour)
```

```
지금 몇시인가요? 4
현재 시간: 4시
이전 시간: 22시
```

출생연도를 물어보고 입력받아 나이를 계산한 후 나이가 15세 이상이고 20세 미만이면 "당신은 청소년입니다."라고 출력하는 프로그램을 만들어보시오.

```
01  year = int(input("몇 년도에 태어났나요? "))
02  age = 2019 - year + 1
03  if age>=15 and age<20 :
04      print("당신은 청소년입니다.")
```

참고로 위의 3번 라인의 코드는 아래와 같이 표현될 수도 있다.

```
03  if 15<= age < 20:
```

시스템의 날짜 정보를 사용하여 현재연도를 파악하도록 아래와 같이 변경할 수 있다.

```
01  from datetime import date
02  today = date.today()
03
04  birthYear = int(input("몇 년도에 태어났나요? "))
05  age = today.year - birthYear + 1
06
07  if age>=15 and age<20 :
08      print("당신은 청소년입니다.")
09  print("올해 당신은 %d살입니다." % age)
```

```
몇 년도에 태어났나요? 2001
당신은 청소년입니다.
올해 당신은 19살입니다.
```

응용문제

한국 시간을 입력받아 베트남 시간을 알려주는 프로그램을 작성하시오. 시간은 24h 단위로 입력받는다. 즉, 오후 3시 25분 이라면 15시 25분으로 입력한다. 한국과 베트남의 시차는 2시간이다. 정확하게 말하면 한국의 시간은 베트남보다 2시간 빠르다. 즉, 한국의 현재 시각이 오후 4시 30분이라면 베트남은 오후 2시 30분이다.

한국 시간을 입력하세요. 시간: 15 분: 25 계산 결과 한국: 15시 25분 베트남: 13시 25분	한국 시간을 입력하세요. 시간: 1 분: 30 계산 결과 한국: 1시 30분 베트남: 23시 30분
15:25 입력한 경우	1:30 입력한 경우

완성된 소스코드는 아래와 같다.

```python
01  print("한국 시간을 입력하세요.")
02  korHour = int(input("시간: "))
03  korMin = int(input("분: "))
04
05  vieHour = korHour - 2
06  vieMin = korMin
07  if vieHour < 0 :
08      vieHour += 24
09
10  print("\n계산 결과")
11  print("한국: %d시 %d분" % (korHour, korMin))
12  print("베트남: %d시 %d분" % (vieHour, vieMin))
```

11~12 라인의 코드를 문자열의 **format** 문자를 활용하는 방식으로 변환하였다.

```python
11  print("한국: {0:d}시 {1:d}분".format(korHour, korMin))
12  print("베트남: {0:d}시 {1:d}분".format(vieHour, vieMin))
```

if ~ else 조건문의 문법 이해하기

if … else … 문법 살펴보기

조건문이 참(true)인 경우와 거짓(false)인 경우에 다른 명령을 수행하도록 할 때 if ~ else 문법을 사용한다. if ~ else 문법의 사용 방식은 아래와 같다.

```
if 조건문 :
    명령문1
else :
    명령문2
```

- **if와 else 문장은 같은 레벨이어야 한다.** if와 else 문장은 같은 레벨이어야 한다. 즉, 들여쓰기 수준이 일치되어야 한다. 만약 들여쓰기가 일치되지 않으면 에러가 발생한다.

- **콜론(:) 입력하기** if 문장 및 else 문장 끝에는 콜론(:)을 꼭 입력해 주어야 한다.

- **여러문장 포함하기** if 문 혹은 else 문에 여러 문장이 포함되도록 하려면 아래와 같이 들여쓰기를 일치하여 표시하여야 한다. 아래 박스에서는 2개의 문장을 예시로 표현하였지만 그 이상의 개수로 확장될 수 있다. 종속되는 문장들은 들여쓰기가 모두 정확하게 일치하여야 함을 주의하자.

```
if 조건문 :
    명령문-참1
    명령문-참2
else :
    명령문-거짓1
    명령문-거짓2
```

확인문제 **9.2**

시험 점수를 입력받은 후 시험점수가 90점 이상인 경우 "장학금 대상자입니다." 그리고 다음 줄에 "축하합니다."라는 메시지를 출력하도록 하시오. 시험점수가 90점 미만인 경우 "장학금 대상자가 아닙니다." 그리고 다음 줄에 "다음학기를 노려봅시다."라고 출력되도록 하시오. 시험점수와 상관없이 "수고하셨습니다." 라고 출력되도록 하시오.

위 문제를 해결하는 파이썬 소스코드는 다음과 같다.

```
01  score = int(input("점수가 몇 점 이에요? "))
02  if score >= 90 :
03      print("장학금 대상자입니다.")
04      print("축하합니다.")
05  else :
06      print("장학금 대상자가 아닙니다.")
07      print("다음 학기를 노려봅시다.")
08  print("수고하셨습니다.")
```

점수가 몇 점 이에요? 95
장학금 대상자입니다.
축하합니다.
수고하셨습니다.

점수 95점을 입력한 실행 화면

점수가 몇 점 이에요? 60
장학금 대상자가 아닙니다.
다음 학기를 노려봅시다.
수고하셨습니다.

점수 60점을 입력한 실행 화면

이 프로그램이 한 번만 실행되지 않고 계속 실행되도록 하려면 어떻게 할까? 아래와 같이 while 1 :을 입력한 후 아래줄로 내려와 탭(Tab)으로 단락을 들여쓰기하자. while 1: 아래 종속되는 단락을 계속 반복한다는 의미이다. 반복문은 뒤에서 다시 자세히 배울 예정이다. 여기서 1은 참(True)을 의미하며, while True:라고 써도 동일한 효과가 있다.

```
01  while 1 :
02      score = int(input("점수가 몇 점 이에요? "))
03      if score >= 90 :
04          print("장학금 대상자입니다.")
05          print("축하합니다.")
06      else :
07          print("장학금 대상자가 아닙니다.")
08          print("다음 학기를 노려봅시다.")
09      print("수고하셨습니다.")
```

짝수 홀수를 판별하는 프로그램

지금까지 배운 조건문의 문법을 활용하여 간단한 문제를 해결해보도록 하자. 어떤 정수를 입력 받아 짝수와 홀수를 판별하는 문제이다. 짝수, 홀수는 어떻게 판별할 수 있을까? 짝수는 2로 나누어 떨어지는 수이며, 홀수는 2로 나누어 떨어지지 않는 수(나머지가 1인 수)임을 고려하여 해결할 수 있을 것이다.

- 짝수는 2로 나누어 떨어지는 양의 정수이다.
- 홀수는 2로 나누어 떨어지지 않는 양의 정수이다.

아래와 같은 결과가 표시되도록 프로그램을 만들어보자.

```
===짝수홀수 판별 프로그램===
정수를 입력하세요: 7
정수 7를 입력했군요
당신이 입력한 수는 홀수입니다.
```

7을 입력한 경우

```
===짝수홀수 판별 프로그램===
정수를 입력하세요: -10
판별할 수 없는 수를 입력하셨습니다.
양의 정수만 짝수/홀수 판별 가능합니다.
```

-10을 입력한 경우

아래와 같이 짝수, 홀수 판별 프로그램을 작성할 수 있다.

```
01  print("===짝수홀수 판별 프로그램===")
02  n = int(input("정수를 입력하세요: "))
03  print("정수 %d를 입력했군요" % n)
04
05  if n%2 == 0 :
06      print("당신이 입력한 수는 짝수입니다.")
07  else :
08      print("당신이 입력한 수는 홀수입니다.")
```

5번 라인에서 사용된 조건문 n%2 == 0의 의미가 정수 n을 2로 나눈 나머지가 0인 지 판단하는 역할을 한다. 앞에서 배웠지만 == 연산자는 "같은가?"를 판단하는 비교 연산자이며, 그 결과는 참(true) 또는 거짓(false)이 된다. == 연산자와 = 연산자를 혼동하지 않도록 주의할 필요가 있다.

그러나 잘 생각해보면 앞의 첫 번째 프로그램은 오류가 존재한다. 짝수, 홀수는 양의 정수에 대해서만 판별할 수 있는데 위 프로그램은 0이나 음의 정수인 경우에도 실행이 되기 때문이다. 0이나 음의 정수가 입력되면 "판별할 수 없는 수를 입력하셨습니다."라는 메시지가 표시되도록 해보자.

아래와 같이 if ~ else 문장을 두 개를 종속적으로 사용하여 해결할 수 있다.

```
01  n = int(input("정수를 입력하세요: "))
02  if n <= 0 :
03      print("판별할 수 없는 수를 입력하셨습니다. ")
04      print("양의 정수만 짝수/홀수 판별 가능합니다.")
05  else :
06      if n%2 == 0 :
07          print("당신이 입력한 수는 짝수입니다.")
08      else :
09          print("당신이 입력한 수는 홀수입니다.")
```

잘못된 정수가 입력되면 프로그램을 종료하도록 수정해보자. 프로그램을 강제적으로 종료하기 위해서는 sys 모듈에 포함된 exit 함수를 호출하면 된다.

```
01  import sys
02  n = int(input("정수를 입력하세요: "))
03
04  if n<=0 :
05      print("양의 정수만 가능합니다. ")
06      print("프로그램을 종료합니다. ")
07      sys.exit()                          # 프로그램 종료
08
09  if n%2 == 0 :
10      print("당신이 입력한 수는 짝수입니다.")
11  else :
12      print("당신이 입력한 수는 홀수입니다.")
```

if ~ else 구문을 복합적으로 사용하기

이번에는 학생의 성적을 입력받아 성적에 맞는 적절한 격려 및 안내 메시지를 표시해주는 프로그램을 만들어보자. 점수에 따라 세부적인 안내를 하기 위해서는 if ~ elif ~ else 구문이 적합하지만 아직 배우지 않은 단계이므로 if ~ else 문장만을 활용하여 해결해보도록 하자.

첫 번째 단계로 if ~ else 문장을 사용하여 90점 이상이면 축하해주는 프로그램을 작성해보자.

```
01  score = int(input("시험 점수를 입력하세요: "))
02  if score>=90 :
03      print("시험을 아주 잘 봤군요. 축하해요.")
04  else :
05      print("완전히 망했군요.")
```

위 코드에 80점 이상의 학생도 격려하는 문구를 추가해보자.

```
01  score = int(input("시험 점수를 입력하세요: "))
02  if score>=90 :
03      print("시험을 아주 잘 봤군요. 축하해요.")
04  else :
05      if score>=80 :
06          print("시험을 괜찮게 봤군요. 수고했어요.")
07      else :
08          print("완전히 망했군요.")
```

if 문장이 존재하고 else 문장 안에 또 다시 if ~ else 문장이 나타나는 방식을 사용하였다. 위의 프로그램은 문법적으로 크게 어려울 것은 없다. 이같이 if ~ else 문장은 종속적으로 사용할 수 있음을 알아두자.

위 문장은 문법적으로 문제가 없으며 잘 실행되지만 if ~ else 문이 여러 번 중첩되어 코드를 이해하기 어려운 점이 있다. 이정도면 이해하기 쉽다고 느낄 수도 있지만 한 단계 더 들어가보도록 하자. 같은 방식으로 확장하여 70점 이상인 학생들에게 적절한 메시지를 추가해보자.

하위의 if ~ else 문장을 또 추가하여 70점 이상의 학생에게도 격려 메시지를 아래와 같이 추가하였다.

```
01  score = int(input("시험 점수를 입력하세요: "))
02  if score>=90 :
03      print("시험을 아주 잘 봤군요. 축하해요.")
04  else :
05      if score>=80 :
06          print("시험을 괜찮게 봤군요. 수고했어요.")
07      else :
08          if score>=70 :
09              print("시험을 좀 못봤군요. 다음에는 잘 봐요.")
10          else :
11              print("완전히 망했군요.")
```

위의 코드는 문법적으로는 전혀 오류가 없으며, 잘 실행되는 문장이지만 코드가 지저분하고 해석하기 어려운 문제점이 있다. 이렇게 복잡한 코드를 사용하기보다는 다음에 배울 if ~ elif ~ else 문장을 활용하면 더욱 깔끔하게 코드를 표현할 수 있다.

if ~ elif ~ else 조건문 문법 이해하기

여러 가지 조건을 지정하고 각 조건에 맞는 명령을 수행하게 하려면 if ~ elif ~ else 문법을 사용하는 것이 적합하다. 매우 빈번하게 사용되는 문법이므로 잘 배워두도록 하자.

```
if 조건문1 :
    명령문1
elif 조건문2 :
    명령문2
elif 조건문3 :
    명령문3
...
else :
    명령문N
```

기억해야할 점들

- elif 문장은 개수에 제한 없이 확장될 수 있다.
- elif 키워드는 else if 두 단어를 합쳐서 만든 키워드이다.
- else 문은 꼭 나와야 하는 것은 아니다. 필요 없는 경우 생략될 수도 있다.

앞에서 작성했던 시험점수에 따라 격려 메시지를 출력해주는 프로그램을 if ~ elif ~ else 문을 사용하여 아래와 같이 수정하였다. if ~ else 문장을 복합적으로 사용할 경우 소스코드가 복잡하게 된다. 오류는 없지만 이해하기가 쉽지 않다. 따라서 앞의 복잡한 소스코드는 아래와 같이 if ~ elif ~ else 문장을 사용하여 훨씬 보기 좋고 간단하게 표현할 수 있다.

```
01 score = int(input("시험 점수를 입력하세요: "))
02 if score>=90 :
03     print("시험을 아주 잘 봤군요. 축하해요.")
04 elif score>=80 :
05     print("시험을 괜찮게 봤군요. 수고했어요.")
06 elif score>=70 :
07     print("시험을 좀 못봤군요. 다음에는 잘 봐요.")
08 else :
09     print("완전히 망했군요.")
```

응용문제: 두 과목의 평균 점수로 합격 여부 판단하기

Pass/Fail 판단하기

중간고사, 기말고사 성적을 입력받은 후 평균 점수가 80점 이상이면 "본 과목을 성공적으로 통과하셨습니다."라는 메시지를 출력하시오. 평균점수가 80점 미만이면 "아쉽게도 시험에서 탈락하셨습니다." 및 "다음 기회에 도전해주세요."라는 2줄의 문장을 출력하시오. 시험 점수와 상관없이 "즐거운 방학 보내세요."라는 메시지도 출력되도록 하시오.

아래와 같이 실행되도록 프로그램을 만들어보자.

```
중간고사 점수 입력: 90
기말고사 점수 입력: 95
본 과목을 성공적으로 통과하셨습니다.
즐거운 방학 보내세요.
```
중간고사 90, 기말고사 95점을 입력한 실행 화면

```
중간고사 점수 입력: 90
기말고사 점수 입력: 60
아쉽게도 시험에서 탈락하셨습니다.
다음 기회에 도전해주세요.
즐거운 방학 보내세요.
```
중간고사 90, 기말고사 60을 입력한 실행 화면

완성된 소스코드는 아래와 같다.

```
01  중간 = int(input("중간고사 점수 입력: "))
02  기말 = int(input("기말고사 점수 입력: "))
03  평균 = (중간+기말) / 2
04  if 평균 >= 80 :
05      print("본 과목을 성공적으로 통과하셨습니다. ")
06  else :
07      print("아쉽게도 시험에서 탈락하셨습니다. ")
08      print("다음 기회에 도전해주세요.")
09  print("즐거운 방학 보내세요.")
```

평균 점수를 소수점 둘째자리까지 표현하여 안내해주는 코드를 추가해보시오(표시 방식: "당신의 평균점수는 98.34점 입니다.").

```
10  print("당신의 평균 점수는 %.2f점 입니다." % 평균)
11  # print("당신의 평균 점수는 {0:.2f}점 입니다.".format(평균)) # format 함수 활용
```

응용문제: Pass, Fail 안내하기

결석 횟수 및 시험 점수를 입력받은 후 결석이 3회 미만이고, 성적이 70점 이상인 경우 Pass를 안내하도록 하시오. 추가로 결석이 3회 미만이면서 성적이 50점 이상 70점 미만인 경우 "재시험 가능자입니다"라고 안내하도록 하시오.

먼저 간단하게, 성적을 입력 받아 성적 70점 이상은 Pass를 70점 미만은 Fail을 나타내는 소스코드를 아래와 같이 표현할 수 있다.

```
01  성적 = int (input ("성적 입력: "))
02  if 성적 >=70 :
03      print("Pass 입니다. 축하합니다. ")
04  else :
05      print("Fail 입니다.")
```

결석일수를 추가로 입력 받아 성적이 70점 이상이고, 결석이 3회 미만이면 Pass가 되도록 수정해보자. 두 개 이상의 조건이 모두 만족되는지 평가할 때는 논리연산자 and를 사용하면 된다.

```
01  성적 = int (input ("성적 입력: "))
02  결석 = int (input ("결석일수 입력: "))
03  if 성적 >=70 and 결석<3 :
04      print("Pass 입니다. 축하합니다. ")
05  else :
06      print("Fail 입니다.")
```

이번에는 결석일수는 문제가 없지만 성적이 50이상 70점 미만으로 약간 낮은 학생들에게 재시험의 기회를 주도록 보완해보자. elif 문장을 사용하여 조건을 추가하였다.

```
01  성적 = int(input("시험점수 입력: "))
02  결석 = int(input("결석회수 입력: "))
03
04  if 성적>=70 and 결석<3 :
05      print("Pass입니다. 축하합니다.")
06  elif 성적>=50 and 성적<70 and 결석<3 :
07      print("재시험 가능자입니다.")
08  else :
09      print("Fail입니다. ")
```

위 소스코드에서 6번 라인은 아래와 같이 좀 더 보기 좋게 표현할 수 있다.

```
06  elif 50<=성적<70 and 결석<3:
```

이와 같이 파이썬은 30<=성적<70의 표현이 지원된다. 다른 언어(C, JAVA 등)와 차별되는 점이다.

```
if 성적>=30 and 성적<70 :
    print("재시험 가능")
```
일반적인 표현

```
if 30<=성적<70 :
    print("재시험 가능")
```
파이썬이 지원하는 직관적인 표현

하나의 조건을 더 추가해보자. 결석을 한번도 안했다면 재시험의 기회를 주도록 위의 소스코드를 보완해보자.

```
01  성적 = int(input("시험점수 입력: "))
02  결석 = int(input("결석일수 입력: "))
03
04  if 성적>=70 and 결석<3 :
05      print("Pass입니다. 축하합니다.")
06  elif 50<=성적<70 and 결석<3 :
07      print("재시험 가능자입니다.")
08  elif 결석 == 0 :
09      print("재시험 가능자입니다.")
10  else :
11      print("Fail입니다. ")
```

응용문제: 주차료 계산하기

A학교는 외부인들에게 아래와 같은 주차요금을 부여하고 있다. 주차시간을 입력받아 주차요금을 계산해주는 프로그램을 작성해보자.

주차시간	주차료	비고
15분 이내	무료	15분 주차도 무료임
15분 초과 30분 이내	3,000원	16분: 3,000원, 30분: 3,000원
30분 초과	15분 초과마다 1,000원 추가	31분: 3,000원, 45분: 4,000원

아래와 같은 형태로 출력되도록 프로그램을 만들어보자.

```
주차시간 입력: 10
주차시간: 10분
주차요금: 0원
```

```
주차시간 입력: 17
주차시간: 17분
주차요금: 3000원
```

```
주차시간 입력: 45
주차시간: 45분
주차요금: 4000원
```

```
01  주차시간 = int(input("주차시간 입력: "))
02  if 주차시간 <= 15 :
03      요금 = 0
04  elif 15 < 주차시간 <= 30 :
05      요금 = 3000
06  else :
07      초과시간 = (주차시간 - 30) // 15
08      초과요금 = 초과시간*1000
09      요금 = 3000 + 초과요금
10  print(" 주차시간: %d분" % 주차시간)
11  print(" 주차요금: %d원" % 요금)
```

마지막으로 while 문을 사용하여 반복되도록 수정해보자. 맨 윗줄에 아래와 같이 입력 한 후 입력했던 모든 코드를 선택하고 탭(Tab) 키를 눌러 들여쓰기를 한 후 실행해보자.

```
01  while Ture:
```

응용문제: 윤년 판별하기

아래의 기준에 근거하여 입력받은 연도가 윤년인지 아닌지 판별해주는 프로그램을
작성하시오.

일반적으로 1년은 365일이며, 2월은 28일이다. 반면 윤년의 경우 1년은 366일이며,
2월은 29일로 평년보다 하루 더 길다.

> 4로 나누어 떨어지는 연도는 윤년이다.
> 그러나 그 중 100으로 나누어 떨어지는 연도는 윤년이 아니다.
> 위 2개의 조건과 상관없이 400으로 나누어 떨어지는 연도는 무조건 윤년이다.

위의 판별 기준은 맞는 설명이기는 하지만 해석하기에 명확하지 않다. 위 기준에
근거하여 2000년, 2010년, 2018년, 2100년, 2200년 등을 판별해보자. 아래의 그림
은 누구나 명확하게 이해하고 적용할 수 있도록 순서도로 표현한 것이다.

아래의 대략적인 알고리즘(순서도)을 활용하여 파이썬 프로그램을 작성해보자. 위
의 텍스트 설명만 가지고 코딩을 하는 것보다 좀 더 수월할 것이다. 앞에서 배운 `if`
`~ elif ~ else` 문법을 사용하면 된다.

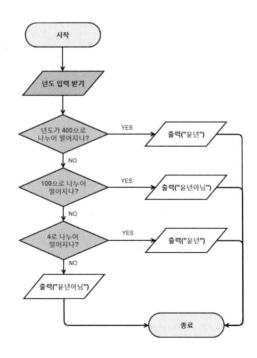

알고리즘은 이와 같이 문제를 해결하는 데 설계도와 같은 역할을 한다. 건물을 지
을 때에 설계도를 완성한 후 건축을 시작한다. 설계도 없이 건물을 짓는 경우가 있

을까? 프로그래밍으로 문제를 해결하는 것도 마찬가지이다. 처음부터 바로 코딩을 시작하는 것이 아니라 문제를 해결하기 위한 알고리즘을 표현한 후 그 후에 코딩하는 것이 권장된다.

```
01  입력연도 = int(input("년도 입력: "))
02
03  if 입력연도 % 400 == 0 :
04      print(입력연도, "년은 윤년임")
05  elif 입력연도 % 100 == 0 :
06      print(입력연도, "년은 윤년이 아님")
07  elif 입력연도 % 4 == 0 :
08      print(입력연도, "년은 윤년임")
09  else :
10      print(입력연도, "년은 윤년이 아님")
11  print("종료합니다. ")
```

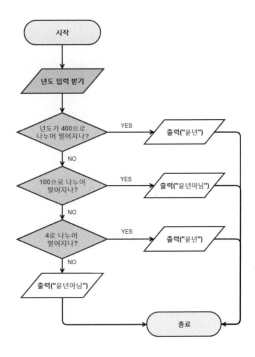

윤년을 판별하는 또 다른 방법

앞의 문제에서 윤년을 판별하는 문제를 해결하였다. 이번에는 아래의 문장을 사용하여 약간 다른 방식으로 문제를 해결해보자.

> 윤년은 100으로 나누어 떨어지지 않으면서 4로 나누어 떨어진다.
> 또한 위 조건과 상관없이 400으로 나누어 떨어지면 무조건 윤년이다.

위의 내용을 기초로 하여, 앞에서 배운 논리 연산자(and, or 등)를 사용하여 소스코드를 작성해보자. 완성된 소스코드는 아래와 같다. 조건문에서 () 괄호는 사실 사용할 필요는 없으나 연산의 내용을 명확하게 표현하기 위하여 사용하였다.

```
01  year = int(input("년도를 입력하세요: "))
02  if (year%100!=0 and year%4==0) or (year%400==0) :
03      print("%d년은 윤년입니다." % year)
04  else :
05      print("%d년은 윤년이 아닙니다." % year)
```

체질량지수(BMI) 계산하여 건강 진단하기

키와 몸무게를 입력받아 BMI(체질량지수)를 계산한 후 체중의 상태(저체중, 정상
체중, 경도비만, 비만, 고도비만)를 판별해주는 프로그램을 작성해보자.

- 키는 cm 단위로 입력 받고, 몸무게는 kg 단위로 입력 받는다.
- BMI 수치는 계산한 후 소수점 둘째자리까지 표현한다.
- BMI는 몸무게(kg)를 키(m)의 제곱으로 나누어 계산한다.

$$BMI = \frac{몸무게}{키^2}$$

아래의 기준에 근거하여 파이썬 프로그램을 작성하시오.

범위	진단
BMI 〈 20	저체중 범위
20 〈= BMI 〈 25	정상체중 범위
25 〈= BMI 〈 30	경도비만 범위
30 〈= BMI 〈 40	비만 범위
BMI 〉= 40	고도비만 범위

```python
01  키 = int(input("키가 몇 cm 에요? "))
02  몸무게 = int(input("몸무게가 몇 kg이에요"))
03  미터키 = 키/100
04  bmi = 몸무게 / (미터키*미터키)
05  print("당신의 BMI: %.2f " % bmi)
06
07  if bmi < 20 :
08      print("저체중입니다.")
09  elif 20 <= bmi < 25 :
10      print("정상체중입니다.")
11  elif 25 <= bmi < 30 :
12      print("경도비만입니다.")
13  elif 30 <= bmi < 40 :
14      print("비만입니다.")
15  elif bmi >= 40 :
16      print("고도비만입니다.")
```

진단 보완하기

아래의 표를 기준으로 안내 사항을 추가해보자.

범위	진단	안내 사항
BMI < 20	저체중 범위	저체중입니다. 식사를 제 때에 충분히 하고 근육 운동을 하세요.
20 <= BMI < 25	정상체중 범위	정상 체중입니다. 이대로 잘 관리하세요.
25 <= BMI < 30	경도비만 범위	약한 비만 단계입니다. 주 2회 이상 꾸준히 운동하세요.
30 <= BMI < 40	비만 범위	심각한 비만이니 식사량을 줄이고 주 3회 이상 운동하세요.
BMI >= 40	고도비만 범위	매우 심각한 비만이니 의사와 상담하세요.

안내사항을 추가하고, 조건문을 단순하여 아래와 같이 수정하였다.

```
01  키 = int(input("키가 몇 cm 에요? "))
02  몸무게 = int(input("몸무게가 몇 kg이에요"))
03  미터키 = 키/100
04  bmi = 몸무게 / 미터키**2
05  print("당신의 BMI: %.2f " % bmi)
06
07  if bmi >= 40 :
08      print("고도비만입니다.")
09      print("매우 심각한 비만이니 의사와 상담하세요.")
10  elif bmi >=30 :
11      print("비만입니다.")
12      print("심각한 비만이니 식사량을 줄이고 주 3회 이상 운동하세요")
13  elif bmi >=25 :
14      print("경도비만입니다.")
15      print("약한 비만 단계입니다. 주 2회 이상 꾸준히 운동하세요.")
16  elif bmi >=20 :
17      print("정상체중입니다.")
18      print("이대로 잘 관리하세요.")
19  else :
20      print("저체중입니다.")
21      print("식사를 제때에 충분히 하고 근육 운동을 하세요")
```

01. 정수를 입력받아 양수인지, 음수인지, 0인지 판단하는 프로그램을 작성하시오.

02. 출생연도를 입력받아 나이를 계산하여 알려주는 프로그램을 작성하시오. "당신은 올해 23살입니다."라는 형식으로 출력하시오. 또한 나이가 20세 이상이면 "당신은 성인입니다."라고 안내하시오.

03. 한국과 프랑스의 시차는 8시간이다. 한국이 프랑스보다 8시간 빠르다. 즉, 한국이 10시 30분이라면 프랑스는 2시 30분이다. 한국 시각(시간, 분)을 입력받아 프랑스 시간을 알려주는 프로그램을 작성하시오. 시간은 24시간 단위로 입력 받는다. 즉, 오후 2시라면 14시로 입력한다.

04. 점수를 입력받아 80점 이상이면 A등급, 60점 이상 80점 미만이면 B등급, 60점 미만이면 C등급으로 안내해주는 프로그램을 작성하시오.

05. 양의 정수를 입력받아 3의 배수인지 아닌지 판단해주는 프로그램을 만드시오. 만약 0이나 음의 정수를 입력하면 잘못된 입력이라고 안내하고 프로그램을 종료하시오.

06. 양의 정수를 입력받아 2의 배수, 3의 배수, 5의 배수 여부를 판단해주는 프로그램을 작성하시오. 만약 10을 입력했다면 '10은 2의 배수입니다', '10은 3의 배수는 아닙니다.', 10은 5의 배수입니다.'라고 3줄의 문장이 출력되도록 한다.

07. 퀴즈, 중간고사, 기말고사 점수를 입력받아 최종 점수를 계산한 후 최종 점수가 70점 이상이면 PASS, 그렇지 못하면 FAIL로 안내하는 프로그램을 작성하시오. 각 점수는 모두 100점 만점으로 입력받으며, 퀴즈 20%, 중간고사 30%, 기말고사 50%의 비중으로 최종 점수를 계산한다.

08. 봄(3~4월) 또는 가을(10~11월) 정도의 시기라고 가정해보자. 현재 기온을 입력받아 입고 나갈 옷을 추천해주는 프로그램을 작성하시오.

온도	날씨안내	옷 추천
~10	날씨가 춥습니다.	두꺼운 외투를 챙기세요.
11~15	날씨가 선선하네요.	가벼운 외투를 챙기세요.
16~19	생활하기 좋은 기온입니다.	가볍게 입으세요.
20~	덥게 느껴지는 날씨입니다.	반팔티도 괜찮습니다.

09. 출생연도를 입력받아 나이를 계산한 후 나이에 따라 어린이, 초등학생, 중학생, 고등학생, 대학생, 직장인을 예측하는 프로그램을 만드시오. 나이는 '현재 연도 – 출생연도 + 1' 방식으로 계산하시오

나이	판별 내용
1~7	어린이
8~13	초등학생
14~16	중학생
17~19	고등학생
20~26	대학생
27~	직장인

10. 키와 몸무게를 입력받아 표준 몸무게를 계산한 후 아래의 표를 기준으로 건강을 안내해주는 프로그램을 작성하시오. 표준 몸무게는 키에서 100을 뺀 후 0.9를 곱하여 계산하시오.

비율	판단	진단
85% 미만	저체중	제 때에 많이 먹고 운동도 하세요.
85% 이상 ~ 115% 미만	정상 몸무게	지금 체중을 잘 유지하세요.
115% 이상 ~ 130% 미만	과체중	약간 살이 쪘네요. 주 2일은 운동하세요.
130% 이상	비만	식사량을 줄이고 주 3일 이상 운동하세요.

11. 키(cm)와 몸무게(kg)를 입력 받아 BMI 지수를 계산한 후 BMI 값의 범위에 따라 아래의 표를 기준으로 하여 건강을 진단해주는 프로그램을 작성하시오. 입력을 받을 때 몸무게는 kg 단위, 키는 cm 단위로 입력받도록 한다. BMI 지수를 계산하는 공식은 다음과 같다.

$BMI = \dfrac{몸무게}{키^2}$, 몸무게는 kg 단위이고 키는 meter 단위로 계산하여 출력한다.

BMI	진단
20 미만	저체중
20 ~ 25 미만	정상
25 ~ 30 미만	과체중 (1도 비만)
30 ~ 40	비만 (2도 비만)
40 초과	고도비만 (3도 비만)

COMPUTATIONAL
THINKING
with Python

Function(함수)를 활용하기

학습목차

10.1 함수에 대해 이해하기

10.2 함수를 선언(정의)하는 방법

10.3 입력과 출력이 비어있는 함수 만들기

10.4 리턴이 있는 함수 만들기

10.5 Sine 함수 직접 만들어보기

10.6 원의 둘레와 반지름 구하기

10.7 코드를 짧고 보기 좋게 만들어주는 함수

함수는 무엇일까?

'함수'라는 이름은 중 · 고등학교 시절 수학 시간에 많이 들어보았을 것이다. 프로그래밍에서 배우는 함수도 사실 수학 시간에 배웠던 함수와 같은 개념이다. 이미 알고 있겠지만 영어로는 function이라고 부른다.

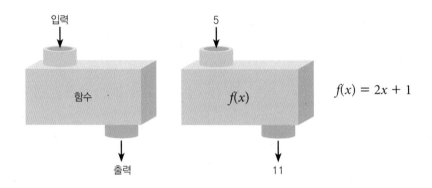

$$f(x) = 2x + 1$$

함수를 위와 같은 그림으로 표현한다. 그림을 통해 알 수 있듯이 함수는 입력이 들어가면 내부적으로 어떤 계산을 수행한 후 결과 값을 내보내주는 역할을 한다. $f(x) = 2x + 1$이라는 함수를 생각해보자. x에 5라는 값이 입력되면 최종 결과로 11이라는 값이 계산되어 나오는 것이다.

함수 맛보기

위에서 소개한 $f(x) = 2x + 1$이라는 함수는 파이썬에서는 아래의 코드로 표현될 수 있다. 뒤에서 함수를 정의하는 형식을 자세히 배울 것이므로 우선 대략적으로 이해하기 위해서 소스코드를 참고해보자.

```
01 def f(x) :
02     y = 2*x + 1
03     return y
04
05 print("f(10) =" , f(10))
06 print("f(20) =" , f(20))
07 print("f(30) =" , f(30))
```

함수를 사용하면 좋은 점들

함수를 사용하면 좋은 점들이 있는데 아래에 몇 가지를 정리하였다. 이러한 장점은 실제로 코딩을 해봐야지 이해되는 것이므로 우선은 가볍게 읽어두도록 하자. 뒤에서 다양한 예제들을 통해 구체적으로 설명할 것이다.

- **코드가 짧아진다.** 반복적인 코드를 한 번만 적어주면 되므로 코드가 훨씬 짧아진다. 프로그램을 만드는 시간이 줄어들게 된다. 이해하기 쉽게 말하자면 어떤 프로그램을 작성할 때 200줄의 코드가 필요한 것이 함수를 사용하면 50줄 이내로 줄어들 수도 있다.

- **소스코드가 보기 좋아진다.** 소스코드가 쭉 나열된 형태로 표현되므로 코드가 길어지게 되면 이해하기 어렵게 된다. 반면 함수를 사용하면 긴 소스코드가 기능별로 구조적으로 표현되기 때문에 작성한 소스코드를 이해하기가 쉬워진다.

- **어려운 문제를 쉽게 해결할 수 있다.** 함수를 사용하면 복잡한 문제를 작고 쉬운 문제로 분해하여 쉽게 해결할 수 있는 장점이 있다. 우리가 해결해야 할 문제들이 간단한 수식 하나로 해결되는 경우가 많지 않다. 여러 가지를 고려해야 하며, 여러 작은 문제들을 해결함을 통해 전체적인 큰 문제를 해결할 수 있는 것이다.

- **재사용이 가능해진다.** 프로그램을 만들다 보면 비슷한 형태, 때로는 완전히 똑같은 형태의 프로그램을 반복적으로 입력하는 경우를 많이 경험하게 된다. 함수를 사용하면 한 번 만들어두고 나중에 계속 재사용할 수 있는 장점이 있다.

위에 여러 가지 장점들을 설명하였다. 코드를 줄이고, 소스코드를 보기 좋게 하고, 재사용을 가능하게 하는 등의 좋은 점들을 많이 설명하였지만 사실 이러한 문제들에 대한 완벽한 해결책은 되지 않는다. 함수로도 부족한 부분들이 있기 때문에 객체지향 언어에서는 클래스(Class)라는 기능을 지원한다. 파이썬도 객체지향 언어이므로 클래스를 정의하여 활용하는 방법들에 대해서 나중에 배우게 될 것이다.

함수를 선언(정의)하는 방법

함수 정의하기

파이썬에서 함수를 정의하는 문법은 아래와 같다.

```
def  함수이름(파라미터) :
    명령문1
    명령문2
    ...
    명령문n
    return  결과값
```

- **def 키워드로 시작하기**   함수의 정의는 **def**로 시작한다. define이라는 단어에서 따온 것이다. 프로그래머가 기존에 존재하지 않는 새로운 함수를 만들겠다는 표시이다.

- **함수 이름 정하기**   함수 이름은 자신이 새롭게 만들어 기록하면 된다. 함수 이름을 정하는 방식은 변수 이름을 정하는 방식과 같다.

- **파라미터 지정하기**   파라미터는 함수에 들어갈 입력값을 의미한다. $f(x) = x^2 + 5x + 3$이라는 함수에서 입력 값인 x가 파라미터가 된다. 함수에 파라미터는 0개 이상 존재할 수 있다. 여러 개의 파라미터를 지정하려면 쉼표(,)를 사용하여 나열하면 된다. 파라미터는 0개여도 된다. 즉, 파라미터는 없어도 된다. 그러한 경우 괄호 내부를 비워두면 된다.

- **return 값 명시하기**   함수의 내부에서 매개 값을 사용하여 최종적인 결과를 얻었다면 그 값을 함수 외부로 내보내야 한다. 이러한 내보내는 역할을 하는 키워드가 **return**이다. **return** 다음에 결과값(변수, 수식 등)을 입력한다.

간혹 return 값이 필요하지 않은 함수들을 만들게 되는 경우도 있다. 그러한 경우엔 return 0 이라고 형식적으로 입력하는 경우가 많다. return 문장을 표기하지 않아도 들여쓰기 수준에 따라 함수를 종료할 수 있다.

함수 정의와 호출 실습

아래의 코드는 $y = x^2 + 5x + 3$이라는 이차방정식의 함수를 정의하고 이 함수를 사용(호출)하여 답을 출력하는 코드이다. 보통 정의된 함수를 사용한다는 것을 '함수를 호출(call)한다'고 부르는 것을 알아두자.

```
01  def myFunc(x) :                              # 함수 정의
02      result = x**2 + 5*x + 3
03      return result
04
05  # 여기서부터 실행됨
06  x = 10
07  y = myFunc(x)                                # 함수 호출
08  print("f(%d) = %d" % (x, y))
```

위 소스코드의 실행순서를 살펴보자. 우선 1~3번 라인에서 **myFunc**라는 이름의 함수를 정의한다. 함수 정의 부분은 소스코드 앞부분에 있긴 하지만 처음부터 실행되지는 않는다. 실제로는 6번 라인부터 순차적으로 실행된다. 7번 라인에서 함수가 호출되어 실행된 후 다시 7번 라인으로 돌아오게 된다.

실행순서를 확인하기 위해 아래와 같이 2번, 6번, 9번 라인에 **print("순서n")** 형식의 코드를 추가해보자. 실행결과 순서2, 순서1, 순서3의 순으로 출력됨을 확인할 수 있다.

```
01  def myFunc(x) :
02      print("순서1")
03      result = x**2 + 5*x + 3
04      return result
05
06  print("순서2")
07  x = 10
08  y = myFunc(x)
09  print("순서3")
10  print("f(%d) = %d" % (x, y))
```

입력과 출력이 비어있는 함수 만들기

hello 함수 만들기

앞에서 함수는 어떤 입력이 들어가면 계산이 되어 출력이 나오는 형태라고 배웠다. 그러나 입력과 출력은 꼭 있어야 하는 것은 아니다. 입력과 출력이 비어있는(void) 형태의 함수도 활용 될 수 있다.

아래의 hello 함수는 어떤 수학적인 계산을 하는 함수가 아니라 단지 화면에 간단한 인사말을 출력해주는 함수이다. 입력과 출력이 없는 형태의 함수인 것이다. 입력이 없다는 것은 () 안에 아무 것도 없다(파라미터가 없다)는 것이고, 출력이 없다는 것은 함수 내부에 return 문이 없다는 것이다.

```
01  def hello() :
02      print("안녕 파이썬")
03      print("즐거운 코딩시간이야")
04
05  print("Study Python Function")
06  hello()
07  print("Understand Function")
```

```
Study Python Function
안녕 파이썬
즐거운 코딩시간이야
Understand Function
```

goodbye 함수 만들기

그럼 하나의 함수를 더 추가해보자. **goodbye()**라는 함수이다. 소스코드를 입력한 후 실행해보고 소스코드의 실행 순서를 이해해보도록 하자.

```
01  def hello() :
02      print("안녕 파이썬")
03      print("즐거운 코딩시간이야")
04      return 0
05
06  def goodbye() :
07      print("파이썬 어렵지 않아요")
08      print("다음에 또 만나요")
```

```
09     return 0
10
11  print("Study Python Function")
12  hello()
13  goodbye()
14  print("Understand Function")
```

```
Study Python Function
안녕 파이썬
즐거운 코딩시간이야
파이썬 어렵지 않아요
다음에 또 만나요
Understand Function
```

위와 같이 리턴 값이 필요없는 함수라고 하더라도 함수를 종료한다는 의미를 명확하게 하기 위하여 함수의 맨 마지막 라인에 return 0을 표기하는 경우도 많음을 기억하자. 여기서 0은 의미없는 수이다.

입력은 있지만 출력은 없는 함수

앞에서 정의한 hello, goodbye 함수는 입력과 출력이 둘 다 없는 함수였다. 이번에는 입력은 있지만 출력이 없는 형태의 함수를 실습을 통해 배워보자.

출생연도를 입력받아 나이를 출력해주는 함수를 만들어보자. 이 함수를 호출하여 아래와 같이 1998년생, 2000년생, 2002년생에 대하여 나이를 출력해주는 프로그램을 만들어보자.

```
1998년생: 올해 22살 입니다.
2000년생: 올해 20살 입니다.
2002년생: 올해 18살 입니다.
```

완성된 소스코드는 아래와 같다.

```
01  def 나이출력(year) :
02      age = 2019 - year + 1
03      print("%d년생:" % year , end=" ")
04      print("올해 %d살 입니다." % age)
05
06  나이출력(1998)
07  나이출력(2000)
08  나이출력(2002)
```

아래는 이름(name)과 횟수(n) 두 개의 파라미터를 입력받아 어떤 사람에게 주어진 횟수만큼 인사하는 예제이다. 2번 라인의 **for x in range(n):** 문장은 그 아래 있는 문장들을 n번 반복하겠다는 의미이다. 반복문은 뒤에서 자세하게 배울 예정이다.

```
01  def 인사하기(name, n) :
02      for x in range(n) :
03          print("안녕", name)
04
05  인사하기("홍길동", 3)
06  인사하기("이순신", 2)
```

```
안녕 홍길동
안녕 홍길동
안녕 홍길동
안녕 이순신
안녕 이순신
```

앞에서 화면에 내용을 출력해주는 **hello, goodbye** 함수를 만들어 실행해보았다. 이 예제에서 만든 함수들은 입력(input)과 출력(output)이 없는 형태의 함수였다. 이번에는 입력과 출력이 있는 형태의 함수를 만들어보자.

간단한 수학적 함수 만들기

$f(x) = 5x + 10$라는 계산을 하는 함수를 만들어 활용해보자.

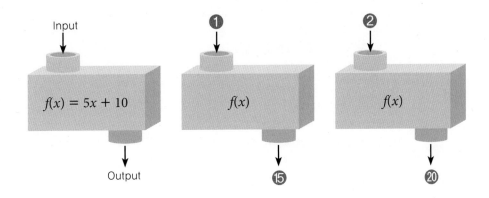

아래와 같이 함수는 사용되기 이전에 그 앞에서 정의되어야 한다. **def** 키워드로 정의하며 계산된 값은 **return** 키워드를 사용하여 내보내준다. 함수를 호출하면 함수가 실행되며 함수 표시 영역이 계산된 값으로 대치된다.

```
01 def func(x) :
02     y = 5*x + 10
03     return y
04
05 print("함수 호출")
06 a = func(1)
07 print(a)
08 b = func(2)
09 print(b)
```

위 소스코드의 실행결과를 예상해보자. 1~3번 라인은 함수를 정의하는 부분이므로 실제로는 실행되지 않고 그냥 읽고 넘어간다. 함수의 정의가 끝난 5번 라인부터 실행된다.

입력이 두 개 이상인 함수

앞의 예제에서는 입력 파라미터가 1개인 형태의 함수를 실습하였다. 그러나 함수의 입력 파라미터는 꼭 1개일 필요는 없다. 2개 이상일 수 있으며, 0개 즉 없을 수도 있다.

아래의 예제에서는 입력이 2개인 형태의 프로그램을 작성해보자. 입력으로 두 개의 변수 a, b를 입력받아 아래의 기능을 하는 함수를 정의해보자. $y = 100a + 10b + 1$의 함수를 정의한 후 호출하는 소스코드이다. 입력 후 실행해보자. 9번 라인은 실행되지 않고 에러가 발생할 것이다. 그 이유를 생각해보자.

```
01  def func(a, b) :
02      y = 100*a + 10*b + 1
03      return y
04
05  y1 = func(3, 5)
06  print("f(3,5)=", y1)
07  y2 = func(5, 8)
08  print("f(5,8)=", y2)
09  y3 = func()
```

스스로 해보기: 간단한 2차 함수 만들기

$f(x) = 3x^2 + 7x + 10$라는 이차방정식 형태의 함수를 만들어보자. 함수를 정의한 후 아래의 형식으로 출력해주는 프로그램을 만들어보자.

```
함수 호출
f(10) = 380
f(20) = 1350
```

이 함수는 아래와 같이 간단하게 3줄로 정의될 수 있다. 함수를 정의한 후 함수에 10, 20을 입력하여 결과 값을 출력해보자.

```
01  def func(x) :
02      y = (3*x*x) + (7*x) + 10
03      return y
04
05  print("함수 호출")
06  print("f(10) =", func(10))
07  print("f(20) =", func(20))
```

디폴트 파라미터 지정방식

함수를 정의할 때 파라미터 값으로 일반적으로는 변수의 이름만 표시한다. 파라미터를 "변수=기본 값" 형식으로 표현하는 경우 파라미터 값을 입력하지 않고 함수를 호출하면(생략하면) 기본 값(디폴트 값)을 입력한 것으로 가정하여 실행된다.

아래는 func라는 함수를 디폴트 값을 지정하지 않고 정의한 경우이다. 함수에 파라미터 값을 입력하지 않으면 에러가 발생한다. 6번 라인에서 에러가 발생할 것이다.

```
01  def func(x) :
02      y = 5*x + 10
03      return y
04
05  print(func(100))
06  print(func())
```

파라미터를 $x = 10$으로 지정하였다. 이러면 6번 라인에서 에러가 발생하지 않고 10을 입력한 것으로 가정하여 실행된다.

```
01  def func(x = 10) :
02      y = 5*x + 10
03      return y
04
05  print(func(100))
06  print(func())
```

아래 소스코드의 실행 결과를 예상해보자.

```
01  def func(a=8, b=9) :
02      y = 100*a + 10*b + 1
03      return y
04
05  print(func(3,5))
06  print(func(3))
07  print(func())
```

```
351
391
891
```

6번 라인에서 파라미터를 하나만 입력하였다. 이 경우 두 번째 파라미터 b는 디폴트 값으로 지정된 9로 자동 입력되어 실행된다. 즉, func(3)은 func(3,9)와 동일하다. 7번 라인에서 파라미터는 입력되지 않았다. 이 경우 첫 번째 파라미터 a는 디폴트 값 8으로, 두 번째 파라미터 b는 9로 자동 입력되어 실행된다. 즉, func()는 func(8,9)와 동일하다.

Sine 함수 직접 만들어보기

아마도 중 · 고등학교 시절 Sine, Cosine 함수 등의 대표적인 각도(0도, 30도, 45도, 60도, 90도)에 대해서 해당되는 값을 암기했던 기억이 있을 것이다. 그 내용을 아래에 표로 정리하였다.

	0	30	45	60	90
sin	0	1/2	root(2)/2	root(3)/2	1
cos	1	root(3)/2	root(2)/2	1/2	0
tan	0	1/root(3)	1	root(3)	∞

앞에서 배운 함수를 활용하는 방식을 사용하여 각도에 대한 사인 값을 반환하는 sine이라는 함수를 정의해보자. 물론 모든 각도에 대한 값을 리턴해주는 것이 아니라 0도, 30도, 45도, 60도, 90도로 제한된 각도에 대해서만 답해주는 함수이다.

함수를 정의한 후 30도, 45도, 60도의 각도에 대한 사인 값을 출력해보도록 하자.

```
01  import math
02
03  def sine(각도) :
04      if 각도==0 :
05          return 0
06      elif 각도==30 :
07          return 1/2
08      elif 각도==45 :
09          return math.sqrt(2)/2
10      elif 각도==60 :
11          return math.sqrt(3)/2
12      elif 각도==90 :
13          return 1
14
15  print("30도: %.2f" % sine(30))
16  print("45도: %.2f" % sine(45))
17  print("60도: %.2f" % sine(60))
```

```
30도: 0.50
45도: 0.71
60도: 0.87
```

원의 둘레와 반지름 구하기

함수를 사용하는 이유를 명확히 이해하기 위하여 간단한 문제를 해결해보도록 하자. 앞 장에서 많이 다뤘던 원의 반지름이 주어졌을 때 원의 둘레와 원의 넓이를 계산하는 예제이다.

아래와 같은 형태로 출력되는 프로그램을 만들어보자. 반지름이 10, 15, 20인 3개의 원의 둘레와 넓이를 계산해주는 프로그램이다.

```
반지름이 10인 원의 둘레는    62.80입니다.
반지름이 10인 원의 넓이는   314.00입니다.
반지름이 15인 원의 둘레는    94.20입니다.
반지름이 15인 원의 넓이는   706.50입니다.
반지름이 20인 원의 둘레는   125.60입니다.
반지름이 20인 원의 넓이는  1256.00입니다.
```

먼저 우리가 지금 배우고 있는 함수를 사용하지 않고, 함수를 알기 전의 방식으로 프로그램을 만들어보자.

```python
01  r1 = 10
02  r2 = 15
03  r3 = 20
04  pi = 3.14
05  c1_len = 2 * r1 * pi                    # circle1의 length (둘레)
06  c1_area = r1 * r1 * pi                   # circle1의 area (넓이)
07  print("반지름이 %3d인 원의 둘레는 %8.2f입니다." % (r1, c1_len))
08  print("반지름이 %3d인 원의 넓이는 %8.2f입니다." % (r1, c1_area))
09  c2_len = 2 * r2 * pi
10  c2_area = r2 * r2 * pi
11  print("반지름이 %3d인 원의 둘레는 %8.2f입니다." % (r2, c2_len))
12  print("반지름이 %3d인 원의 넓이는 %8.2f입니다." % (r2, c2_area))
13  c3_len = 2 * r3 * pi
14  c3_area = r3 * r3 * pi
15  print("반지름이 %3d인 원의 둘레는 %8.2f입니다." % (r3, c3_len))
16  print("반지름이 %3d인 원의 넓이는 %8.2f입니다." % (r3, c3_area))
```

위 소스코드가 어떤 문제점이 있는지 생각해보자. 같은 내용이 여러 차례 반복되고 있다. 물론 복사하기와 붙여넣기 기능을 사용하여 작업할 수도 있지만 이런 식의 작업은 비효율적이다. 또한 소스코드가 불필요하게 길어지는 문제도 있다. 이로 인해 이 소스코드가 어떤 기능을 하는 프로그램인지 이해하기도 쉽지 않다.

이번에는 같은 기능을 하는 프로그램을 함수를 사용하여 작성해보자.

```
01  def 원의둘레(r) :
02      pi = 3.14
03      c_len = 2 * r * pi
04      print("반지름이 %3d인 원의 둘레는 %8.2f입니다." % (r, c_len))
05
06  def 원의넓이(r) :
07      pi = 3.14
08      c_area = r * r * pi
09      print("반지름이 %3d인 원의 넓이는 %8.2f입니다." % (r, c_area))
10
11  원의둘레(10); 원의넓이(10)
12  원의둘레(15); 원의넓이(15)
13  원의둘레(20); 원의넓이(20)
```

함수를 사용 전의 코드와 비교해보자. 어떤 점이 좋아졌는가?

소스코드가 짧아졌다.

이와 같이 반복적으로 나타나는 기능들을 함수로 한 번만 정의하고 호출하면 되므로 소스코드가 짧아지는 장점이 있다.

소스코드가 보기 좋다.

보통 소스코드가 보기 좋다는 것을 가시성이 좋다고들 한다. 즉, 한 눈에 쏙 들어와서 어떤 기능을 하는 프로그램인지 이해하기 좋다는 의미이다. 또한 나중에 소스코드를 변경할 필요가 있을 때에도 더 쉽게 관리될 수 있다.

복잡한 문제를 더 쉽게 해결할 수 있다.

복잡한 문제를 작은 문제로 나누어 해결할 수 있다. 앞으로 우리가 접하게 될 문제들은 복잡한 문제들이 많은데 이런 식으로 큰 문제를 해결하기 쉬운 작은 단위의 문제로 분해하여 해결할 수 있다는 장점이 있다.

함수의 끝에 return 0을 입력해보자. return은 함수를 끝내고 최종 값을 내보낸다는 의미라고 앞에서 배웠다. return 0 이라고 쓰는 경우가 많은데이 의미는 특별한 의미 없이 함수를 끝낸다는 표시이다.

```
01  def 원의둘레구하기(반지름) :
02      pi = 3.14
03      원의둘레 = 2*반지름*pi
04      print("반지름이 %d인 원의 둘레는 %.2f입니다." % (반지름, 원의둘레))
05      return 0
06  def 원의넓이구하기(반지름) :
07      pi = 3.14
08      원의넓이 = 반지름*반지름*pi
09      print("반지름이 %d인 원의 넓이는 %.2f입니다." % (반지름, 원의넓이))
10      return 0
11
12  #여기서부터 실행됩니다.
13  n = int(input("원의 반지름 입력: "))
14  원의둘레구하기(n)
15  원의넓이구하기(n)
```

앞에서는 함수 내에서 값을 계산하여 화면에 출력하는 방식을 사용하였다. 그러나
그러한 방식보다는 함수 내에서는 값을 계산하여 리턴만 하고 호출하는 부분에서
값을 출력하는 것을 더 권장한다.

```
01  def 원의둘레구하기(반지름) :
02      pi = 3.14
03      원의둘레 = 2*반지름*pi
04      return 원의둘레
05
06  def 원의넓이구하기(반지름) :
07      pi = 3.14
08      원의넓이 = 반지름*반지름*pi
09      return 원의넓이
10
11  n = int(input("원의 반지름 입력: "))
12  result1 = 원의둘레구하기(n)
13  result2 = 원의넓이구하기(n)
14  print("원의 둘레: %.2f " % result1)
15  print("원의 넓이: %.2f " % result2)
```

코드를 짧고 보기 좋게 만들어주는 함수

아래와 같이 화면을 중심부터 시작하여 변의 길이가 100인 정사각형을 3개를 연달아 그리는 프로그램을 만들어보자. 각 사각형의 시작점은 (0,0), (150,0), (300,0)이다. 앞에서 배웠던 forward(), right(), left() 등의 함수를 사용하여 만들어보자.

아래는 완성된 소스코드이다. 아래는 함수를 사용하지 않는 방식의 코드인데 비슷한 내용이 3번이나 반복되므로 코드가 불필요하게 길어졌다. 만약 사각형을 3개가 아니라 20개를 그려야 한다면 코드가 얼마나 길어질까? 함수를 사용하면 이와 같이 비슷한 코드가 반복되어 길어지는 문제를 해결할 수 있다.

```
01  import turtle as t
02  t.shape("turtle")
03
04  t.goto(0,0)
05  t.pendown()
06  for i in range (4) :
07      t.forward(100)
08      t.left(90)
09  t.penup()
10
11  t.goto(150,0)
12  t.pendown()
13  for i in range (4) :
14      t.forward(100)
15      t.left(90)
16  t.penup()
17
```

```
18  t.goto(300,0)
19  t.pendown()
20  for i in range (4) :
21      t.forward(100)
22      t.left(90)
23  t.penup()
```

함수를 정의하여 호출하는 방식으로 수정한 코드이다.

```
01  import turtle as t
02
03  def 사각형(x, y) :
04      t.goto(x,y)
05      t.pendown()
06      for i in range (4) :
07          t.forward(100)
08          t.left(90)
09      t.penup()
10      return 0
11
```

함수를 정의하는 코드

```
12  t.shape("turtle")
13  t.penup()
14
15  사각형(0,0)
16  사각형(150,0)
17  사각형(300,0)
```

함수를 호출하는 코드

만약 위의 코드에 덧붙여서 아래와 같은 그림이 그려지도록 수정해보자. 추가되는 3개의 사각형 시작점은 (0,150), (150,150), (300,150)이다.

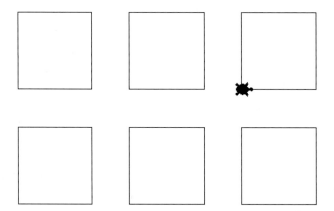

아래의 3개의 코드를 추가해보자. 아주 간단히 사각형 3개를 더 그릴 수 있다.

```
18  사각형(0,150)
19  사각형(150,150)
20  사각형(300,150)
```

아래는 사각형의 내부를 색으로 채우는 소스코드이다.

```
01  import turtle as t
02
03  def rectangle(x, y) :
04      t.goto(x,y)
05      t.pendown()
06      t.begin_fill()
07      t.fillcolor("green")
08      for i in range (4) :
09          t.forward(100)
10          t.left(90)
11      t.end_fill()
12      t.penup()
13      return 0
```

함수를 정의하는 코드

```
14  t.shape("turtle")
15  t.penup()
16  rectangle(0,0)
17  rectangle(150,0)
18  rectangle(300,0)
```

함수를 호출하는 코드

아래는 위의 코드에 반복문을 활용하여 수정한 예이다.

```
01  import turtle as t
01
02  def rectangle(x, y) :
03      t.goto(x,y)
04      t.pendown()
05      t.begin_fill()
06      t.fillcolor("green")
07      for i in range (4) :
08          t.forward(100)
09          t.left(90)
10      t.end_fill()
11      t.penup()
12
13  t.shape("turtle")
14  t.penup()
15  t.speed(10)
16  for y in range(-300, 300, 120) :
17      for x in range(-300, 300, 120) :
18          rectangle(x, y)
```

01. 화면에 자신의 이름과 고향을 출력해주는 함수를 정의한 후 함수를 호출해보자.

02. 원의 반지름을 함수의 파라미터로 입력받아 원의 둘레를 구하는 함수를 만들어보자. 이 함수를 활용하여 반지름이 10, 15, 20인 원의 둘레를 계산해보자.

03. 원의 반지름을 함수의 파라미터로 입력받아 원의 넓이를 구하는 함수를 만들어 보자. 이 함수를 활용하여 반지름이 15인 원의 넓이를 계산해보자.

04. 1차 함수를 만들어 보자. $f(x) = 2x + 5$의 기능을 하는 함수를 정의해보자. 함수에 입력 값 10, 20, 30을 입력하여 계산 결과를 출력해보자.

05. 2차 함수를 만들어보자. $f(x) = 3x^2 + 5x + 7$의 기능을 하는 함수를 정의해보자. 함수에 입력값 15, 20, 25를 입력하여 계산 결과를 출력해보자.

06. 삼각형의 밑변과 높이를 함수의 파라미터로 입력받아 삼각형의 넓이를 계산하여 알려주는 프로그램을 함수를 활용하여 만들어보자.

07. 점수를 입력받아 학점(A, B, C, D, F)를 선별하여 알려주는 프로그램을 함수를 활용하여 만들어보자.

08. 짝수인지 홀수인지 판별해주는 함수를 만들어보자. 사용자로부터 정수를 입력받아 그 정수가 짝수인지 홀수인지 판별하여 출력해보자.

반복문 활용하기

학습목차

11.1 반복문 문법 익히기

11.2 while 반복문 문법 익히기

11.3 while 반복문으로 숫자 세기

11.4 while 문으로 구구단 출력하기

11.5 while 반복문으로 숫자 더하기

11.6 range 함수 이해하기

11.7 for 반복문 문법 익히기

11.8 for 반복문 파라미터 생략하기

11.9 특정 횟수만큼 반복하기

11.10 for 반복문을 사용하여 더하기

11.11 무한 반복하기

11.12 for 문으로 구구단 출력하기

11.13 응용 예제: 2진수 출력하기

반복문은 어떤 동일한 내용이나 일정한 패턴으로 변화되는 명령들을 반복적으로 수행하도록 한다. 파이썬에서는 while 반복문, for 반복문이 있다. 반복문을 활용하면 소스코드를 간결하게 표현할 수 있다.

만약 여러분이 C언어 또는 JAVA 언어의 반복문을 배운 적이 있다면 Python의 반복문 문법은 그와 매우 유사하므로 크게 어렵지 않게 사용법을 이해할 수 있을 것이다. 그러나 몇 가지 면에서 다른 특징들이 있으므로 그것들만 파악하고 주의한다면 쉽게 문법을 익힐 수 있을 것이다.

반복문 문법의 형태

while 반복문의 문법은 아래와 같다. 참고로 while 문장은 조건문이 참(true)인 동안 명령문을 반복 실행한다. 조건문이 거짓(false)이 되는 상황이 되면 반복을 종료한다.

```
while 조건문 :
    명령문
```

for문의 기본적인 문법은 아래와 같다. 변수의 이름을 지정하고, 괄호 안에 시작값, 종료값, 증가값으로 3개의 값을 지정하면 명령문을 해당 조건에 맞춰 반복한다. 증가값을 생략하거나, 증가값과 시작값을 생략하는 등 약간 다른 형태로 사용될 수도 있는데 뒤에서 자세히 배우도록 하겠다.

```
for 변수 in range (시작값, 종료값, 증가값) :
    명령문
```

break와 continue

break와 continue문은 반복문 안에서 사용되는 특별한 의미를 갖는 명령문(키워드)이다. break문은 반복문을 강제로 멈추는 역할을 하며, continue문은 그 이후의 내용을 실행하지 않고 반복을 계속하는 역할을 한다.

- **break**: 반복문이 다 완료되지 않은 상황에서라도 반복문 밖으로 흐름이 이동된다.
- **continue**: 반복문에 포함된 하단 부분이 실행되지 않고 반복문의 시작 부분으로 흐름이 이동된다.

while 반복문 문법

while 반복문의 문법은 아래와 같다. 아래는 조건문이 참(true)인 동안 명령문A가 계속 실행되다가 조건문이 거짓(false)이 되면 while 반복문을 빠져나와 명령문B가 실행된다.

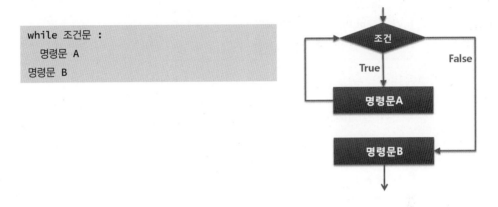

```
while 조건문 :
    명령문 A
명령문 B
```

while을 입력한 후 그 옆에 참과 거짓으로 판별되는 조건문을 입력한다. 조건문 옆에는 콜론(:)을 입력해주어야 한다. 조건문이 참(true)인 경우 어떤 문장이 계속 반복적으로 실행되도록 하려면 그 문장을 while문 바로 아래 부분부터 동일한 들여쓰기(탭 한번)를 지정하여 명령문을 표시해주면 된다.

만약 조건문이 참(true)인 경우 실행되는 문장이 하나의 명령문이 아니라 두 개 이상의 명령문일 경우에는 같은 들여쓰기 단위로 여러 줄을 입력하면 된다. 파이썬은 괄호로 단락을 구분하지 않고 들여쓰기 단위로 단락을 구분한다.

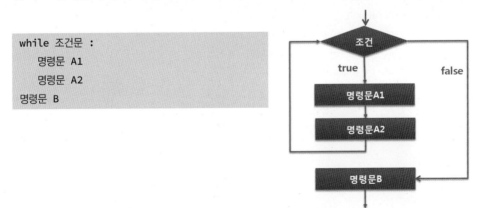

```
while 조건문 :
    명령문 A1
    명령문 A2
명령문 B
```

간단한 실습

아래의 프로그램을 실행하면 어떤 결과가 나올지 생각해보자. 이 프로그램은 반복문이 항상 참(true)이기 때문에 3번 라인이 반복적으로 실행되면서 "파이썬 재밌네"가 영원히 출력될 것이다. [Ctrl + C] 키를 사용하여 무한반복을 강제로 종료시켜야 한다.

```
01  n = 1
02  while n <= 5 :
03      print("파이썬 재밌네")
04  print("파이썬 쉽네")
```

위 코드는 너무 빠르게 실행되므로 time 모듈의 sleep 함수를 활용하여 1초씩 기다리면서 출력되도록 1번, 5번 라인을 추가해보자.

```
01  import time
02  n = 1
03  while n <= 5 :
04      print("파이썬 재밌네")
05      time.sleep(1)
06  print("파이썬 쉽네")
```

이번에는 "파이썬 재밌네" 문구를 5번만 출력하도록 해보자. 아래와 같이 6번 라인에 "n = n + 1"이라는 코드를 추가하면 n이 1씩 증가되므로 5번 출력한 후 조건문이 false가 되면 반복을 빠져나와 7번 라인의 "파이썬 쉽네"가 출력될 것이다.

```
01  import time
02  n = 1
03  while n <= 5 :
04      print("파이썬 재밌네")
05      time.sleep(1)
06      n = n + 1                        # n+= 1로 표현 가능
07  print("파이썬 쉽네")
```

11.3 | while 반복문으로 숫자 세기

10까지 숫자 세기

앞에서 배운 while 반복문의 문법은 아래와 같다.

```
01 n = 1
02 while n <= 10 :
03     print(n)
04     n = n + 1
05 print("숫자 세기 끝")
```

1초 간격으로 숫자가 출력되도록 보완해보자.

```
01 import time
02 n = 1
03 while n <= 10 :
04     print(n)
05     n = n + 1
06     time.sleep(1)
07 print("숫자 세기 끝")
```

소리를 내면서 출력되도록 아래와 같이 수정할 수도 있다.

```
01 import winsound
02 n = 1
03 while n <= 10 :
04     print(n)
05     n = n + 1
06     winsound.Beep(400, 500)
07 print("숫자 세기 끝")
```

다른 패턴으로 숫자 세기

아래와 같이 Count 1, Count 2, ⋯, Count 10의 형태로 1부터 10까지 세는 프로그램을 작성해보자.

```
01 n = 1
02 while n <= 10 :
03     print("Count ", n)              # print("Count %d " % n) 표현 가능
04     n += 1
05 print("종료합니다.")
```

위 코드를 수정하여 10, 20, 30, ⋯. 100 형식으로 출력하도록 하려면 어떻게 해야 할까? (10에서 시작하여 10씩 증가하며 100까지 출력하는 프로그램)

```
01 n = 10
02 while n <= 100 :
03     print("Count ", n)
04     n += 10
05 print("종료합니다.")
```

위 코드를 수정하여 100, 105, 110, ⋯. 150 형식으로 출력하도록 하려면 어떻게 해야 할까? (100에서 시작하여 5씩 증가하며 150까지 출력하는 프로그램)

```
01 n = 100
02 while n <= 150 :
03     print("Count ", n)
04     n += 5
05 print("종료합니다.")
```

이와 같이 반복문을 사용할 경우 아래의 3가지 내용에 대한 설정 과정이 필요하다.

- [시작값] : 몇부터 시작할 것인가?
- [증가값] : 몇만큼씩 값이 변화될 것인가?
- [종료값] : 반복문이 언제 종료될 것인가?

while 문으로 구구단 출력하기

구구단 3단 출력하기

구구단을 출력해주는 프로그램을 만들어보자. 우선 간단하게 구구단 중 3단을 출력해주는 프로그램을 만들어보자. 아래의 형식으로 구구단 3단을 출력하는 프로그램을 만들어보자.

```
구구단 3단
3 x 1 = 3
3 x 2 = 6
3 x 3 = 9
3 x 4 = 12
3 x 5 = 15
3 x 6 = 18
3 x 7 = 21
3 x 8 = 24
3 x 9 = 27
```

만약 반복문을 사용하지 않는다면 아래의 왼쪽과 같은 프로그램을 작성할 수 있다. 그러나 거의 비슷한 내용을 이렇게 반복적으로 입력하는 것은 매우 비효율적이다. 앞에서 배운 while 문법을 활용하여 아래의 우측과 같이 간결하게 표현할 수 있다.

```
01  print("구구단 3단")
02  print("3 x 1 = %d" % (3*1))
03  print("3 x 2 = %d" % (3*2))
04  print("3 x 3 = %d" % (3*3))
05  print("3 x 4 = %d" % (3*4))
06  print("3 x 5 = %d" % (3*5))
07  print("3 x 6 = %d" % (3*6))
08  print("3 x 7 = %d" % (3*7))
09  print("3 x 8 = %d" % (3*8))
10  print("3 x 9 = %d" % (3*9))
```

반복문을 사용하지 않은 코드

```
01  print("구구단 3단")
02  n = 1
03  while n<= 9 :
04      print("3 x %d = %d" % (n, 3*n))
05      n = n + 1
```

반복문을 사용한 코드

10까지 숫자 더하기

1부터 10까지 더하는 코드는 아래와 같다. 실행해보면 1부터 10까지 더한 후 "합계: 55"를 출력해주는 것을 확인할 수 있을 것이다.

```
01  n = 1
02  sum = 0
03  while n <= 10 :                              # 10 대신 1000을 입력하면?
04      sum = sum + n
05      n = n + 1
06  print("합계: " , sum)
```

3번 라인에서 마지막 값인 10을 변경해보자. 1000으로 수정하면 1000까지의 합을 계산한다. 1000000 (백만)을 입력해도 대체로 1초 이내로 출력되는 것을 확인할 수 있다. 사람이 직접 1부터 백만까지 더한다면 엄청난 시간이 걸릴 것이다. 컴퓨터가 사람에 비해 얼마나 빠르게 계산하는지 간단한 예제로 느껴볼 수 있을 것이다.

3의 배수 더하기

1부터 100까지의 정수 중에서 3의 배수만 더하는 문제를 해결해보자. 3의 배수는 3으로 나누어 나머지가 0인 수이므로 4~5번 라인과 같이 해당 조건이 만족될 때만 sum = sum + n이 실행되도록 하면이 문제를 해결할 수 있다. 만약 50부터 100까지의 정수 중에서 3의 배수를 구하려면 어떻게 해야할까? 아래 소스코드의 1번 라인을 n=50으로 수정하여 시작하는 숫자를 변경해주면 될 것이다.

```
01  n = 0
02  sum = 0
03  while n<=100 :
04      if n%3==0 :
05          sum = sum + n
06      n = n + 1
07  print("합계: " , sum)
```

range 함수 이해하기

수열을 만들기

수열이란 특정 패턴으로 나열된 숫자들이다. 수열 [1, 2, 3, 4, 5]를 생각해보자. 1부터 시작하여 1씩 커지며 5까지 증가되는 수열이다. 파이썬에서는 list라는 함수를 사용하여 수열을 만들 수 있다. 수열의 요소 값들은 대괄호 [ ]를 사용하여 입력한다. 아래의 명령을 수행하여 확인해보자.

```
>>> a = list([1, 2, 3, 4, 5])
>>> print(a)
    [1, 2, 3, 4, 5]
```

그럼 아래의 2가지 수열을 만드는 경우를 생각해보자.

- 1부터 시작하여 1씩 증가하며 20까지 증가하는 수열을 만드는 경우
- 10부터 시작하여 5씩 증가하며 200까지 증가하는 수열을 만드는 경우

앞의 예시와 같은 방식으로 표현이 가능하지만 매우 많은 숫자들을 일일이 적어주어야 하는 불편함이 있다. 뒤에서 배울 range 함수를 사용하면 이러한 불편함을 해결할 수 있다.

range 함수로 수열 만들기

여러분이 이미 알고 있듯이 range라는 단어는 '범위'라는 의미이다. 파이썬에서는 range 함수를 사용하여 특정한 패턴을 갖는 수열을 좀 더 효율적으로 만들 수 있다. range 함수는 기본적으로 3개의 값을 파라미터로 입력 받으며 그 의미는 아래와 같다.

```
range (시작값, 종료값, 증가값)
```

그럼이 방식을 사용하여 1에서 시작하여 10까지 1씩 증가되는 수열을 만들어보자.

```
>>> a = list(range(1, 11, 1))        # 1에서 시작, 11에서 종료, 1씩 증가
>>> print(a)
    [1, 2, 3, 4, 5, 6, 7, 8, 9, 10]
```

range(1, 11, 1) 함수는 1에서 시작하여 11에서 종료되며, 1씩 증가하는 수열을

생성한다. 이 때 종료값인 11은 수열에 포함되지 않음을 주의해야 한다. 따라서 1부터 10까지의 정수가 생성된다.

range 함수 연습하기

10부터 시작하여 100까지 10씩 증가하는 수열을 만들어보자.

```
>>> a = list(range(10, 101, 10))
                             # 10에서 시작, 100에서 종료, 10씩 증가하는 수열
>>> print(a)
    [10, 20, 30, 40, 50, 60, 70, 80, 90, 100]
```

100부터 시작하여 130까지 5씩 증가하는 수열을 만들어보자.

```
>>> a = list(range(100, 131, 5))
                             # 10에서 시작, 130에서 종료, 5씩 증가하는 수열
>>> print(a)
    [100, 105, 110, 115, 120, 125, 130]
```

이번에는 크기가 줄어드는 수열을 만들어보자. 10에서 시작하여 1에서 종료하는 수열을 만들어보자. 증가값에 음수 값을 넣어주면 된다.

```
>>> a = list(range(10, 0, -1))
                             # 10에서 시작, 1에서 종료, 1씩 감소하는 수열
>>> print(a)
    [10, 9, 8, 7, 6, 5, 4, 3, 2, 1]
```

50에서 시작하여 5씩 감소하여 10에서 종료하는 수열을 만들어보자.

```
>>> a = list(range(50, 9, -5))
                             # 50에서 시작, 10에서 종료, 5씩 감소하는 수열
>>> print(a)
    [50, 45, 40, 35, 30, 25, 20, 15, 10]
```

range(50, 10, -5)라고 표현하기 쉬운데 그렇게 할 경우 수열에 마지막 값 10이 포함되지 않으므로 10에서 1을 빼서 9를 입력해야 한다.

for 반복문 문법 익히기

for 반복문 문법

for 반복문의 문법은 아래와 같다.

```
for 변수 in range (시작값, 종료값, 증가값) :
    명령문A
명령문B
```

for 다음에 반복에 사용될 변수 이름을 지정한다. 변수 이름은 자유롭게 지정할 수 있다. t, n, i 등 원하는 이름을 지정하면 된다. 단, 이미 사용되지 않은 새로운 이름을 지정해야 한다.

in range 다음에 소괄호를 사용한다. 괄호 안에 쉼표를 사용하여 3개의 파라미터를 입력한다. 첫 번째는 시작값, 두 번째는 종료값, 세 번째는 증가값이다. 지정한 변수가 시작값에서 시작하여 증가값만큼 변화되다가 종료값을 만나거나 그 값을 넘어서면 반복문이 종료된다.

앞에서 배운 while문과 for 문을 연관하여 이해해보자. 아래의 두 개의 소스코드는 같은 기능을 한다. 왼쪽은 for 문을 사용하는 코드이고, 오른쪽은 while 문을 사용하는 코드이다. 시작값, 종료값, 증가값이 어떻게 연관되는지 이해할 수 있다.

```
01 for t in range (1, 11, 1) :
02     print("Count %d" % t)
03 print("종료합니다.")
```

```
01 n = 1
02 while n<= 10 :
03     print("Count %d" % n)
04     n += 1
05 print("종료합니다.")
```

while문이 이해하기 쉬워보이지만 for문이 간결한 장점이 있다. while문은 변수 값을 초기화(시작값을 지정), 끝나는 조건을 지정하는 것, 변수 값을 변화시키는 것이 각각 서로 다른 라인에 표현해야 하지만 for문은 한 줄에 간결하게 표현한다. 실제로 몇 번 실습을 하여 for문에 조금만 익숙해지면 while문보다 for문이 오히려 편하다고 생각하게 될 것이다.

1부터 10까지 세기

1부터 10까지 세는 프로그램을 만들어보자. count 1, count 2, count 3, … , count 10의 방식으로 출력되도록 한다.

```
01  for n in range (1, 10, 1) :
02      print("Count %d" % n)
03  print("종료합니다.")
```

반복 변수로 지정한 n이 1에서 시작하여 1씩 증가되며 10에서 종료된다. 10이 되면 실행되지 않고 종료되기 때문에 count 1, count 2, … , count 9에서 종료된다. 따라서 count 10까지 출력되게 하려면 종료값을 11로 바꿔 주어야 한다.

50부터 시작하여 3씩 증가하며 70에서 종료되도록 프로그램을 작성해보자. 아래와 같이 괄호 안에 (50, 70, 3)을 입력해주면 된다.

```
01  for n in range (50, 70, 3) :
02      print("Count %d" % n)
03  print("종료합니다.")
```

10부터 1까지 거꾸로 세기

이번에는 10부터 1까지 거꾸로 세는 프로그램을 만들어보자.

for문이 꼭 작은 수에서 큰 수로 증가할 필요는 없다. 큰 수에서 작은 수로 줄어드는 것도 가능하다. 괄호 안에 (10, 0, -1)이라고 표기하면 10에서 시작하여 -1씩 증가하여 (1씩 감소하는) 패턴이 만들어진다. 0이 되면 종료가 되기 때문에 1까지 출력하고 종료가 된다.

```
01  for n in range (10, 0, -1) :
02      print("Count %d" % n)
03  print("종료합니다.")
```

for 반복문 파라미터 생략하기

3개의 파라미터 사용하기

앞에서 아래 코드가 1부터 10까지 1씩 증가하며 출력하는 프로그램임을 공부하였다.

```
01  for n in range (1, 11, 1) :
02      print("Count %d" % n)
03  print("종료합니다.")
```

세 번째 파라미터 생략하기

이 프로그램을 기초로 하여 파라미터를 생략하는 방법을 배워보도록 하자. 아래와 같이 괄호 안에 있는 세 개의 파라미터 중 마지막 파라미터(증가값)을 생략해보도록 하자. 그럼 2개의 파라미터가 사용되는 형태가 된다. 실행해보면 동일한 결과가 출력되는 것을 확인할 수 있다. 즉, 세 번째 파라미터를 생략하면 1로 간주한다.

```
01  for n in range (1, 11) :
02      print("Count %d" % n)
03  print("종료합니다.")
```

정리하면 위의 코드와 같이 for문에서 in range 다음의 괄호 안에 2개의 파라미터가 사용되면 세번째 파라미터에 1이 생략된 것이다.

첫 번째 파라미터도 생략하기

이번에는 추가로 첫 번째 파라미터도 생략해보자. 그러면 in range 다음의 괄호 안에 1개의 파라미터 값만 존재하는 형태가 된다. 실행해보면 첫 번째 파라미터를 생략할 경우 0으로 가정하는 것을 확인할 수 있다. 즉, in range(11) 이라고 표기한 것은 in range(0, 11, 1) 이라고 표현한 것과 같은 의미가 되는 것이다.

```
01  for n in range (11) :
02      print("Count %d" % n)
03  print("종료합니다.")
```

특정 횟수만큼 반복하기

for 문으로 원하는 횟수만큼 반복하기

화면에 "Hello Python"을 5번 출력하는 프로그램을 만들어보자.

```
01 for n in range (5) :
02    print("Hello Python")
03 print("종료합니다.")
```

위의 프로그램은 Hello Python이 5번 출력된다. 왜 5번 반복될까? in range(5)는 in range(0, 5, 1)과 같은 의미이다. 첫 번째, 세 번째 파라미터를 생략한 형태이다. 따라서 반복 변수 n이 0에서 시작하여 1씩 커지며 4까지 변화되면서 반복된다. 즉, 5번이 반복되는 것이다.

따라서 앞으로 어떤 명령문을 특정 횟수만큼 반복할 경우 아래의 형식을 사용하면 된다.

```
for 변수 in range (반복횟수) :
   명령문
```

while 문으로 원하는 횟수만큼 반복하기

while 문을 사용하여 Hello Python을 5번 출력하는 프로그램을 만들어보자. 앞에서 배운 내용과 같기 때문에 별도의 설명이 없어도 이해가 될 것이다. for문과 아래의 while 문을 비교해보면 for문이 훨씬 간결함을 볼 수 있다.

```
01 n = 1
02 while n<= 5 :
03    print("Hello Python")
04    n = n + 1
05 print("종료합니다.")
```

for 반복문을 사용하여 더하기

지금까지 배운 반복문을 사용하여 1부터 정수 N까지 더해서 알려주는 프로그램을 만들어보자. 먼저 간단한 형태로 1부터 10까지 더하는 프로그램을 만들어보자.

```
몇 부터 더할까요? 1
몇 까지 더할까요? 10
1부터 10까지 더한 값은 55입니다.
```

for 문으로 1부터 n까지 더하기

1부터 10까지 더해보자. 아래는 for문을 사용하여 1부터 10까지 더한 후 답을 출력해주는 프로그램이다.

```
01  sum = 0
02  for n in range (1, 11, 1) :
03      sum += n
04  print("1부터 10까지 더한 값은 %d 입니다." % sum)
```

for문에서 1부터 10까지 더할 경우 (1, 10, 1)이 아니라 (1, 11, 1) 이라고 써야 함을 주의하자. 종료값을 11이라고 해야 10까지 더한 후 11에서 반복문이 종료된다. 그럼 위에서 완성된 프로그램을 약간 수정하여 다른 결과를 구해보자.

1부터 500까지 더하기

1부터 500까지 더한 값은 얼마일까? 아래와 같이 소스코드에서 11을 500+1으로 바꾸면 500까지의 누적 합 결과를 얻을 수 있다.

```
01  sum = 0
02  for n in range (1, 500+1, 1) :
03      sum += n
04  print("1부터 500까지 더한 값은 %d 입니다." % sum)
```

종료값을 입력 받기

그러면 사용자로부터 끝나는 값을 입력 받아 출력하도록 해보자.

```
01  End = int(input("몇 까지 더할까요? "))
02
03  sum = 0
04  for n in range (1, End+1, 1) :
05      sum += n
06
07  print("1부터 %d까지 더한 값은 %d 입니다." % (End, sum))
```

시작값도 입력 받기

이번에는 시작하는 값도 입력받도록 추가해보자.

```
01  Start = int(input("몇 부터 더할까요? "))
02  End = int(input("몇 까지 더할까요? "))
03
04  sum = 0
05  for n in range (Start, End+1, 1) :
06      sum += n
07
08  print("%d부터 %d까지 더한 값은 %d 입니다." % (Start, End, sum))
```

앞에서 1부터 10까지, 1부터 500까지 더하는 문제를 해결하였다. 그 예제를 응용하여 두 정수 A(시작값), B(종료값)를 입력 받아 정수 A부터 정수 B까지 더하는 문제를 해결해보자. A <= B 인 경우에 결과를 계산하고 A > B 인 경우 사용자에게 정수를 다시 입력하도록 한다.

잘못 입력된 경우 다시 입력 받기

만약 시작하는 수가 끝나는 수보다 큰 경우에는 제대로 값을 구할 수 없다. 이렇게 잘못 입력한 경우에는 프로그램을 종료하도록 하려면 아래와 같이 할 수 있다.

```
01  import sys
02
03  Start = int(input("몇 부터 더할까요? "))
04  End = int(input("몇 까지 더할까요? "))
05
06  if Start > End :
07      print("시작하는 수가 끝나는 수보다 크면 안됩니다.")
08      sys.exit()
09
```

```
10   sum = 0
11   for n in range (Start, End+1, 1) :
12       sum += n
13
14   print("%d부터 %d까지 더한 값은 %d 입니다." % (Start,End,sum))
```

잘못된 입력의 경우 프로그램을 종료하는 것이 아니라 다시 입력 받도록 수정해 보자.

```
01   Start = int(input("몇 부터 더할까요? "))
02   End = int(input("몇 까지 더할까요? "))
03
04   while Start > End :
05       print("시작하는 수가 끝나는 수보다 크면 안됩니다.\n")
06       Start = int(input("몇 부터 더할까요? "))
07       End = int(input("몇 까지 더할까요? "))
08       if Start<=End :
09           break
10
11   sum = 0
12   for n in range (Start, End+1, 1) :
13       sum += n
14   print("%d부터 %d까지 더한 값은 %d 입니다." % (Start,End,sum))
```

11.11 | 무한 반복하기

영원히 반복하기

프로그램을 작성하다 보면 어떤 작업을 끝내지 않고 계속 반복해야 할 상황도 있다. 끝나지 않고 계속 반복하는 것을 "무한 반복(무한루프)"이라고 한다. 파이썬에서는 무한 반복이 필요한 경우에 주로 아래 방식을 사용한다.

```
while True :
    명령문1
    명령문2
    ...
```

while True : 에서 T는 대문자로 입력해야 한다. 이 while 문에 종속된 문장들은 영원히 반복이 되는 것이다. 들여쓰기 단위(탭1개 또는 스페이스 4개)로 문장을 종속시킨다. 아래와 같은 소스 코드의 결과를 예상해보자.

```
01  while True :                          # while 1 :
02      print("Hello Python")
03  print("종료합니다.")
```

위 예제는 while 반복문을 사용하여 어떤 내용을 무한 반복하는 방법에 대한 것이다. 기본적으로 while 문은 조건문이 만족하는 동안 명령문을 반복한다. 조건문에 True라고 입력하면 항상 조건문이 참이 되기 때문에 반복문이 종료되지 않고 계속 반복된다. 때문에 "종료합니다."라는 문구는 출력되지 않는다. 이러한 무한 반복을 강제로 멈추려면 [Ctrl + C]를 사용해야 한다.

True 대신에 1을 써도 동일하게 실행된다. 프로그래밍 언어에서 1은 True(참), 0은 False(거짓)를 의미함을 기억해두자. 아래 프로그램의 실행결과를 예상해보자. 0은 False(거짓)을 의미하므로 무조건 거짓이므로 Hello Python은 출력되지 않는다.

```
01  while 0 :                             # while False :
02      print("Hello Python")
03  print("종료합니다.")
```

무한 반복에서 탈출하기

무한 반복문을 만들어두면 프로그램이 종료되지 않기 때문에 [Ctrl + C] 키를 사용하여 비정상적으로 프로그램을 종료해야 한다. 사용자의 명령에 따라서 정상적으로 무한 반복(무한루프)에서 빠져나오는 방법을 생각해보자.

아래는 출생연도를 물어본 후 나이를 맞추는 프로그램을 계속 수행하도록 적용한 소스코드이다. 무한 반복을 적용하였기 때문에 기본적으로 영원히 종료되지 않는 문제가 있다.

```
01  while 1 :
02      year = int(input("몇 년도에 태어났나요? "))
03      age = 2019 - year + 1
04      print("그럼 올해 %d살 이겠군요\n " % age)
```

이 프로그램을 보완하여 사용자가 0을 입력한 경우 프로그램을 종료하도록 수정해보자.

```
몇 년도에 태어났나요?  1998
그럼 올해 22살 이겠군요
```

```
몇 년도에 태어났나요?  0
프로그램을 사용해주셔서 감사합니다.
다음에 다시 만나요
```

아래 소스코드의 3~4번 라인에서 사용자가 0을 입력하면 반복을 종료하는 코드를 추가하였다. break문은 반복의 조건의 만족되더라도 중간에 반복문을 빠져나오는 역할을 한다.

```
01  while 1 :
02      year = int(input("몇 년도에 태어났나요? "))
03      if year==0 :
04          break
05      age = 2019 - year + 1
06      print("그럼 올해 %d살 이겠군요\n " % age)
07
08  print("프로그램을 사용해주셔서 감사합니다.")
09  print("다음에 다시 만나요")
```

for 문으로 구구단 출력하기

while 문과 for 문 비교하기

앞에서 구구단의 3단을 while 문으로 표현하였다. 이번에는 for 문으로도 표현하여 출력해보자.

```
01  print("구구단 3단")
02  n = 1
03  while n<= 9 :
04      print("3 x %d = %d" % (n, 3*n))
05      n = n + 1
```

While 문 활용

```
01  print("구구단 3단")
02
03  for n in range (1, 10, 1) :
04      print("3 x %d = %d" % (n, 3*n))
```

for 문 활용

구구단 전체(2단~9단) 출력하기

그럼 지금까지 배운 내용을 정리하면서 구구단 전체(2단~9단)를 출력하는 프로그램을 만들어보자.

구구단 2단~9단 전체를 출력하는 프로그램을 작성해보자.

```
01  print("구구단 전체 출력")
02  for n in range (2, 10, 1) :
03      for t in range (1, 10, 1) :
04          print("%d x %d = %d" % (n, t, n*t))
```

좀 더 보기좋게 출력되도록 수정한 코드이다.

```
01  print("구구단 전체 출력 프로그램")
02  for n in range (2, 10, 1) :
03      print("\n구구단 %d단 출력" % n)
04      print("---------------------")
05      for t in range (1, 10, 1) :
06          print("%d x %d = %d" % (n, t, n*t))
```

사용자에게 몇 단을 출력할지 물어보기

이번에는 아래와 같이 구구단 몇 단을 알려줄까요?라고 물어본 후 입력한 숫자에 해당하는 구구단을 출력해주는 프로그램을 만들어보자.

```
구구단 몇 단을 알려줄까요? 2
2 x 1 = 2
2 x 2 = 4
2 x 3 = 6
2 x 4 = 8
2 x 5 = 10
2 x 6 = 12
2 x 7 = 14
2 x 8 = 16
2 x 9 = 18
```

for 문을 사용하여 작성한 코드이다.

```
01  print("구구단을 알려줄께요.")
02  n = int(input("구구단 몇 단을 알려줄까요? "))
03
04  for i in range(1, 10, 1) :
05      print("%d x %d = %d " % (n, i, n*i))
```

아래와 같이 while 문을 사용할 수도 있으나 for문이 훨씬 간결하다.

```
01  n = int(input("구구단 몇 단을 알려줄까요? "))
01
02  i = 1
03  while i <= 9 :
04      print("%d x %d = %d " % (n, i, n*i))
05      i = i + 1
```

2~9로 입력 숫자 제한하기

구구단은 보통 2단 ~ 9단을 의미한다. 따라서 몇 단을 출력할까요?라고 물었을 경우 0, 1, 12 등의 잘못된 범위의 숫자를 입력하면 다시 입력받도록 하는 코드를 지정해보자. 즉, 아래의 예시와 같이 3을 입력하면 3단을 출력해주고, 잘못된 숫자인 100을 입력하면 2~9 사이의 숫자를 입력하도록 안내한 후 다시 입력 받는 방식이다.

```
구구단을 알려줄께요
구구단 몇 단을 알려줄까요? 3
3 x 1 = 3
3 x 2 = 6
3 x 3 = 9
3 x 4 = 12
3 x 5 = 15
3 x 6 = 18
3 x 7 = 21
3 x 8 = 24
3 x 9 = 27
```

```
구구단을 알려줄께요
구구단 몇 단을 알려줄까요? 100
2~9 사이의 정수만 입력 가능합니다.

구구단 몇 단을 알려줄까요? 2
2 x 1 = 2
2 x 2 = 4
2 x 3 = 6
2 x 4 = 8
2 x 5 = 10
2 x 6 = 12
2 x 7 = 14
2 x 8 = 16
2 x 9 = 18
```

아래와 같이 4~7번 라인에 `if ~ else` 조건문을 사용하여 입력 받을 수 있는 수를 2부터 9까지로 제한하였다. 만약 범위를 벗어나는 수가 입력되면 다시 입력받도록 하였다. 5번의 `break`문은 while 반복문을 빠져나가는 역할을 한다. 즉 올바른 수 (2<=n<=9)가 입력되었다면 2~7번의 `while`문을 빠져나가 9~10번 구구단을 출력하는 코드가 실행된다.

```
01  print("구구단을 알려줄께요.")
02  while True :
03      n = int(input("구구단 몇 단을 알려줄까요? "))
04      if 2<=n<=9 :
05          break
06      else :
07          print("2~9 사이의 정수만 입력 가능합니다.\n")
08
09  for i in range (1, 10, 1) :
10      print("%d x %d = %d " % (n, i, n*i))
```

2진수 값을 출력하는 방법

0부터 9까지의 정수 값에 대하여 이진수를 출력하는 프로그램을 만들어보자. 아래의 소스코드는 bin 함수를 사용하여 십진수를 이진수로 변환하여 출력한다. bin 함수를 사용하면 0b라는 접두어가 이진수 앞에 표시된다는 점을 참고하자.

```
01  for i in range(0, 10, 1) :
02      print(i, "-->", bin(i))
```

```
0 --> 0b0
1 --> 0b1
2 --> 0b10
3 --> 0b11
4 --> 0b100
5 --> 0b101
6 --> 0b110
7 --> 0b111
8 --> 0b1000
9 --> 0b1001
```

만약 이진수에서 접두어 0b표시를 제거하고, 8 bit로 표시하려면 어떻게 해야할까? 앞에서 배운 문자열의 `format` 함수를 사용하여 아래와 같이 표현할 수 있다.

```
01  for i in range(0, 10, 1) :
02      print("{0:d} --> {0:08b}".format(i))
```

```
0 --> 00000000
1 --> 00000001
2 --> 00000010
3 --> 00000011
4 --> 00000100
5 --> 00000101
6 --> 00000110
7 --> 00000111
8 --> 00001000
9 --> 00001001
```

문자열의 **format** 함수를 사용하는 방법을 순서별로 설명하였다.

- {0:b} 2진수 출력
- {0:8b} 2진수로 출력, 자릿수(칸수)를 8로 지정
- {0:08b} 2진수로 출력, 자릿수를 8로 지정, 빈칸을 공란이 아니라 0으로 채움

01. while 문을 사용하여 1부터 10까지 숫자를 차례대로 출력하는 프로그램을 작성하시오.

02. while 문을 사용하여 화면에 "Hello Python"이라는 문장을 5번 출력하시오.

03. while 문을 사용하여 1부터 10까지 "숫자 1", "숫자 2", "숫자 3", …의 형태로 1초 단위로 출력하는 프로그램을 작성하시오.

04. for 문을 사용하여 10부터 20까지 숫자를 차례대로 출력하는 프로그램을 작성하시오.

05. for 문을 사용하여 1부터 10까지 "숫자 1", "숫자 2", "숫자 3", …의 형태로 1초 단위로 출력하는 프로그램을 작성하시오.

06. while 문을 사용하여 1부터 100까지 더하는 프로그램을 작성하시오.

07. for 문을 사용하여 30부터 70까지 더하는 프로그램을 작성하시오.

08. 구구단의 5단을 출력하시오(while 문 사용).

09. 양의 정수 n을 입력받아 구구단 n단을 출력하는 프로그램을 작성하시오. 범위(2<=n<=9)를 벗어나는 정수가 입력되면 잘못된 값이 입력되었다고 안내하고 프로그램이 종료되도록 하시오.

10. for 문을 사용하여 30부터 50까지 3씩 증가하는 형태(30, 33, 36, …)로 출력되는 프로그램을 작성하시오.

11. 양의 정수 A, B를 입력받아 A부터 B까지 모두 더하시오(만약, A>B라면 프로그램을 종료한다).

12. while 문을 사용하여 30부터 70까지의 정수 중에서 3의 배수(3으로 나누어 떨어지는 수)들의 합계를 구하는 프로그램을 작성하시오.

13. for 문을 사용하여 100부터 150까지의 정수 중에서 7의 배수들의 합계를 구하는 프로그램을 작성하시오.

14. for 문을 사용하여 50부터 100까지의 정수 중에서 3으로 나누어 떨어지거나 5로 나누어 떨어지는 수들의 합계를 구하는 프로그램을 작성하시오.

15. 아래와 그림과 같이 반지름의 길이를 10, 20, 30, …, 100으로 변화시키면서 원을 10개를 그리는 프로그램을 작성하시오.

다양한 응용문제
해결하기

학습목차

12.1 표준 몸무게 계산하기

12.2 팩토리얼 값 구하기

12.3 369게임 하기

12.4 구구단 퀴즈

12.5 소수 판별하기

12.6 최대공약수 구하기(반복적, 상식적)

12.7 최대공약수 구하기(유클리디안)

12.8 최대공약수 알고리즘의 비교 분석

12.9 피보나치 수열 구하기

키에 대한 표준 몸무게 구하기

키에 대한 표준 몸무게(권장 몸무게)는 아래의 간단한 공식으로 계산할 수 있다.

$$표준\ 몸무게 = (키 - 100) \times 0.9$$

그러면 위의 공식을 사용하여 키가 165 cm 인 사람에 대한 표준 몸무게를 계산하는 파이썬 코드를 작성해보자.

```
01  키 = 165
02  결과 = (키 - 100) * 0.9
03  print("키: %d cm, 제안: %d kg" % (키, 결과))
```

반복문으로 표현하기

키 150 cm부터 180 cm까지 3 cm 단위로 키와 표준 몸무게를 아래와 같이 출력해주는 프로그램을 만들어보자.

```
키: 150 cm, 제안: 45.0 kg
키: 153 cm, 제안: 47.7 kg
키: 156 cm, 제안: 50.4 kg
키: 159 cm, 제안: 53.1 kg
키: 162 cm, 제안: 55.8 kg
키: 165 cm, 제안: 58.5 kg
키: 168 cm, 제안: 61.2 kg
키: 171 cm, 제안: 63.9 kg
키: 174 cm, 제안: 66.6 kg
키: 177 cm, 제안: 69.3 kg
키: 180 cm, 제안: 72.0 kg
```

아래와 같이 단 3줄의 코드를 사용하여 위의 결과물을 얻을 수 있다. 앞에서 제시한 코드와 거의 유사하며 1번 라인에 for 문을 적용하여 150부터 180까지 3씩 증가하는 반복을 수행하여 계산하고 출력하는 코드이다.

```
01  for 키 in range (150, 181, 3) :
02      결과 = (키 - 100) * 0.9
03      print("키: %d cm, 제안: %.1f kg" % (키, 결과))
```

팩토리얼 값 구하기

팩토리얼 이해하기

수학시간에 **factorial** 함수에 대해서 들어보았을 것이다. 팩토리얼은 정수 뒤에 느낌표(!)를 붙이는 형식으로 보통 표시한다. 양의 정수 n에 대하여 n!(n팩토리얼)은 1부터 n까지의 정수를 모두 곱한 값을 의미한다.

어렵지 않은 계산식이지만 그래도 명확하기 이해하기 위하여 아래에 몇 가지 예를 표로 정리하였다.

수학표기	읽기	계산방법	값
3!	3 팩토리얼	1 × 2 × 3	6
4!	4 팩토리얼	1 × 2 × 3 × 4	24
5!	5 팩토리얼	1 × 2 × 3 × 4 × 5	120

팩토리얼 프로그램

그럼 양의 정수 n을 입력 받아 해당되는 팩토리얼 값을 구하는 프로그램을 만들어보자. 5번 라인에서 **range(1, n+1)**은 세 번째 파라미터를 생략한 것으로 **range(1, n+1, 1)**이라고 표시한 것과 동일하다.

```
01  print("팩토리얼 값 계산 프로그램")
02  n = int(input("정수 입력: "))
03
04  fact = 1
05  for i in range(1, n+1) :
06      fact *= i
07
08  print("계산결과 %d! = %d" % (n,fact))
```

```
팩토리얼 값 계산 프로그램
정수 입력: 5
계산결과 5! = 120
```

```
팩토리얼 값 계산 프로그램
정수 입력: 7
계산결과 7! = 5040
```

아래와 같이 **while** 반복문을 사용할 수도 있지만 일반적으로 **for** 반복문이 간결하며 많이 사용된다.

```
01  print("팩토리얼 값 계산 프로그램")
02  n = int(input("정수 입력: "))
03  fact = 1
04  i = 1
05  while i<=n :
06      fact *= i
07      i += 1
08  print("계산결과 %d! = %d" % (n,fact))
```

함수로 표현하기

앞의 소스코드는 값을 입력 받는 기능과 팩토리얼 값을 구하는 기능이 구분되어 있지 않다. 앞에서 배운 함수 정의 기능을 사용하여 팩토리얼 값을 구하는 함수를 별도로 정의하고 이를 호출하는 형태로 표현해보자.

```
01  def factorial(n) :
02      fact = 1
03      for i in range(1, n+1) :
04          fact *= i
05      return fact
06
07  print("팩토리얼 값 계산 프로그램")
08  while 1 :
09      n = int(input("\n입력: "))
10      result = factorial(n)
11      print("%d! = %d" % (n,result))
```

```
팩토리얼 값 계산 프로그램

입력: 5
5! = 120


입력: 4
4! = 24


입력: 7
7! = 5040
```

0을 입력하면 종료하기

위의 소스코드를 약간 수정하여 사용자가 0 또는 음의 정수를 입력하면 프로그램
이 종료되도록 하자.

```
01  def factorial(n) :
02      fact = 1
03      for i in range(1, n+1) :
04          fact *= i
05      return fact
06
07  print("팩토리얼 값 계산 프로그램(0: 종료)")
08  while 1 :
09      n = int(input("\n입력: "))
10      if n<=0 :
11          break
12      result = factorial(n)
13      print("%d! = %d" % (n,result))
14  print("이용해주셔서 감사합니다.")
```

```
팩토리얼 값 계산 프로그램(0: 종료)


입력: 5
5! = 120


입력: 0
이용해주셔서 감사합니다.
```

12.3 369게임 하기

간단한 369 게임

369 게임에 관련된 프로그램을 만들어보자. 369 게임은 여러 명이 둘러앉아 1부터 차례대로 숫자를 말하는 게임이다. 단 3의 배수의 숫자인 경우에는 숫자를 말하지 않고 박수를 친다. 좀 더 재미있는 게임을 위해 규칙을 덧붙일 수 있지만 우선이 정도 규칙에 따라서 숫자를 말하는 프로그램을 만들어보자. 20까지를 순서대로 나열하면 아래와 같다.

$$1 \rightarrow 2 \rightarrow 박수 \rightarrow 4 \rightarrow 5 \rightarrow 박수 \rightarrow 7 \rightarrow 8 \rightarrow 박수 \rightarrow 10 \rightarrow$$
$$11 \rightarrow 박수 \rightarrow 13 \rightarrow 14 \rightarrow 박수 \rightarrow 16 \rightarrow 17 \rightarrow 박수 \rightarrow 19 \rightarrow 20$$

순서도 그려보기

그렇게 어렵지는 않은 문제이지만 369 게임의 흐름을 순서도로 표현해보면 아래와 같다. 순서도는 문제 해결의 방식을 체계적으로 표현하는 기본적인 방법이다. 아래의 그림(답)을 참고하지 말고 스스로 그려보기를 권한다.

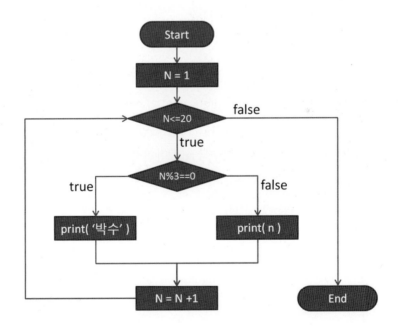

간단한 369 게임

위 규칙에 해당하는 프로그램을 만들어보자.

```
01  print("369게임 시작")
02  n=1
03  while n <= 20 :
04      if n%3 == 0 :
05          print("박수")
06      else :
07          print(n)
08      n = n + 1
09  print("369게임 끝")
```

```
369게임 시작
1
2
박수
4
5
박수
7
8
박수
10
```

```
11
박수
13
14
박수
16
17
박수
19
20
369게임 끝
```

위 프로그램을 실행해보면 한 번에 전체가 출력되기 때문에 369 게임을 한다는 느낌이 들지 않는다. 따라서 0.7초 단위로 순차적으로 출력되도록 수정해보자. 1번 라인에 import time을 추가하고 10번 라인에 time.sleep(0.7)을 추가하였다. time 모듈을 가져온 후, sleep 함수를 사용하여 0.7초 쉬는 시간을 준다는 의미이다.

```
01  import time
02  print("369게임 시작")
03  n=1
04  while n <= 20 :
05      if n%3 == 0 :
06          print("박수")
07      else :
08          print(n)
09      n = n + 1
10      time.sleep(0.7)
11  print("369게임 끝")
```

숫자 3이 들어가도 박수치기

이번에는 3의 배수 뿐 아니라 숫자 3이 들어간 경우에도 박수를 치는 것으로 규칙을 추가해보자. 예를 들어 13, 23과 같이 3의 배수는 아니지만 3이 들어가면 박수를 치는 것이다. 아래와 같이 현재 숫자를 10으로 나눈 후 나머지가 3이면 숫자 3이 들어간 것이므로 5번 라인에 n%10==3 코드를 추가하여 적용하였다.

```
01  import time
02  print("369게임 시작")
03  n=1
04  while n <= 20 :
05      if n%3==0 or n%10==3 :
06          print("박수")
07      else :
08          print(n)
09      n = n + 1
10      time.sleep(0.7)
11  print("369게임 끝")
```

```
369게임 시작
1
2
박수
4
5
박수
7
8
박수
10
```

```
11
박수
박수
14
박수
16
17
박수
19
20
369게임 끝
```

그러나 n%10==3의 코드는 맨 끝자리 숫자가 3인 것만 체크하는 한계가 있다. 31, 32 등과 같이 앞자리에 3이 나오는 것은 체크하지 못하는 한계가 있다. 5번 라인에 "3"" in str(n)의 코드를 추가하여 숫자 n을 문자열로 변환한 후 그 문자열에 3 이라는 문자가 들어가 있는가를 체크하는 방식으로 변경하였다. 1번, 10번 라인을 변경하여 winsound 모듈을 가져와 Beep라는 함수로 기본적인 "삑" 소리가 나오도록 하였다. Beep 함수에서 첫 번째 파라미터는 음 높이를 의미하는 숫자이고, 두 번째는 소리의 길이(밀리초)를 나타나내는 숫자이다.

```
01  import winsound
02  print("369게임 시작")
03  n=1
04  while n <= 35 :
05      if n%3 == 0 or "3" in str(n) :
06          print("박수")
07      else :
08          print(n)
09      n = n + 1
10      winsound.Beep(700, 500)
11  print("369게임 끝")
```

369게임 시작	박수	박수
1	박수	25
2	14	26
박수	박수	박수
4	16	28
5	17	29
박수	박수	박수
7	19	박수
8	20	박수
박수	박수	박수
10	22	박수
11	박수	박수
		369게임 끝

구구단 퀴즈

문제 이해하기

컴퓨터가 구구단 퀴즈를 5개를 낸 후 맞춘 개수에 따라 점수를 부여해주는 프로그램을 만들어보자. 구구단 퀴즈는 5 x 9 =의 형식으로 구구단을 물어본 후 사용자가 답을 입력하면 맞는지 틀린지 점검한다. 5문제를 출제하고 한 문제당 20점씩 부여하여 마지막에 "당신의 점수는 60점 입니다."라는 형식으로 출력되도록 한다.

게임의 규칙

- 구구단 문제를 만들어 총 5문제를 출제한다.
- 사용자는 답을 입력하고 맞았는지 틀렸는지 알려준다.
- 맞힌 문제 당 20점을 부여하여 100점 만점의 점수를 계산한다.
- 2초 내에 답을 입력해야 맞은 것으로 한다.

```
[문제1] 7 x 1 = 7
시간내에  맞췄습니다.

[문제2] 5 x 3 = 15
답은  맞췄으나  시간이  초과되었습니다.

[문제3] 6 x 6 = 36
시간내에  맞췄습니다.

[문제4] 7 x 1 = 7
시간내에  맞췄습니다.

[문제5] 9 x 6 = 65
땡!  틀렸습니다.

당신의  점수는  60점입니다.
```

랜덤 숫자 생성 방법

랜덤 값을 사용하려면 random 모듈을 임포트해야 한다. random 모듈의 randint(a, b) 함수는 a<=n<=b의 범위의 임의의 정수 n을 선택해주는 역할을 한다. 따라서 아래의 코드는 1, 2, 3, 4, 5 중에서 하나의 정수를 임의로 선택하여 출력해준다.

```
>>>  import random
>>>  random.randint(1, 5)
```

랜덤으로 문제 만들기

그럼 random 모듈의 randint 함수를 사용하여 구구단 문제를 자동으로 생성하는
프로그램을 만들어보자. 앞에서 배운 if ~ else 문장을 사용하여 사용자가 입력
한 답이 실제 답과 맞는지 틀리는지 점검하여 알려주도록 하였다.

```
01  import random
02
03  a = random.randint(2,9)
04  b = random.randint(2,9)
05  dab = a * b
06
07  n = int(input("%d x %d = " % (a,b)))
08  if n==dab :
09      print("맞췄습니다.")
10  else :
11      print("땡! 틀렸습니다.")
```

위의 소스코드는 1개의 문제만 출제하고 종료한다. 5개의 문제가 출제되도록 반복
문을 적용해보자.

```
01  import random
02
03  for t in range (5) :
04      a = random.randint(2,9)
05      b = random.randint(2,9)
06      dab = a * b
07      print()
08      n = int(input("[문제%d] %d x %d = " % (t+1,a,b)))
09      if n==dab :
10          print("맞췄습니다.")
11      else :
12          print("땡! 틀렸습니다.")
```

점수 부여하기

맞춘 문제의 개수를 세어 그 숫자에 20을 곱하는 방식으로 점수를 부여할 수 있다. 변수 '맞은개수'를 처음에 0으로 지정한 후, 맞췄을 때마다 1씩 커지도록 한다.

```python
01  import random
02
03  맞은개수 = 0
04  for t in range (5) :
05      a = random.randint(2,9)
06      b = random.randint(2,9)
07      dab = a * b
08      n = int(input("[문제%d] %d x %d = " % (t+1,a,b)))
09      if n==dab :
10          맞은개수 += 1
11          print("맞췄습니다.")
12      else :
13          print("땡! 틀렸습니다.")
14  print("\n당신의 점수는 %d점입니다." % (맞은개수*20))
```

시간 제한을 두고 점수 부여하기

시간 제한을 두어 2초 안에 답을 맞추었을 때만 맞는 것으로 수정하고자 한다. 구구단의 답을 맞췄더라도 입력한 시간이 2초를 초과하였으면 "답을 맞췄으나 시간이 초과되었습니다."라고 안내하고 틀린 것으로 감점 처리하는 것이다.

우선 아래의 코드를 수행하여 사용자가 답을 입력하는데 걸리는 시간을 측정하는 방법을 배워보자.

```python
01  import time
01
02  startTime = time.time()
03  name = input("당신의 이름을 영어로 입력하세요: ")
04  endTime = time.time()
05  dTime = endTime - startTime
06  print("영어 이름을 입력하는데 %.2f초 걸렸습니다." % dTime)
```

```
당신의 이름을 영어로 입력하세요: hong gil dong
영어 이름을 입력하는데 5.31초 걸렸습니다.
```

아래 코드는 2초의 시간 제한을 설정한 소스코드이다. 앞의 코드에 빨간색으로 된 부분만 추가되었으므로 추가된 부분만 확인해보자.

```
01  import random
02  import time
03
04  맞은개수 = 0
05  for t in range (5) :
06      a = random.randint(2,9)
07      b = random.randint(1,9)
08      dab = a * b
09      startTime = time.time()
10      n = int(input("\n[문제%d] %d x %d = " % (t+1,a,b)))
11      endTime = time.time()
12      dTime = endTime - startTime
13      if n==dab :
14          if dTime<=2 :                        # 시간제한: 2초
15              print("시간내에 맞췄습니다.")
16              맞은개수 += 1
17          else :
18              print("답을 맞췄으나 시간이 초과되었습니다.")
19      else :
20          print("땡! 틀렸습니다.")
21  print("\n당신의 점수는 %d점입니다." % (맞은개수*20))
```

14번~18번 라인에서 사용자가 답을 맞춘 경우 입력한 시간이 2초 이내인가 그렇지 않은가를 판단하여 2초 이내에 맞춘 경우만 맞은 개수가 증가되도록 하였다. 답을 쳤더라도 시간이 2초를 초과한 경우 "맞췄으나 시간이 초과하였습니다."라고 안내하고 틀린 것으로 간주하도록 하였다.

문제 정의

어떤 양의 정수 N을 입력 받아 1부터 N까지의 자연수 중에서 소수(Prime number)들을 모두 찾아 출력하고, 그 소수들의 개수와 합계를 구하는 프로그램을 만들어보자. 위 문제는 복잡해보이지만 작은 문제들로 분해하여 한 단계 한 단계씩 해결해보자.

소수 이해하기

어떤 정수가 소수(Prime number)인지 파악하는 프로그램을 만들어보자. 여기서 소수(Prime number)란 1을 제외한 자연수 중에서 1과 자기 자신만으로 나누어지는 수이다. 다시 말하면 약수가 1과 자기 자신으로 2개인 양의 정수이다.

> 소수: 1과 자기 자신만으로 나누어지는 양의 정수

10보다 작은 정수에 대해서 각 정수가 소수인지 아닌지 아래와 같이 판단해볼 수 있다. 약수가 1과 자기 자신, 즉 2개 이면 소수이다. 반면에 나누어지는 수가 3개 이상이면 소수가 아니라고 판단할 수 있다. 1은 소수가 아니므로 제외하고 2부터 10까지의 정수에 대하여 정리하였다.

정수	나누어지는 수(약수)	소수 여부
2	1, 2	소수
3	1, 3	소수
4	1, 2, 4	소수아님
5	1, 5	소수
6	1, 2, 3, 6	소수아님
7	1, 7	소수
8	1, 2, 4, 8	소수아님
9	1, 3, 9	소수아님
10	1, 2, 5, 10	소수아님

소수인지 판단하기

그럼 어떤 정수를 입력 받아 그 정수가 소수인지 아닌지 판단하는 프로그램을 만들어보자.

아래는 while 반복문을 사용하여 작성된 소스코드이다.

```
01  n = int(input("어떤 수를 판별해줄까요? "))
02  success = True
03  t=2
04  while t<n :
05      if n%t == 0 :
06          success = False
07          break
08      t += 1
09
10  if success == True :
11      print("소수 입니다.")
12  else :
13      print("소수가 아닙니다.")
```

for 문을 사용한다면 좀 더 간결하게 표현될 수 있다

```
01  n = int(input("어떤 수를 판별해줄까요? "))
02  success = True
03  for t in range (2, n, 1) :
04      if n%t == 0 :
05          success = False
06          break
07
08  if success == True :
09      print("소수 입니다.")
10  else :
11      print("소수가 아닙니다.")
```

else 문장을 사용하여 간결하게 표현하기

for ~ else 문을 사용하면 더 간결하게 표현될 수 있다. else 문은 for 문이 중간에 종료되지 않고 종료 조건까지 모두 반복되는 경우 실행된다. 즉, break 문으로 반복문이 종료된 경우에는 else 문장이 실행되지 않는다.

```
01  n = int(input("어떤 수를 판별해줄까요? "))
02  for t in range (2, n, 1) :
03      if n%t == 0 :
04          print("%d는 %d로도 나누어지므로 소수가 아닙니다." % (n,t))
05          break
06  else :
07          print("%d는 소수입니다." % n)
08          print("1과 자기자신 %d로만 나누어집니다." % n)
```

함수를 사용하여 간결하게 표현하기

소수를 분별하는 기능을 함수로 구현해보자.

```
01  def 소수판별함수(n) :
02      success = True
03      for t in range(2, n, 1) :
04          if n%t == 0 :
05              return False
06      return True
07
08  n = int(input("어떤 수를 판별해줄까요? "))
09  result = 소수판별함수(n)
10  if result==True :
11      print("소수입니다.")
12  else :
13      print("소수가 아닙니다.")
```

50까지의 정수 중에서 소수 모두 출력하기

1부터 50까지의 모든 정수에 대하여 소수를 찾아보자. 그리고 찾은 소수들의 합을 구해보자.

```
01  def 소수판별함수(n) :
02      success = True
03      for t in range(2, n, 1) :
04          if n%t == 0 :
05              return False
06      return True
07
08  소수개수 = 0
```

```
09  합계 = 0
10  for t in range (2, 51, 1) :
11      if 소수판별함수(t)==True :
12          print("%d는 소수입니다." % t)
13          소수개수 += 1
14          합계 += t
15
16  print("소수개수: ", 소수개수)
17  print("모든 소수의 합계: ", 합계)
```

```
2는 소수입니다.
3는 소수입니다.
5는 소수입니다.
7는 소수입니다.
11는 소수입니다.
13는 소수입니다.
17는 소수입니다.
19는 소수입니다.
23는 소수입니다.
29는 소수입니다.
31는 소수입니다.
37는 소수입니다.
41는 소수입니다.
43는 소수입니다.
47는 소수입니다.
소수개수: 15
모든 소수의 합계: 50
```

아래와 같이 두 양의 정수(자연수)의 최대공약수를 구하는 문제를 해결해보자.

```
두 정수에 대한 최대공약수를 구합니다.
작은 수 입력: 120
큰 수 입력: 860
120과 860의 최대공약수는 20 입니다.
```

```
두 정수에 대한 최대공약수를 구합니다.
작은 수 입력: 12345644
큰 수 입력: 29857347738
12345644와 29857347738의 최대공약수는 2 입니다.
```

상식적인 방법, 즉 2부터 시작하여 두 수 중 작은 수까지의 모든 정수들에 대하여 나누어보는 방식을 사용해보자. 2부터 시작하여 작은 수까지 1씩 증가해가면서 점검한다. 아래는 while 반복문을 사용하여 완성한 코드이다.

```
01  print("두 정수에 대한 최대공약수를 구합니다.")
02  n1 = int(input("작은 수 입력: "))
03  n2 = int(input("큰 수 입력: "))
04  gcd = 1
05  t = 2
06  while t <= n1 :
07      if (n1%t==0) and (n2%t==0) :
08          gcd = t
09      t += 1
10  print("%d와 %d의 최대공약수는 %d 입니다." % (n1, n2, gcd))
```

아래는 for문을 사용한 소스코드이다.

```
01  print("두 정수에 대한 최대공약수를 구합니다.")
02  n1 = int(input("작은 수 입력: "))
03  n2 = int(input("큰 수 입력: "))
04  gcd = 1
05  for t in range (2, n1+1, 1) :
06      if (n1%t==0) and (n2%t==0) :
07          gcd = t
08  print("%d와 %d의 최대공약수는 %d 입니다." % (n1, n2, gcd))
```

12.7 최대공약수 구하기(유클리디안)

이번에는 최대공약수를 유클리드가 제안한 유클리드 알고리즘으로 최대 공약수를 구해보자. 수학 시간에는 보통 유클리드 호제법이라고 부른다. 고대 그리스의 수학자인 유클리드(Euclid, BC365~BC275)는 기원전 300년경 유클리드 호제법(Euclidean algorithm)을 개발하였다. 그가 개발한 방식을 사용하면 두 자연수의 최대공약수를 상식적인 방법(반복하는 방식)보다 훨씬 빠르고 간단하게 구할 수 있다.

알고리즘 (자연어 방식)
입력: 두 양의 정수 a, b 출력: 최대공약수 (단계1): 두 개의 자연수 a, b를 입력 (단계2): 만일 a== b 이면 a를 출력하고 종료 (단계3): a > b 인가 판단한다. 　(단계3-1): 참이면 a = a - b 　(단계3-2): 거짓이면 b = b - a (단계4): 단계 1로 이동한다.

알고리즘 (순서도 방식)
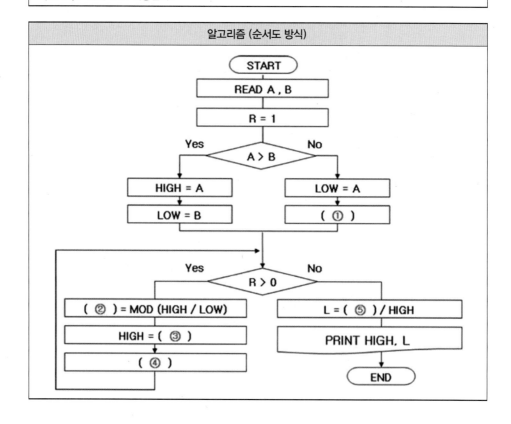

알고리즘을 활용한 코딩

알고리즘 (자연어 방식)	파이썬 코딩

입력: 두 양의 정수 a, b
출력: 최대공약수
(단계1): 두 개의 자연수 a, b를 입력
(단계2): 만일 a== b 이면 a를 출력하고 종료
(단계3): a > b 인가 판단한다.
　(단계3-1): 참이면 a = a − b
　(단계3-2): 거짓이면 b = b − a
(단계4): 단계 1로 이동한다.
	```a = int(input("두 수 중 작은 수 A: "))```
	```b = int(input("두 수 중 큰 수 B: "))```
	```while 1:```
	``` if a==b :```
	``` print("최대공약수: ", a)```
	``` break```
	``` else :```
	``` if a>b :```
	``` a = a − b```
	``` else :```
	``` b = b − a```
	```print("종료합니다.")```

유클리드 알고리즘을 사용하여 최대공약수를 구하는 소스코드이다.

```
01  a = int(input("두 수 중 작은 수 A: "))
02  b = int(input("두 수 중 큰 수 B: "))
03  while 1:
04      if a==b :
05          print("최대공약수: ", a)
06          break
07      else :
08          if a>b :
09              a = a − b
10          else :
11              b = b − a
12  print("종료합니다.")
```

- 알고리즘 없이 이런 프로그램을 만들 수 있을까?

- 코딩을 하는데 있어 알고리즘을 표현하는 것은 왜 중요할까?

최대공약수 알고리즘의 비교 분석

두 알고리즘의 수행시간을 비교하는 소스코드이다.

```python
01  import time
02  def GcdAlgo1(n1, n2) :                        #상식적 방식
03      gcd = 1
04      for t in range (2, n1+1, 1) :
05          if (n1%t==0) and (n2%t==0) :
06              gcd = t
07      return gcd
08
09  def GcdAlgo2(a, b) :                          #유클리디안 방식
10      while 1:
11          if a==b :
12              return a
13              break
14          else :
15              if a>b: a = a - b
16              else: b = b - a
17
18  a = int(input("두 수 중 작은 수 A: "))
19  b = int(input("두 수 중 큰 수 B: "))
20  sTime1 = time.time()
21  result1 = GcdAlgo1(a, b)
22  eTime1 = time.time() ; dTime1 = eTime1 - sTime1
23
24  sTime2 = time.time()
25  result2 = GcdAlgo2(a, b)
26  eTime2 = time.time() ; dTime2 = eTime2 - sTime2
27
28  print("알고리즘1: 결과값 %d, 수행시간 %.5f" % (result1, dTime1))
29  print("알고리즘2: 결과값 %d, 수행시간 %.5f" % (result2, dTime2))
```

12.9 피보나치 수열 구하기

문제 이해하기

아래 수의 나열에서 100번째 수는 몇일까? 200번째 수는 몇 일까?

아래와 같은 방식으로 실행되는 프로그램을 만들어보고자 한다.

```
피보나치 수열의 몇 번째 값을 구해줄까요? 20
피보나치 수열 20번째 값: 6765

피보나치 수열의 몇 번째 값을 구해줄까요? 30
피보나치 수열 30번째 값: 832040

피보나치 수열의 몇 번째 값을 구해줄까요? 40
피보나치 수열 40번째 값: 102334155
```

이 문제를 해결할 수 있는 방법(아이디어)은 여러 가지가 있다.

- **아이디어1**: 앞의 2개 숫자를 계속 더해가는 반복적 방식으로 해결하기
- **아이디어2**: 재귀적 수식을 적용하여 재귀적 방식으로 해결하기
- **아이디어3**: 수학공식을 사용하여 해결하기

해결 방법을 구체화한 것이 알고리즘이며 알고리즘마다 효율이 다르다. 알고리즘은 실행시간에 대한 평가, 사용되는 메모리 크기에 대한 평가로 알고리즘의 효율을 평가할 수 있다. 시간에 대한 평가를 시간복잡도(Time Complexity) 평가라고 하며, 메모리 공간에 대한 평가를 공간복잡도(Space Complexity) 평가라고 한다.

반복적 방식의 알고리즘 활용

피보나치 수열의 10번째 값까지 구한 후 전체를 출력하는 소스코드이다.

```
01  fibo = [1, 1]
02  index = 2
03
04  while index<=10 :
05      fibo.append(fibo[index-1] + fibo[index-2])
06      index += 1
07
08  print(fibo)                          # 리스트 전체를 출력해줍니다.
```

100번째 까지 구해둔 후 n을 입력 받아 피보나치 값을 알려주는 소스코드이다.

```
01  fibo = [1, 1]
02
03  index = 2
04      while index<=100 :
05      fibo.append(fibo[index-1] + fibo[index-2])
06      index += 1
07
08  n = int(input("피보나치 수열의 몇 번째 값을 구해줄까요? "))
09  result = fibo[n-1]
10  print("피보나치 수열 %d번째 값: %d" %(n, result))
```

한 번 물어보고 끝나는 것이 아니라 계속 실행하는 소스코드이다.

```
01  fibo = [1, 1]
02
03  index = 2
04  while index<=100 :
05      fibo.append(fibo[index-1] + fibo[index-2])
06      index += 1
07
08  while True :
09      n = int(input("피보나치 수열의 몇 번째 값을 구해줄까요? "))
10      result = fibo[n-1]
11      print("피보나치 수열 %d번째 값: %d \n" %(n, result))
```

재귀적인 방법의 알고리즘

피보나치 수열은 아래의 수식으로 표현될 수 있다. 이 수식은 자기 자신을 다시 불러서 사용하고 있는데 이러한 방식을 재귀적 함수라고 한다.

$$f(n) = f(n - 1) + f(n - 2)$$

재귀적 알고리즘 (Pseudo Code)	파이썬으로 코딩

`Algorithm fibo (integer n)`
`Begin`
`  if (==1)`
`      return 1`
`  else if (n==2)`
`      return 1`
`  else`
`      return fibo(n-1) + fibo(n-2)`
`End`
	`01  def fibo(n) :`
	`02      if n==1 or n==2:`
	`03          return 1`
	`04      else :`
	`05          return fibo(n-1) + fibo(n-2)`
	`06`
	`07  while 1 :`
	`08      n = int(input("피보나치 N: "))`
	`09      fb = fibo(n)`
	`10      print("피보나치(%d): %d " % (n, fb))`

수학적 방식의 알고리즘

수학자가 도출한 공식도 하나의 알고리즘이라고 볼 수 있다.

$$f(n) = \frac{1}{\sqrt{5}}\left(\frac{1 + \sqrt{5}}{2}\right)^n - \frac{1}{\sqrt{5}}\left(\frac{1 - \sqrt{5}}{2}\right)^n$$

위 알고리즘(수학 공식)에 기초하여 작성한 소스코드이다.

```
01  import math
02
03  while 1 :
04      n = int(input("양의 정수 N: "))
05      result1 = 1/math.sqrt(5) * math.pow((1+math.sqrt(5))/2, n)
06      result2 = 1/math.sqrt(5) * math.pow((1-math.sqrt(5))/2, n)
07      result = result1 - result2
08      print("답은: %d " % result)
```

이런 프로그래밍을 하기 위해 여러분이 수학을 아주 잘 할 필요는 없다. 위의 공식을 스스로 만들어낼 필요도 없다. 누가 만들어 놓은(이미 증명된) 알고리즘, 수식을 가져다 사용하면 된다. 따라서 수학 공부를 하면서 과거에 수학자들이 어떤 것을 이미 증명해두었는가 알아둘 필요가 있다.

```
양의 정수 N: 10
답은: 55
양의 정수 N: 20
답은: 6765
양의 정수 N: 30
답은: 832040
양의 정수 N: 50
답은: 12586269025
양의 정수 N: 100
답은: 354224848179263111168
```

math 라이브러리 활용하기

학습목차

13.1 math 라이브러리를 활용하는 방법

13.2 math 라이브러리에 저장되어 있는 상수들

13.3 반올림, 내림 등의 기능과 math 라이브러리에 저장되어 있는 상수들 활용하기

13.4 삼각함수 자세히 살펴보기

13.5 로그 함수 자세히 살펴보기

13.6 건물의 높이 구하기 문제

13.7 이차 방정식의 해를 구하는 문제(근의 공식)

13.8 각도에 따른 Sine 함수의 값 변화 확인하기

math 라이브러리를 활용하는 방법

프로그래밍을 하다보면 수학 시간에 배웠던 수식들, 함수들을 사용하는 상황을 종종 만나게 된다. 분야에 따라서는 수학관련 공식이 많이 활용될 수도 있다. 그러나 너무 겁먹을 필요는 없다. 여러분이 파이썬을 잘 배우면 번거로운 계산은 파이썬을 통해 컴퓨터에게 시키면 된다. 또한 삼각함수, 로그함수, 지수함수 등 수학에서 사용되는 많은 함수들이 math라는 기본 모듈에 포함되어 있기 때문에 math 모듈을 사용하면 간단히 해결할 수 있다.

math 모듈을 활용하기 위해서는 `import` 키워드를 사용하여 math 모듈을 임포트 해야 한다. 그 후에 math 모듈에 속한 함수들을 아래의 방식으로 사용할 수 있다.

코드 방식	설명
import math	math 모듈(라이브러리)를 임포트한다.
math.수학함수(파라미터)	math 모듈(라이브러리)에 포함된 함수를 사용한다.

파이썬에서 math 모듈을 임포트한 후 사인, 코사인, 루트, 로그 등의 함수를 적용하는 명령들을 실습해보자. 정확한 사용법은 뒤에서 차차 배울 것이지만 대략적인 이해를 위해 실습해보자.

```
>>>  import math                      # math 수학 라이브러리를 임포트한다.
>>>
>>>  math.sin(0)                      # 삼각함수 sine 0의 값을 구한다.
>>>  math.cos(0)                      # 삼각함수 cosine 0의 값을 구한다.
>>>  math.sqrt(5)                     # 루트 5의 값을 구한다(제곱근 5)
>>>  math.log(10)                     # 로그 10의 값을 구한다.
```

위의 예시와 같이 "math .(점) 함수명" 형식으로 사용할 수도 있지만 math라고 모듈 이름을 반복적으로 입력하는 것이 귀찮다면 아래와 같이 "import math as m"으로 하여 math의 별명(별칭)으로 m을 간단하게 사용할 수 있다.

```
>>>  import math as m
>>>  m.sin(0)
>>>  m.cos(0)
>>>  m.sqrt(5)
>>>  m.log(10)
```

자주 사용하는 상수 값들은 **math** 라이브러리에 저장되어 있다. 여러분은 상수를 암기할 필요 없이 아래와 같이 사용할 수 있다. 자연지수 e값은 공학분야에서는 많이 사용되는데 아마도 기억하지 못하는 경우도 많을 것이다. 아래와 같이 **math.e** 값으로 활용할 수 있다.

```
>>>   import math
>>>   math.pi                           # 파이 값  3.141592…
>>>   math.e                            # 자연지수 값  2.718281…
>>>   math.tau                          # 2*파이 값  6.283185…
>>>   math.inf                          # 무한대 값
```

반지름이 5인 원의 둘레와 넓이를 구해보자. **math** 모듈에 등록되어 있는 원주율 (pi) 값을 사용하여 계산해보자. 여러분이 3.141592…으로 된 원주율(파이) 값을 기억할 필요가 없어 편리하다.

```
01  import math
02
03  radius = float(input ("반지름 입력: "))
04  원의둘레 = 2 * radius * math.pi
05  원의넓이 = radius ** 2 * math.pi
06  print("원의 둘레: ", 원의둘레)
07  print("원의 넓이: ", 원의넓이)
```

무한대 값을 활용하는 계산 방법이다.

```
>>>   import math
>>>
>>>   100 / math.inf                    # 100을 무한대로 나누기
>>>   10000 / math.inf                  # 10000을 무한대로 나누기
>>>   2*math.inf / math.inf             # 2*무한대 / 무한대
```

반올림, 내림 등의 기능과 math 라이브러리에 저장되어 있는 상수들 활용하기

수학에서 자릿수를 조정할 때 자주 사용하는 함수들이다. 반올림, 올림, 내림, 버림에 대한 기능을 해준다. 내림과 버림은 결과적으로 같은 역할을 한다.

기능	함수명	코드 예시(n = 1.3579)	결과
반올림	round ()	math.round(n) math.round(n, 2)	1 1.36
올림	ceil ()	math.ceil(n)	2
내림	floor ()	math.floor(n)	1
버림	trunc ()	math.trunc(n)	1

절대값, 거듭제곱, 루트 등의 함수들을 아래에 정리하였다. sqrt 함수는 루트 값을 구하는 함수인데, "square root"에서 지어진 이름이다.

기능	함수명	코드 예시	결과
절대값	fabs()	math.fabs(-5.7)	5.7
거듭제곱	pow()	math.pow(2, 10)	2의 10승
팩토리얼	factorial()	math.factorial(5)	120 (1*2*3*4*5)
최대공약수	gcd()	math.gcd(10, 15)	5
제곱근	sqrt()	math.sqrt(5)	루트 5의 값

sqrt() 함수를 사용하여 제곱근(루트)의 값을 계산할 수 있다. 그러면 세제곱근, 네제곱근 등 n제곱근의 값은 어떻게 계산할까? math 모듈에서 세제곱근, 네제곱근 등은 함수를 제공하지 않는다. 그러나 잘 생각해보면 제곱근 값은 함수를 사용하지 않아도 기본 연산자를 통해서 쉽게 계산할 수 있다.

기능	설명	코드
세제곱근 5	5의 1/3 승	5 ** (1/3)
네제곱근 5	5의 1/4 승	5 ** (1/4)
n제곱근 5	5의 1/n 승	5 ** (1/n)

삼각함수 자세히 살펴보기

앞의 예제에서 간단히 삼각함수 사인, 코사인 함수를 사용하는 예제를 살펴보았다.
좀 더 정확하게 삼각함수 사용법을 배워보자.

기능	함수명	코드 예시
라디안 값 변환 함수	radians()	radians(180)
일반 각도 값 변환 함수	degrees()	degrees(math.pi)
사인 함수	sin()	sin(radians(30))
코사인 함수	cos()	cos(radians(30))
탄젠트 함수	tan()	tan(radians(30))
아크 사인 함수	asin()	asin(0.5)
아크 코사인 함수	acos()	acos(0.5)
아크 탄젠트 함수	atan()	atan(0.5)

Sine 30도의 값을 구할 경우 math.sin(30)을 입력하면 원하는 값을 얻을 수 없다.
math.sin(radians(30))의 형태로 30을 라디안 값으로 변경한 후 입력해야 한다.
본 책은 수학 교재가 아니기 때문에 **radian** 값, **degress** 값의 의미, 원리는 전혀
이해할 필요가 없다. 그냥 사용법만 익혀두면 된다.

로그함수 자세히 살펴보기

앞의 예제에서 간단히 로그함수를 사용하는 코드를 살펴보았다. 로그 관련된 다양한 함수들을 자세히 배워보자.

기능	함수	의미	코드 예시
로그함수	log(p)	loge p	math.log(1000)
밑이 2인 로그함수	log2(p)	log2 p	math.log2(1024)
밑이 10인 로그함수	log10(p)	log10 p	math.log10(1000)
밑이 n인 로그함수	log(p, n)	logn p	math.log(1000, 10)

같은 기능이라도 아래와 같이 다르게 표현할 수 있음을 참고하자.

- log(16) = log(16, math.e)
- log2(16) = log(16, 2)
- log10(1000) = log(1000, 10)

건물의 높이 구하기 문제

아래는 수평으로 멀리 떨어져 있는 건물의 높이를 계산하는 프로그램이다.

```python
01  import math
02
03  angle = int(input("각도?"))
04  dist = int(input("거리?"))
05
06  h = dist * math.tan(math.radians(angle))
07  print("건물의 높이는 %.2f m 입니다." % h)
```

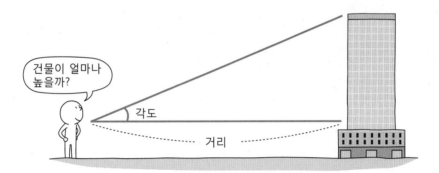

이차 방정식의 해를 구하는 문제(근의 공식)

근의 공식을 활용하여 2차 방정식의 해를 구하는 문제를 해결해보자.

$$x = \frac{-b \pm \sqrt{b^2 - 4ac}}{2a}$$

```
01  import math
02
03  a = int(input("a 값? "))
04  b = int(input("b 값? "))
05  c = int(input("c 값? "))
06  판별식 = b**2 - 4*a*c
07  해1 = (-b + math.sqrt(판별식)) / (2*a)
08  해2 = (-b - math.sqrt(판별식)) / (2*a)
09
10  print("해1: ", 해1)
11  print("해2: ", 해2)
```

그러나 위의 소스코드는 보완될 필요가 있다. 2차 방정식의 경우 해가 항상 2개인 것이 아니라 판별식 $D(b^2 - 4ac)$에 따라 아래와 같이 해가 2개인 경우, 1개인 경우, 없는 경우로 나누어지기 때문이다.

- D > 0: 해가 2개
- D = 0: 해가 1개
- D < 0: 해가 없음.

판별식의 값의 범위를 고려하여 수정된 소스코드는 아래와 같다.

```
01  import math
02
03  a = int(input("a 값? "))
04  b = int(input("b 값? "))
05  c = int(input("c 값? "))
06  판별식 = b**2 - 4*a*c
07
08  if 판별식 <0 :
09      print("해가 없습니다.")
10  elif 판별식 == 0 :
```

```
11    print("해가 1개 입니다.")
12    print("해: %.2f" % (-b/2*a))
13 elif 판별식 > 0 :
14    해1 = (-b + math.sqrt(판별식)) / (2*a)
15    해2 = (-b - math.sqrt(판별식)) / (2*a)
16    print("해1: %.2f, 해2: %.2f" %(해1,해2))
```

각도에 따른 Sine 함수의 값 변화 확인하기

아래와 같이 Sine 함수의 값을 출력하여 확인하고자 한다. 각도를 0도부터 180도까지 15도씩 증가시키면서 사인함수의 값을 출력하도록 할 것이다.

```
각도:   0, 사인값: 0.00
각도:  15, 사인값: 0.26
각도:  30, 사인값: 0.50
각도:  45, 사인값: 0.71
각도:  60, 사인값: 0.87
각도:  75, 사인값: 0.97
각도:  90, 사인값: 1.00
각도: 105, 사인값: 0.97
각도: 120, 사인값: 0.87
각도: 135, 사인값: 0.71
각도: 150, 사인값: 0.50
각도: 165, 사인값: 0.26
각도: 180, 사인값: 0.00
```

참고로 math 모듈의 sin 함수를 호출할 때 파라미터 값으로 각도 값을 직접 입력하면 올바른 값을 얻을 수 없다. sin 함수는 라디안 값을 입력으로 요구하기 때문에 radians 함수를 사용하여 각도 값을 넣어주어야 한다.

완성된 소스코드는 아래와 같다.

```
01  import math as m
01
02  for t in range (0, 181, 15) :
03      val = m.sin(m.radians(t))
04      print("각도: %3d, 사인값: %.2f" % (t, val))
```

앞에서 배운 turtle 모듈을 사용하여 위의 소스코드를 통해 얻은 값을 반영한 그래프를 그릴 수 있다. 여러분 스스로 그래프를 그려보자.

문자열 활용하기

학습목차

14.1 문자열의 기본

14.2 대소문자 변환하기

14.3 문자열의 내용을 확인하는 함수

14.4 불필요한 공백 제거하기

14.5 부분적으로 변경하기

14.6 문자열 인덱스 활용하기

14.7 문자열 슬라이싱

14.8 거꾸로 인덱스 슬라이싱

14.9 주민등록번호 해석하기(2000년 이전 출생자)

14.10 주민등록번호 해석하기(2000년 이후 출생자)

14.11 특정 단어 검색하기

14.12 문자열 쪼개기와 붙이기

14.13 응용문제: input 함수로 두 개 이상의 값 입력받기

14.14 문자열과 반복문

본 장에서는 문자열(String) 객체를 활용하는 방법에 대해서 자세히 살펴보겠다. 최근 데이터 분석, 데이터 사이언스 분야가 관심을 많이 받고 있다. 특히 웹 자료, 뉴스기사, SNS 등 많은 데이터들이 텍스트를 중심으로 생성되기 때문에 문자열 객체는 이러한 분야에서 유용하게 활용될 수 있다.

14.1 문자열의 기본

문자열 생성

문자열에 대해 앞에서 배운 내용을 다시 한번 정리해보자. 문자열은 기본적으로 따옴표로 열고 닫는 방식으로 생성한다. 따옴표는 작은따옴표 혹은 큰따옴표로 묶어 생성한다.

```
>>> str1 = "Hello"                        # 큰따옴표 사용
>>> str2 = 'Python'                        # 작은따옴표 사용
>>> str1
    'Hello'
>>> str2
    'Python'
```

여러 줄의 텍스트를 생성하는 경우에는 따옴표 세개를 연달아 입력하는 방식으로 지정한다. 작은따옴표, 큰따옴표 모두 사용 가능하다. 아래 예제에서는 작은따옴표 3개를 사용하는 방식으로 3줄의 텍스트를 지정하고 출력하였다.

```
>>> long = '''Hello Python,
    My name is Gildong.
    Nice to meet you'''
>>> long
    'Hello Python,\nMy name is Gildong.\nNice to meet you'
>>> print(long)
    Hello Python,
    My name is Gildong.
    Nice to meet you
```

앞에서 따옴표 세개는 주석처리(설명문)할 때 사용 한다고 공부하였다. 그러나 이렇게 문자열에서 사용할 때에는 주석으로 처리되지 않는다.

문자열의 길이와 크기

생성된 문자열의 길이를 구해보자. len 함수를 사용하여 아래와 같이 쉽게 구할 수 있다. len 함수는 length라는 단어를 줄여서 이름이 지어졌으며 파라미터로 입력된 문자열의 길이를 리턴한다.

```
>>>  text = "Hello Python"
>>>  len(text)
     12
```

한글의 경우도 테스트해보자. 아래의 코드를 실행해보면 7이라는 결과를 얻는다. 한글 6글자와 공란 1글자를 포함하여 7이 되는 것이다.

```
>>>  text = "파이썬 반가워"
>>>  len(text)
     7
```

주의 할 점은 len 함수를 통해 얻은 숫자 값이 메모리 저장 공간의 바이트 수를 의미하는 것이 아니라는 것이다. 즉 글자가 7개란 의미이지 7 byte를 사용한다는 것은 아니다. 일반 유니코드(Unicode) 방식의 경우 한글은 2 byte를 사용하며, utf-8 유니코드를 사용하는 경우 한글은 3 byte를 사용하기 때문에 실제로 사용되는 저장 공간(메모리 크기)는 7이 아님을 참고하자.

실제 메모리에서 사용하는 크기를 확인하기 위해서는 sys 모듈을 임포트하여 그 모듈에서 지원하는 getsizeof라는 함수를 사용해야 한다. 아래의 명령을 수행해 보자. 1글자가 늘어날수록 1 byte의 크기가 더 할당됨을 확인할 수 있다. 빈 문자열 객체의 크기는 25이며 영어 한문자는 1 byte가 사용된다.

```
>>>  import sys
>>>  str1 = "abc"
>>>  str2 = "abcd"
>>>  str3 = "abcde"
>>>  sys.getsizeof(str1)
     28
>>>  sys.getsizeof(str2)
     29
>>>  sys.getsizeof(str3)
     30
```

대소문자 변환하기

문자열 객체는 많은 유용한 함수들을 제공한다. 그 중에서 대문자, 소문자에 관련된 간단히 활용할 수 있는 몇 개의 함수들을 살펴보자.

문자열에서 영어 알파벳이 대문자와 소문자가 섞여 있는 경우가 있다. 때에 따라 전체를 소문자로 변환하거나 또는 반대로 모두 대문자로 변환해야 할 경우가 있는데 아래의 함수들로 간단히 해결할 수 있다.

- **lower 함수**: 모두 소문자로 변환한 문자열을 만든다.
- **upper 함수**: 모두 대문자로 변환한 문자열을 만든다.
- **capitalize 함수**: 첫 문자를 대문자로 나머지는 소문자로 변환한 문자열을 만든다.

아래의 예제를 통해 lower 함수와 upper 함수를 실습해보자. "Hello Python" 문자열을 소문자 및 대문자로 변환하여 출력하는 예제이다.

```
>>> text = "Hello Python"
>>> small = text.lower()
>>> small
    'hello python'
>>> large = text.upper()
>>> large
    'HELLO PYTHON'
```

capitalize 함수를 실습해보자. 이 함수는 문자열의 첫 문자는 대문자로 그 외의 모든 문자는 소문자로 변환한다.

```
>>> text = "hello PYTHON"
>>> cap = text.capitalize()
>>> print(cap)
    'Hello python'
```

아래의 명령들을 수행했을 때 어떤 내용이 출력될지 예상해보자. lower 함수를 호출하였지만 출력된 문자열에는 변화가 없다. 앞에서 배울 대부분의 함수들은 자기 자신을 변화시키지 않기 때문에 text = text.lower() 형식으로 변환한 결과를 자신에게 다시 입력해야 주어야 한다.

```
>>> text = "hello PYTHON"
>>> text.lower ()
>>> print(text)
```

문자열의 내용을 확인하는 함수

다양한 문자열 점검 함수들

파이썬은 문자열에 포함된 내용이 숫자인지, 텍스트인지, 대문자인지, 소문자인지 등 그 내용을 확인하는 다양한 함수들을 제공한다. 이런 종류의 함수들을 아래에 정리하였다. 이 함수들의 이름은 is라는 단어로 시작된다.

함수명	점검 내용	예시
isdecimal	십진수(decimal)인가? 즉, 정수인가?	`"2002".isdecimal()`
isalpha	영어, 한글 등의 글자로만 구성되었는가?	`"abc".isalpha()`
isalnum	문자와 숫자로만 구성되었는가?	`"abc100".isalnum()`
isascii	ASCII(아스키) 코드에 포함되는 문자들인가?	`"abc".isascii()`
isidentifier	식별자(변수이름)로 사용 가능한가?	`"abc".isidentifier()`
islower	모든 문자가 소문자로 구성되었는가?	`"hello".islower()`
isupper	모든 문자가 대문자로 구성되었는가?	`"PYTHON".isupper()`

이 외에도 `isprintable`, `isspace`, `istitle` 등의 함수가 있다는 점을 알아두자. 파이썬을 공부하는 과정에서 이 모든 함수의 기능을 정확히 이해하는 것은 큰 의미가 없으므로 위 표에 모두 정리하지는 않았다.

입력된 문자열이 정수인가를 판단해야 하는 경우가 많다. 그 경우 `isdecimal` 함수를 사용할 수 있다. 아래의 명령을 쉘 모드에서 실행해보자. `isdecimal`과 기본적으로 같은 기능을 하는 함수로 `isnumeric`, `isdigit` 함수가 있다. 숫자에 관련된 특수문자를 처리한다는 점에서 차이가 있지만 이 차이를 아는 것은 큰 의미가 없다. 정수인지 판단할 때는 `isdecimal` 함수를 사용하면 된다고 기억해두자.

```
>>> text = "2002"
>>> text.isdecimal()              # 십진수(정수)인가?
    True
>>> text.isalpha()                # 글자로만 구성되었나?
    False
>>> "abc".isalpha()               # 글자로만 구성되었나?
    True
```

다음은 대소문자에 관련된 함수들을 점검하는 예제이다.

```
>>> text = "hello python"
```

```
>>> text.islower()                          # 소문자로만 구성되었나?
    True
>>> text.isupper()                          # 대문자로만 구성되었나?
    False
```

점검 함수의 활용 예

앞에서 배운 is로 시작하는 문자열 내용 점검 함수들이 실제로 어떻게 활용될 수 있는지 예제를 통해 살펴보자. 앞에서 출생연도를 입력받아 나이를 알려주는 프로그램을 만들어본 기억이 있을 것이다. 그 소스코드는 아래와 같다.

```
01  text = input("출생연도 입력? ")
02  year = int(text)
03  age = 2019 - year + 1
04  print("당신은 %d살입니다." % age)
```

만약 아래 프로그램을 실행시킨 후 출생연도를 입력하는 부분에서 "2002" 형식의 숫자가 아니라 "abcd" 등의 엉뚱한 입력을 하면 어떻게 될까? "abcd"라는 문자열은 정수로 변환될 수 없으며 계산 할 수도 없기 때문에 에러가 발생한다.

```
출생연도 입력? 2002
당신은 18살입니다.

출생연도 입력? abcd
Traceback (most recent call last):
```

위에서 배운 isdecimal 함수를 사용하여 프로그램을 보완해보자. 정수를 입력하였으면 그대로 실행하고, 만약 사용자가 정수를 입력하지 않았다면 입력 오류를 안내하고 종료하도록 수정하였다.

```
01  text = input("출생연도 입력? ")
02  if text.isdecimal() == True :
03      year = int(text)
04      age = 2019 - year + 1
05      print("당신은 %d살입니다." % age)
06  else :
07      print("출생연도 입력 오류입니다.")
```

```
출생연도 입력? abcd
출생연도 입력 오류입니다.
```

식별 함수를 직접 만들어 활용하기

앞에서 배운 문자열의 내용을 판단하는 함수들은 사실 그렇게 유용하지 않다. 아래의 명령을 수행해보면 앞에서 배운 is로 시작하는 식별 함수들의 기능적 한계를 볼 수 있다. isdecimal 함수는 – 부호가 들어가 있으면 십진수로 인식하지 않고 False를 출력한다. 또한 "3.14"가 실수인지 확인할 수 있는 함수가 없다.

```
>>>  "-100".isdecimal()                    # True를 예상하지만 False 출력
     False
>>>  "3.14".numeric()                       # 실수 여부를 파악할 수 없을까?
     False
```

어떤 수가 정수인지, 실수인지, 아니면 숫자(정수와 실수)인지 판별하는 함수가 필요할 수 있지만 파이썬의 문자열 함수에서는 제대로 제공되지 않는다. 따라서 그러한 기능은 여러분이 직접 아래와 같이 함수를 정의하여 활용할 수 있다.

```
01  def is_int(n) :
02      try:
03          int(n)
04          return True
05      except ValueError :
06          return False
07
08  def is_float(n) :
09      try :
10          float(n)
11          return True
12      except ValueError :
13          return False
```

위에서 정의한 함수들을 사용하여 아래와 같이 정수인지, 실수인지 확인할 때 사용할 수 있다. 참고로 is_float 함수의 경우 실수 및 정수에 대하여 모두 True값을 리턴한다.

```
14  print(is_int("2002"))                   # True 출력
15  print(is_int("-2002"))                  # True 출력
16  print(is_float("3.14"))                 # True 출력
17
18  print(is_int("3.14"))                   # False 출력
19  print(is_float("2002"))                 # True 출력
```

불필요한 공백 제거하기

최근 각종 SNS에서 발생하는 텍스트 데이터, 인터넷의 댓글 분석 등을 통한 데이터 사이언스 분석을 수행하는 경우가 많다. 우리가 분석하고자 하는 원래 데이터는 불필요한 공백들을 많이 포함하고 있다. 따라서 분석에 앞서 반복되는 공백들, 불필요한 공백들을 정리하는 전처리 과정을 거쳐야 한다. 이번에는 이러한 공백 정리에 유용한 strip, lstrip, rstrip 등의 함수를 활용하는 방법을 배워보겠다.

양쪽 공백 제거

strip 함수는 문자열의 양쪽 끝에 있는 공란들을 제거해준다. 문자열 중간에 있는 공백들은 영향을 받지 않는다.

```
>>> t1 = " Hello Python "
>>> t2 = t1.strip()
>>> t1
    ' Hello Python '
>>> t2
    'Hello Python'
```

한쪽 공백 제거

strip 함수를 사용하여 문자열의 좌우 끝에 들어있는 공백 문자들을 제거할 수 있다. 만약 양쪽의 공백 문자들을 제거하지 않고, 한쪽만 제거하기를 원한다면 lstrip, rstrip 함수를 사용할 수 있다.

- lstrip 함수는 left-strip의 약자로 왼쪽 공백들만을 지우는 함수이다.
- rstrip 함수는 right-strip의 약자로 오른쪽 공백들만을 지우는 함수이다.

```
>>> t1 = " Hello Python "
>>> t2 = t1.lstrip()
>>> t3 = t2.rstrip()
    t2
>>> 'Hello Python '
    t3
    ' Hello Python'
```

부분적으로 변경하기

replace 함수는 두 개의 파라미터를 입력 받는다. 첫 번째 파라미터에 해당하는 문자열을 모두 찾아서 두 번째 파라미터의 문자열로 변환하여 리턴한다. 아래는 useful을 powerful로 교체하는 명령이다. 그러나 아래의 순서대로 실행해보면 교체가 안된 것을 보게된다. 이유가 무엇인지 어떻게 해결해야 할지 생각해보자.

```
>>> text = "hello useful python"
>>> text.replace("useful", "powerful")
    'hello powerful python'
>>> print(text)
    'hello userful python'                    # 변경되지 않았음
```

위의 2번 라인에서 보면 useful을 powerful로 교체하기 위한 코드이다. 잘 변경된 것 같지만 4번 라인과 같이 다시 한번 print(text)로 출력해보면 실제로는 바뀌지 않은 것을 볼 수 있다.

텍스트의 값이 변경되기 위해서는 아래와 같이 text = text.replace("use-ful", "powerful")과 형식으로 변경해야 한다. 단어를 교체한 후 다시 자기 자신에 대입을 해주어야 함을 주의하자.

```
>>> text = "hello useful python"
>>> text = text.replace("useful", "powerful")
>>> print(text)
    'Hello poweful python'                    # 변경됨
```

- 앞에서 strip 관련 함수들을 사용하여 공백을 제거하는 방법을 공부하였다.
- 만약 문자열에 포함된 모든 공백을 제거하려면 어떤 방법을 사용해야 할지 생각해보자.
- 정보 검색 분야에서 공백을 제거하는 것이 왜 필요할 지 생각해보자.

문자열의 인덱스 이해

문자열은 리스트를 사용했듯이 인덱스를 사용하여 중간에 있는 특정 위치의 문자를 사용할 수 있다. 문자열이 3개의 문자로 구성되어 있기 때문에 인덱스는 0에서 2까지 3개가 사용가능하다. 만약 a[3]를 사용하려고 하면 사용할 수 없는 범위의 인덱스라는 에러가 발생할 것이다.

```
>>>   a = "ABC"
>>>   a[0]
      'A'
>>>   a[1]
      'B'
>>>   a[2]
      'C'
>>>   a[3]                                        # 사용할 수 없는 인덱스
>>>   에러 발생
```

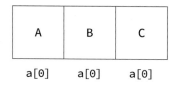

위치 번호(index)는 0부터 시작함을 주의해야 한다. 따라서 리스트에 n개의 항목이 있을 경우 사용할 수 있는 항목은 a[0], a[1], … , a[n-1]이 된다.

```
>>>   print(a[3])
      Traceback (most recent call last):
        File "<pyshell#25>", line 1, in <module>
          a[3]
      IndexError: list index out of range
```

문자열 변수 **text**에 아래와 같은 코드를 사용하여 "HELLO"라는 5개의 문자로 구성된 텍스트를 입력하고, 인덱스를 사용하여 확인해보자.

```
>>>   text = "HELLO"                              # 사용 가능한 인덱스 범위는?
```

문자열 슬라이싱

문자열 슬라이싱(slicing)이란 문자열의 일부분을 쪼개는 것이다. 다른 말로하면 문자열에서 특정 부분만 선택하여 가져오는 것이다. 슬라이싱 기능은 웹 데이터 수집 및 분석에서 매우 유용하게 사용될 것이다. 예를 들어, 특정 웹페이지의 html 정보를 가져와 그 중에 포함된 특정 정보를 가져오는 경우 등에 활용된다.

문자열에서 인덱스를 사용하면 특정 위치의 하나의 문자를 가져올 수 있다. 좀 더 확장하여 문자열에 두 개의 인덱스로 값으로 범위를 지정할 수 있다. 인덱스를 지정하는 방법은 아래와 같다.

> 문자열_변수명 [시작_인덱스N : 끝_인덱스M]

대괄호 안에 콜론을 중간에 두고 좌우에 시작 인덱스와 끝 인덱스를 지정한다. 주의할 점은 str[N:M]이라고 지정하면 인덱스 N부터 시작하여 M-1 인덱스까지 지정되는 것이다. 아래의 명령을 수행해보자.

```
>>> a = "HELLO Python"
```

위의 문자열 a는 아래와 같은 구조와 인덱스로 생성될 것이다.

0	1	2	3	4	5	6	7	8	9	10	11
H	E	L	L	O		P	y	t	h	o	n

그럼 아래의 명령들을 수행하여 슬라이싱의 기능을 이해해보자.

```
>>> a[0]
    'H'
>>> a[0:5]          # 0번에서 (5-1)번, 즉 4번 인덱스까지 (5문자)
    'HELLO'
>>> a[2:4]          # 2번에서 (4-1)번, 즉 3번 인덱스까지 (2문자)
    'LL'
```

문자열 "HELLO Python" 문자열에서 Python을 가져오는 범위를 정해보자.

```
>>> a[6:12]
    'Python'
```

거꾸로 인덱스 슬라이싱

앞에서 문자열에 N개의 문자가 포함될 경우 0, 1, 2, ⋯ , (N-1) 까지의 인덱스를 사용할 수 있음을 배웠다. 파이썬은 이에 추가로 뒤에서부터 (거꾸로) 인덱스를 사용하는 방법도 지원한다. 맨 위의 문자를 -1이며, 뒤에서 2번째는 -2, 뒤에서 3번째는 -3의 방식으로 적용된다.

```
>>> a = "HELLO Python"
```

아래 그림에서 텍스트의 위쪽은 앞에서 시작되는 인덱스이며, 아래는 뒤에서부터 시작되는 인덱스로 마이너스 기호가 붙는다.

0	1	2	3	4	5	6	7	8	9	10	11
H	E	L	L	O		P	y	t	h	o	n
-12	-11	-10	-9	-8	-7	-6	-5	-4	-3	-2	-1

```
>>> a[0:-7]            # -7은 뒤에서 7번째 위치. A[0:5]와 동일함
    'HELLO'
>>> a[-11:-8]          # a[1:4]와 동일함
    'ELL'
```

아직까지는 슬라이싱 기능이나 특히 지금 배운 역으로 인덱싱을 하는 기능의 필요성을 별로 느끼지 못할 수 있다. 그러나 앞에서 언급했던 데이터 사이언스 분석 분야에서 텍스트를 처리하고 활용할 때 필수적으로 사용되는 기능이므로 잘 익혀두길 바란다.

문제 정의

주민번호 앞자리 6자리를 입력 받아 출생연도, 생일, 나이를 출력해주는 프로그램을 작성하시오. 주민번호는 2000년 이전 출생자와 이후 출생자의 형식에 차이가 있다. 이 문제에서는 2000년 이전 출생자의 주민번호를 대상으로 한다.

```
주민번호 앞자리 입력: 860902
당신은 1986 년에 태어났군요.
당신의 생일은 09월 02 일 이군요.
당신은 올해 34 살 이군요
```

주민번호의 구성

주민번호의 앞자리 6자리는 출생년월일에 대한 정보를 담고 있다. 예를 들어, 주민번호가 860902-*******이라면 1986년 9월 2일 출생했음을 의미한다. "860902" 문자열의 구조는 아래와 같다.

0	1	2	3	4	5	← 정방향 인덱스
8	6	0	9	0	2	
−6	−5	−4	−3	−2	−1	← 역방향 인덱스

```
01  code = input("주민번호 앞자리 입력: ")
02
03  y = "19" + code[0:2]
04  m = code[2:4]
05  d = code[4:6]
06
07  age = 2019-int(y)+1
08  print("당신은", y, "년에 태어났군요.")
09  print("당신의 생일은", m, "월", d, "일 이군요.")
10  print("당신은 올해", age, "살 이군요")
```

위의 프로그램을 실행하면 생일 9월 2일이 09월 02일로 표시된다. 앞의 0을 제거하려면 4번 라인에서 슬라이싱한 텍스트에 int 함수를 적용하면 된다. 즉, int(code[2:4])으로 적용하면 숫자 9로 적용된다.

문제 정의

앞의 문제에서 2000년 이전 출생자, 즉 1999년 까지의 출생자에 대한 주민등록번호 앞자리를 사용하여 출생연도와 생일 정보를 생성하였다.

이번에는 2000년 이후 출생자의 주민등록번호를 처리하는 프로그램을 만들어보자. 021225-3****** 주민번호 전체를 입력 받아 출생연도, 생일, 나이, 성별을 출력해주는 프로그램을 만들어보자. 참고로 주민번호의 뒤자리의 맨 앞숫자는 성별을 의미한다. 성별코드는 아래의 표로 해석할 수 있다.

성별 코드	의미
1	1900~1999년에 태어난 남성
2	1900~1999년에 태어난 여성
3	2000~2099년에 태어난 남성
4	2000~2099년에 태어난 여성

0	1	2	3	4	5	6	7	8	9	10	11	12	13	14
8	6	1	2	2	5	-	3	*	*	*	*	*	*	*
-15	-14	-13	-12	-11	-10	-9	-8	-7	-6	-5	-4	-3	-2	-1

```
01  code = input("주민번호 전체 입력: ")
01
02  y = "20" + code[0:2]
03  m = int(code[2:4])
04  d = int(code[4:6])
05  g = int(code[7:8])
06
07  age = 2019 - int(y) + 1
08  print("당신은", y, "년에 태어났군요.")
09  print("당신의 생일은", m, "월", d, "일 이군요.")
10  print("당신은 올해", age, "살 이군요")
11  if g == 3 :
12      print("당신은 남성이군요")
13  else :
14      print("당신은 여성이군요")
```

```
주민번호 전체 입력: 021225-3123411
당신은 2002 년에 태어났군요.
당신의 생일은 12 월 25 일 이군요.
당신은 올해 18 살 이군요
당신은 남성이군요
```

특정 단어 검색하기

문자열에 특정 단어가 포함되어 있는지 검색하는 기능은 매우 자주 활용된다. in 키워드를 사용하는 방법, `find` 함수를 사용하는 방법, `count` 함수를 사용하는 방법을 배워보자.

in 키워드로 검색하기

in 키워드는 문자열 안에 검색하고자 하는 문자열이 존재하는가를 판단해준다. 존재하면 True(참), 존재하지 않으면 False(거짓)를 리턴한다.

```
>>>  lang = "c c++ java python basic"
>>>  "c++" in lang
     True
>>>  "delphi" in lang
     False
```

in 키워드를 사용하여 인사를 하면 대응하여 인사를 해주고, 날씨를 물어보면 날씨를 예상하여 답해주는 프로그램을 만들어보자.

```
01  while True :
02      query = input("\n질문 입력 >> ")
03      if "안녕" in query :
04          print("안녕하세요. 만나서 반가워요.")
05      elif "날씨" in query :
06          print("비가 올 가능성이 있습니다.")
07      else :
08          print("질문을 이해하지 못했습니다.")
```

```
질문 입력 >> 안녕
안녕하세요. 만나서 반가워요.
질문 입력 >> 날씨가 어때
비가 올 가능성이 있습니다.
질문 입력 >> 파이썬 어렵니?
질문을 이해하지 못했습니다.
```

위의 소스코드에 "파이썬"이란 단어가 들어간 어떤 질문을 하면 "파이썬은 매우 유용합니다. 꼭 배워두세요."라고 답해주도록 소스코드를 추가해보자. 또한 "안녕" 외에 "반가워"라고 입력해도 인사말을 해주도록 추가해보자.

```
질문 입력 >> 파이썬에 대해서 알고있니?
파이썬은 매우 유용합니다. 꼭 배워두세요.
질문 입력 >> 반가워
안녕하세요. 만나서 반가워요.
```

find 함수로 검색하기

find 함수를 사용해서도 문자열에 특정 문자가 포함되어 있는가를 확인할 수 있다. 특정 문자가 존재하는 위치를 정확하게 알려주는 기능을 한다. 문자열에 검색하고자 하는 문자열이 존재하는 위치(인덱스)값을 찾아준다.

```
>>> lang = "c c++ java python basic"
>>> x = lang.find("c")
>>> print(x)
    0
>>> y = lang.find("python")
>>> print(y)
    11
```

만약 문자열에 존재하지 않는 내용을 find 함수로 검색하면 어떤 결과가 나올까? 찾는 내용이 없으면 −1이라는 값을 리턴해준다. 또한 Python이라는 텍스트를 검색해도 대소문자가 일치하지 않아서 없는 것으로 처리함을 알아두자.

```
>>> lang = "c c++ java python basic"
>>> lang.find("cobol")
    -1
>>> lang.find("delphi")
    -1
>>> lang.find("Python")                    # 대소문자가 다름
    -1
```

앞의 예제에서는 in 키워드를 사용하여 채팅 기능을 구현하였는데, 이것을 find 함수를 사용하는 방식으로 변경하면 아래와 같다.

```
01  while True :
02      query = input("\n질문 입력 >> ")
03      if query.find("안녕") >= 0 :
04          print("안녕하세요. 만나서 반가워요.")
05      elif query.find("파이썬") >= 0 :
06          print("파이썬 재밌지요. 열심히 공부하세요.")
```

```
07      elif query.find("날씨") >= 0 :
08          print("비가 올 가능성이 있습니다.")
09      else :
10          print("질문을 이해하지 못했습니다.")
```

count 함수

count 함수는 문자열에서 특정 단어가 몇 번 포함되어 있는가를 세는 함수이다.

```
>>>   text = "안녕 나는 요즘 파이썬을 공부하고 있어. 파이썬은 어렵지 않아"
>>>   n = text.count("파이썬")
>>>   print(n)
      2
>>>   text.count("공부")
      1
```

아래의 프로그램을 count 함수를 사용하는 방식으로 수정해보자.

```
01  while True :
02      query = input("\n질문 입력 >> ")
03      if "안녕" in query :
04          print("안녕하세요. 만나서 반가워요.")
05      elif "파이썬" in query :
06          print("파이썬 재밌지요. 열심히 공부하세요.")
07      elif "날씨" in query :
08          print("비가 올 가능성이 있습니다.")
09      else :
10          print("질문을 이해하지 못했습니다.")
```

문자열 쪼개기

split 함수를 사용하여 하나의 문자열을 여러 개의 문자열로 쪼갤 수 있다. split 함수는 분리 문자를 기준으로 여러 개의 문자열로 분할한 후 리스트를 만든다.

```
>>> text = "Seoul,Pusan,Paju"
>>> cityList = text.split(',')
>>> print(cityList)
    ['Seoul', 'Pusan', 'Paju']
```

아래와 같이 리스트의 내용을 인덱스로 확인할 수 있다.

```
>>> cityList[0]
    'Seoul'
>>> cityList[1]
    'Pusan'
```

문자열 붙이기

이번에는 거꾸로 쪼개진 문자열을 붙이는 방법을 배워보자. 문자열 객체의 join 함수를 사용하여 여러 개의 텍스트들을 하나의 텍스트로 합칠 수 있다.

```
>>> sep = ','
>>> sep.join(cityList)
>>> 'Seoul,Pusan,Paju'
```

위와 같이 합칠 때 연결해줄 문자를 생성한 후 그 문자열에 join 함수를 실행한다. 이 때 문자열의 리스트를 파라미터로 입력해주는 방식으로 사용한다. 아래와 같이 구분문자에 바로 join 함수를 적용하여 간단하게 표현할 수도 있다. 아래는 구분 문자에 '-' 문자를 적용하였다.

```
>>> joinedStr = '-'.join(cityList)
>>> print(joinedStr)
>>> 'Seoul-Pusan-Paju'
```

응용문제: input 함수로 두 개 이상의 값 입력받기

공란으로 구분하여 입력 받기

두 개 이상의 데이터를 공란을 기준으로 구분하여 변수에 저장하는 방식을 정리하면 아래와 같다. 실제 입력하는 변수와 변수 리스트에서 표기한 변수의 개수가 동일해야 한다. split 함수를 호출할 때 파라미터 없이 빈 괄호로 호출해야 한다.

```
변수_리스트 = input(안내_메시지).split()
```

그럼 위의 방식을 사용하여 먹고 싶은 과일을 2개를 입력 받는 예제를 만들어보자. 아래와 같이 두 개의 과일이름을 띄어쓰기로 구분하여 2개의 변수에 입력 받아 출력하는 방식이다.

```
먹고싶은 과일 2개 입력: 사과 망고
과일1: 사과
과일2: 망고
```

```
01  a, b = input("먹고싶은 과일 2개 입력: ").split()
02  print("과일1: ", a)
03  print("과일2: ", b)
```

1번 라인에서 = 기호의 좌측에 2개의 변수가 사용되었다. 일반적으로 = 연산자 좌측에는 하나의 변수명이 나와야되는 것을 알고있을 것이다. 여기서 두 개의 변수 a, b가 사용된 것은 정확히 말하면 하나의 튜플 변수 (a, b)를 사용한 것인데, 괄호가 생략 가능하므로 변수가 두 개가 표현된 것이다. 튜플에 대해서는 뒤에서 자세히 배울 것이다.

아래와 같이 2개의 정수를 입력 받아 사칙연산을 수행하는 프로그램을 만들어보자.

```
01  strX, strY = input("두 정수 입력: ").split()
02  x = int(strX)
03  y = int(strY)
04  print("%3d + %3d = %5d" %(x,y,x+y))
05  print("%3d - %3d = %5d" %(x,y,x-y))
06  print("%3d * %3d = %5d" %(x,y,x*y))
07  print("%3d / %3d = %5d" %(x,y,x/y))
```

문자로 구분하여 입력 받기

이번에는 공란이 아니라 아래와 같이 쉼표(,) 또는 슬래시(/) 등의 특별한 문자를 지정하여 구분하는 방법을 배워보자. 앞에서 배운 방식과 거의 유사하지만 다른 점은 split 함수의 파라미터로 구분문자를 명시해주는 것이다.

> 변수_리스트 = input(안내_메시지).split(구분문자)

간단한 예시로 쉼표(,) 구분자를 사용하여 입력받는 것을 실습해보자. 아래 예시는 먹고싶은 과일 3개를 쉼표(,) 단위로 구분하여 입력받는 예시이다. 이 때 사용자가 불필요한 공백을 입력할 수 있으므로 공백을 제거하기 위해 strip 함수를 적용해줄 수도 있다.

```
먹고싶은 과일 3개 입력: 사과,망고,배
과일1: 사과
과일2: 망고
과일3: 배
```

```
01  a, b, c = input("먹고싶은 과일 3개 입력: ").split(',')
02  print("과일1: ", a)
03  print("과일2: ", b)
04  print("과일3: ", c)
```

두 개의 정수 x, y를 입력 받아 사칙연산을 수행하는 프로그램을 만들어보자. 두 정수를 쉼표(,) 구분자를 통해 구분하여 입력받도록 하자. 입력 받은 데이터는 문자열이므로 계산에 앞서 int 함수를 사용하여 정수로 변환해주어야 한다.

```
두 정수 입력: 157, 63
157 + 63 =  220
157 - 63 =   94
157 * 63 = 9891
157 / 63 =    2
```

```
01  strX, strY = input("두 정수 입력: ").split(',')
02  x = int(strX)
03  y = int(strY)
04  print("%3d + %3d = %5d" %(x,y,x+y))
05  print("%3d - %3d = %5d" %(x,y,x-y))
06  print("%3d * %3d = %5d" %(x,y,x*y))
07  print("%3d / %3d = %5d" %(x,y,x/y))
```

반복문에 적용하기

문자열은 리스트와 동일하게 취급되기 때문에 반복문을 사용하여 각 항목(문자)를 출력할 수 있다.

```
>>> str = "ABC"
>>> for x in str :
        print(x)
    'A'
    'B'
    'C'
```

아래와 같이 반복문을 사용하여 인덱스와 값을 확인해볼 수도 있다. 아래의 명령에서 %는 %c로 적용할 수 있다.

```
>>> str = "ABC"
>>> for i in range(0,3,1) :
        print("[%d] --> [%s]"%(i,str[i]))
    [0] --> [A]
    [1] --> [B]
    [2] --> [C]
```

그럼, 이해한 것을 바탕으로 하여 문자열의 내용을 아스키 코드값 및 이진수 값으로 출력하는 프로그램을 만들어보자.

```
01  text = "ABC"
02
03  for c in text :
04      print("{0:3c} {0:5d} {0:08b}".format(ord(c)))
```

```
A 65 01000001
B 66 01000010
C 67 01000011
```

01. 영어로 된 문장을 입력 받아 전체를 대문자로 수정하고, 모든 공백을 제거한 후 화면에 출력하시오.

> 입력: Hello Python Hello Java
> 출력: HELLOPYTHONHELLOJAVA

02. 텍스트를 입력받아 입력한 내용이 몇 글자인지 알려주는 프로그램을 작성하시오. 알파벳 A의 개수, O의 개수를 출력하시오.이 때 대소문자는 구분하지 말고 개수를 세시오.

> 입력: Hello Python Hello Java
> 전체문자 개수: 23글자
> 문자 A 개수: 2개
> 문자 O 개수: 3개

03. 사용자가 불필요한 공백문자를 입력할 경우가 있으므로 그것을 처리해보자. 아래와 같이 배우고 싶은 3개의 프로그래밍 언어를 입력 받는 프로그램을 만들어보자. 여러 개의 항목을 쉼표 단위로 끊어서 입력 받는 예제이다.

> 배우고 싶은 코딩 언어 3개 입력: 파이썬, 씨언어, 자바
> 언어1: 파이썬
> 언어2: 씨언어
> 언어3: 자바

04. "Hello Python"이라는 텍스트의 아스키 코드에 10을 더하여 암호화 한 후 출력하시오.

05. "19960902" 형식으로 생년월일을 입력 받아 현재 나이와 생일 정보를 추출하여 화면에 출력해주는 프로그램을 작성하시오.

입력: 19960902
출생연도: 1996년
생일: 9월 2일
나이: 24살

COMPUTATIONAL
THINKING
with Python

CHAPTER

15

리스트와
튜플 자료구조

학습목차

15.1 변수와 리스트

15.2 리스트 만들기

15.3 규칙을 가지고 증감하는 수열의 리스트 만들기

15.4 리스트의 세부 항목 사용하기

15.5 리스트에 값 추가하기

15.6 리스트를 반복문으로 활용하기

15.7 다섯 명 학생의 성적의 합계와 평균 구하기

15.8 두 개의 리스트 연결하기

15.9 수식을 활용한 리스트 생성하기

15.10 응용문제: 키와 표준 몸무게를 리스트에 저장하기

15.11 응용문제: Sine 그래프 그리기

15.12 다양한 리스트 활용 함수들

15.13 튜플 활용하기

변수와 리스트

지금까지는 메모리에 어떤 값을 입력할 때 일반적으로 변수(variable)를 사용하였다. 아래는 변수를 사용하여 한 학생의 이름과 시험 점수를 메모리에 저장하는 간단한 코드이다.

```
>>>  name = "gildong"
>>>  score = 87
```

위의 예시에서 보듯이 변수는 어떤 한 개의 값을 메모리에 저장할 때 사용한다. 그런데 만약 한 학생이 아니라 한 반의 50명의 학생의 정보를 입력하려면 어떻게 해야할까? 변수를 사용한다면 이름을 저장하는 변수를 name1, name2, name3, … , name50과 같이 만들어야 하고, 점수를 저장하는 변수를 score1, score2, … , score50과 같이 각각 50개의 변수를 만들어야 하므로 비효율적인 코드가 된다.

리스트를 사용하여 여러 명의 성적을 입력한 후 확인하는 간단한 명령을 수행해보자. 리스트에 점수 값들을 입력한 후 평균을 구하여 출력하는 명령이다. 우선 리스트는 대괄호를 사용하고 값들을 쉼표로 연결하여 입력하는 것을 알아두자.

```
>>>  scores = [90, 80, 70, 60, 50]        # 5명의 성적 입력
>>>  print(scores)                        # 리스트의 내용 확인
     [90, 80, 70, 60, 50]
>>>  ave = sum(scores) / 5
>>>  print(ave)
     70
```

앞으로 우리가 프로그래밍을 배워갈수록, 그리고 더 복잡한 문제를 해결할수록 단일 변수보다는 리스트의 형태를 많이 사용하게 될 것이다.

비어있는 리스트 만들기

비어있는 리스트, 즉 0개의 항목이 들어있는 리스트는 아래와 같이 대괄호를 열고, 닫아서 생성할 수 있다. 빈 리스트의 경우 출력하면 비어있는 대괄호로 출력된다.

```
>>>  a = [ ]
>>>  print(a)
     [ ]
```

빈 리스트를 만드는 다른 방식은 아래와 같이 `list()` 함수를 사용하는 것이다. `list` 함수에 파라미터를 부여하지 않으면 빈 리스트가 만들어진다.

```
>>>  a = list()                          # a = [ ]와 동일한 의미
>>>  print(a)
     [ ]
```

여러 값들이 들어있는 리스트 만들기

여러 개의 값들이 들어있는 리스트를 만들어보자. 우선 리스트는 여는 대괄호([)와 닫는 대괄호(])를 사용하여 지정해야 한다. 또한 여러 개의 값을 입력할 경우 대괄호 안의 각 항목들은 쉼표(,)로 구분하여 나열해야 한다.

```
>>>  a = [10, 20, 30]
>>>  print(a)
     [10, 20, 30]
```

여러 개의 값이 들어가는 리스트를 `list` 함수를 명시하여 사용하여 생성할 수도 있다. `list` 함수의 파라미터는 값들을 쉼표로 구분하여 대괄호로 묶는 형식이다. 바로 앞의 방식은 정확하게는 `list` 함수를 생략한 것이라고 보면 된다.

```
>>>  a = list([10, 20, 30])
>>>  print(a)
     [10, 20, 30]
```

리스트에 다양한 자료 넣기

앞의 예제에서는 리스트에 정수 값들을 저장하는 것을 확인하였다. 그러나 리스트에는 정수 값 이외에도 실수, 문자열 등 다양한 값들이 저장될 수 있다.

```
>>>  a = [10, 20, 30]
>>>  b = [1.1, 1.2, 1.3]
>>>  c = ["kim", "park", "choi", "lee"]
```

또한 아래와 같이 특별하게 보이지만 리스트 안에 원소로 리스트가 들어갈 수도 있다. 아래에서 b와 c는 동일한 값을 같는다. 단지 b는 한 줄로 입력했을 뿐이고, c는 보기 좋게 여러 줄로 입력한 것이다. c의 입력 형태를 보면 알겠지만 리스트 안에 리스트를 넣는 형태로 수학에서의 행렬(matrix) 구조를 표현할 수 있다.

```
>>>  a = [ [1,2,3], [4,5,6,7], [8,9] ]
>>>  b = [ [1,2,3], [4,5,6], [7,8,9] ]
>>>  c = [ [1, 2, 3],
          [4, 5, 6],
          [7, 8, 9] ]
```

하나의 리스트에 동일한 형태(데이터 타입)의 값들을 갖는 것이 일반적이지만, 꼭 그럴 필요는 없다. 리스트는 서로 다른 데이터 타입의 항목들을 포함할 수 있다.

```
>>>  a = [ 1, "kim", 3.14]
>>>  b = [ 1, 2, "park", [1,2] ]
```

C언어나 Java 언어를 공부할 때 배열을 배우게 된다. 보통 배열에서는 하나의 데이터 타입의 값들만 입력될 수 있는데 리스트는 그러한 제한이 없다는 것을 기억해 두자.

range 함수 활용하기

앞에서 1, 2, 3, 4, 5의 5개의 값을 리스트로 저장하는 코드는 아래와 같이 단순하다.

```
>>>  a = [ 1, 2, 3, 4, 5]
```

그런데 만약 1, 2, 3, … , 100의 100개의 항목을 리스트로 만들려면 어떻게 할까? 100개의 값을 일일이 기록하는 것은 코드가 길어지며 작성하기도 매우 번거롭다. 다른 예로 5, 10, 15, … , 1000의 패턴으로 200개의 값을 리스트로 저장하는 것도 같은 의미에서 매우 번거롭다. 아래는 …으로 표시하였지만 실제로는 모든 값들을 입력해야 하는 것이다.

```
>>>  a = [ 1, 2, 3, 4, 5, … , 99, 100 ]
>>>  b = [ 5, 10, 15, 20, 25, 30, … , 995, 1000 ]
```

이렇게 특정 패턴으로 연속된 많은 수를 일일이 다 기록해 주는 것은 매우 불편하고 비효율적인 방법이다. 이러한 경우 range 함수를 사용하는 것이 적합하다. 사실 range 함수는 for 반복문을 배울 때 이미 접한 내용이다. for 문을 배울 때 range를 함수를 인식하지 못했겠지만, range는 연속된 수열을 만들어 주는 함수이다. range 함수는 기본적으로 시작값, 종료값, 증가값의 3개의 파라미터를 사용하여 연속된 값을 만들어주는 함수이다.

range (시작값, 종료값, 증가값)

함수 사용	생성되는 수열	비고
range(1, 10, 1)	[1, 2, 3, 4, 5, 6, 7, 8, 9]	1부터 시작하여 1씩 증가, 종료값이 10이므로 9까지 생성
range(10, 51, 10)	[10, 20, 30, 40, 50]	10부터 시작하여 10씩 증가, 종료값이 51이므로 50까지 생성
ranage(1, 20, 3)	[1, 4, 7, 10, 13, 16, 19]	1에서 시작하여 3씩 증가, 종료값이 20이므로 19에서 종료

따라서 range 함수로 연속된 값들을 생성한 후 list 함수의 파라미터로 넣어주면 연속된 패턴에 의한 리스트가 생성된다. 아래 리스트에 어떤 값들이 들어갈지 예상

해본 후 출력하여 확인해보자.

```
>>> a = list( range(1,11,1) )
>>> b = list( range(5,51,5) )
>>> c = list( range(1,20,3) )
```

위의 명령에 의해 생성된 리스트 a, b, c의 값들을 출력한 결과이다.

```
>>> print(a)
    [1, 2, 3, 4, 5, 6, 7, 8, 9, 10]
>>> print(b)
    [5, 10, 15, 20, 25, 30, 35, 40, 45, 50]
>>> print(c)
    [1, 4, 7, 10, 13, 16, 19]
```

반대로 값이 큰 값에서 작은 값으로 감소하는 리스트를 생성할 수도 있다. 시작값에 큰 값, 종료값에 작은 값, 증가값에 음수 값을 지정해주면 된다.

```
>>> a = list(range(10,0,-2))    # [10, 8, 6, 4, 2]
>>> b = list(range(50,0,-5))    # [50, 45, 40, 35, 30, 25, 20, 15, 10, 5]
```

리스트의 길이 확인하기

리스트의 길이를 확인할 경우 내장 함수인 len 함수를 사용하면 된다. 앞에서 문자열의 길이를 확인할 때도 len 함수를 사용하였다. 리스트의 길이를 사용할 때에도 동일하게 len 함수를 사용한다.

```
>>> a = list(range(1,11,1))
>>> len(a)                           # 리스트의 길이 확인
    10
>>> text = "hello python"
>>> len(text)                        # 문자열의 길이 확인
    12
```

리스트의 세부 항목 사용하기

인덱스로 항목 활용하기

리스트에 들어있는 항목들은 리스트 이름 [위치 번호] 형식으로 항목의 값을 사용할 수 있다. 위치 번호는 보통 인덱스(index)라고 부르며 항목의 위치를 의미하는 정수이다.

```
>>> a = [10, 20, 30]
>>> print( a[0] )
    10
>>> print( a[1] )
    20
>>> print( a[2] )
    30
```

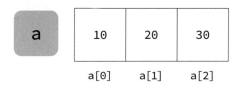

위치 번호(index)는 0부터 시작함을 주의해야 한다. 따라서 리스트에 n개의 항목이 있을 경우 사용할 수 있는 항목은 a[0], a[1], … , a[n-1]이 된다.

```
>>> print( a[3] )
    Traceback (most recent call last):
        File "<pyshell#25>", line 1, in <module>
            a[3]
    IndexError: list index out of range
```

따라서 위와 같이 3개의 항목이 입력된 상태에서 a[3]을 출력해보면 범위를 벗어나는 잘못된 인덱스라는 에러 메시지가 표시된다.

리스트 인덱스 사용하기

다시 한번 인덱스에 대해서 정리해보자. 인덱스 번호는 0부터 시작한다. 따라서 리스트에 n개의 항목이 들어가 있을 경우 인덱스는 0부터 시작하며 n-1까지 사용할 수 있다.

인덱스의 값을 사용하여 특정 항목의 값을 출력하거나 사용할 수 있을 뿐 아니라 해당 위치의 값을 변경시켜줄 수도 있다.

```
01  a = [ 10, 20, 30 ]
02  sum = a[0] + a[1] + a[2]
03  ave = sum / 3
04  print(ave)                          # 20.0 출력
```

아래와 같이 특정 항목의 값을 변경시켜 줄 수도 있다.

```
01  a = [10, 20, 30]
02  a[0] = 100
03  a[1] = 200
04  a[2] = a[0] + a[1]
05  print (a)                          # [100, 200, 300] 출력
```

리스트에 값 추가하기

리스트 맨 뒤에 항목 추가하기

리스트의 맨 뒤에 항목(값)을 입력할 경우 append 함수를 사용한다.

```
>>>  c = [ 10, 20, 30 ]
>>>  c.append(40)
>>>  c.append(50)
>>>  print(c)
     [ 10, 20, 30, 40, 50 ]
```

개념 그림   append(40)   append(50)

| 10 | 20 | 30 | → | 10 | 20 | 30 | **40** | → | 10 | 20 | 30 | 40 | **50** |

리스트의 특정 위치에 항목 추가하기

리스트에서 제공하는 insert 함수를 사용하여 리스트의 특정 위치에 값을 삽입할 수 있다.이 때 기존의 값이 지워지는 것이 아니라 뒤로 미뤄지는 방식으로 삽입된다. 아래의 예시를 살펴보자.

```
>>>  a = [1, 2, 3, 4, 5]
>>>  print (a)
>>>  a.insert(1, 10)                    # 인덱스 1 위치에 9를 입력한다.
>>>  print (a)
```

1번 인덱스 위치에 10 항목이 삽입된다. 원래 인덱스 1에 위치한 항목값인 2부터 한 칸씩 뒤로 미뤄지게 된다.

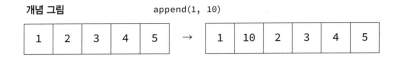

개념 그림   append(1, 10)

| 1 | 2 | 3 | 4 | 5 | → | 1 | 10 | 2 | 3 | 4 | 5 |

아래의 예시를 통해 insert 함수를 이해해보자.

```
01  a = [1, 2, 3, 4, 5]
02  print (a)
03  a.insert(0, 10)                    # 인덱스 0 위치에 10를 입력
```

```
04  print (a)
05  a.insert(3, 20)                                    # 인덱스 3 위치에 20을 입력.
06  print (a)
07  a.insert(10, 30)
                                           # 인덱스 10 위치에 30을 입력 (잘못된 인덱스)
08  print(a)
```

아래는 5개의 원소로 구성된 리스트를 생성하고 출력하는 명령이다.

```
>>>  a = [1, 2, 3, 4, 5]
>>>  a
     [1, 2, 3, 4, 5]
```

아래는 인덱스 0 위치, 즉 맨 앞에 10을 입력하는 명령이다.

```
>>>  a.insert(0, 10)
>>>  a
     [10, 1, 2, 3, 4, 5]
```

아래는 인덱스 3 위치, 즉 4번째 위치에 20을 입력하는 명령이다.

```
>>>  a.insert (3, 20)
>>>  a
     [10, 1, 2, 20, 3, 4, 5]
```

15.6 리스트를 반복문으로 활용하기

리스트 안에 들어있는 모든 항목의 값을 출력하는 소스코드이다.

```
01  a = [1, 2, 3, 4, 5]
02  print( a[0] )
03  print( a[1] )
04  print( a[2] )
05  print( a[3] )
06  print( a[4] )
```

반복문을 사용하여 효율적으로 출력할 수 있다. in 키워드 다음에 리스트 이름이 오면 리스트의 항목의 개수만큼 반복하면서 변수(item)에 값들이 차례로 입력된다. 아래의 예제에서 리스트에 포함된 항목의 개수가 5개 이므로 for 문은 5번 반복된다.

```
01  a = [1, 2, 3, 4, 5]
02  for item in a :
03      print(item)
```

앞의 예제에서는 숫자(정수) 형태의 데이터를 리스트에 저장한 후 활용하였다. 리스트에는 정수 값 뿐 아니라 실수, 문자열 등 다양한 형태의 항목이 들어갈 수 있다. 아래의 소스코드는 문자열을 리스트에 항목으로 넣은 것이다.

```
01  a = ["kim", "lee", "park"]
02  print( a[0] )
03  print( a[1] )
04  print( a[2] )
```

위의 소스코드는 for 반복문으로 아래와 같이 표현할 수 있다.

```
01  a = ["kim", "lee", "park"]
02  for str in a :
03      print(str)
```

그럼 지금까지 배운 내용들을 사용하여 간단한 기능의 프로그램을 만들어보자. 5명의 성적을 입력받아 합계와 평균을 출력하는 프로그램을 만들어보자.

```
01  scores = [ ]
02  for i in range(5) :
03      value = int(input("성적입력: "))
04      scores.append(value)
05
06  print(scores)                          # 입력 받은 리스트 출력
07
08  sum = 0
09  for i in range(5) :
10      sum += scores[i]
11  print("합계: ", sum)
12  print("평균: ", (sum/5))
```

입력받을 때 학생의 번호를 출력하여 보여주고 해당 번호의 학생 성적을 입력받도록 아래와 같이 변경할 수 있다. 3번 라인의 소스코드만 부분적으로 변경한다.

```
01  scores = [ ]
02  for i in range(5) :
03      value = int(input("%d번 학생 성적입력: " % (i+1)))
04      scores.append(value)
```

확인문제 15.7

1. 10명의 학생의 코딩 시험 점수를 랜덤으로 입력한 후, 생성된 점수를 모두 출력하고, 학생들의 시험 평균점수를 출력하는 프로그램을 만들어보자.

2. 10명의 학생의 국어, 영어, 수학 점수를 랜덤으로 입력한 후 모든 학생들의 점수를 출력해보자. 각 과목별 평균을 계산하여 출력해보자.

두 개의 리스트 연결하기

리스트 연결하기

리스트에 하나의 값만 추가할 경우에는 **append** 함수를 활용한다는 점을 앞에서 배웠다. 반면 여러 개의 값들을 리스트로 한꺼번에 추가할 경우에는 **extend** 함수를 활용하면 된다.

```
01  a = [1,2,3]
02  b = [4,5,6]
03  a.extend(b)
04  print(a)
05  print(b)
```

extend 함수를 사용하는 대신에 더하기(+) 연산자를 사용하여 리스트의 연결이 가능하다. 리스트 간에 덧셈(+)을 하면 합쳐진 리스트가 만들어진다. 아래의 예를 통해 확인해보자. **extend** 함수보다 더 직관적으로 이해가된다.

```
01  a = [1,2,3]
02  b = [4,5,6]
03  c = a + b                        # c = a.extend(b)
04  print(c)
```

아래와 같이 축약하여 표시하는 것도 가능하다.

```
01  a = [1, 2, 3]
02  a += [7, 8, 9]                   # a = a.extend([7,8,9])
03  print(a)
```

수식을 활용한 리스트 생성하기

앞에서 range 함수를 사용하여 일정한 패턴을 갖는 수열에 대한 리스트를 생성하는 방법을 배웠다.

```
>>> xlist = list(range(0, 10, 1))
>>> print(xlist)
    [0, 1, 2, 3, 4, 5, 6, 7, 8, 9]
```

이번에는 수식과 수열을 고려하여 리스트를 만드는 특별한 방법을 배워보고자 한다. 아래의 소스코드를 살펴보자. 먼저 x값의 리스트를 생성하고, 그 x값들을 사용하여 $y = 5x + 10$이라는 수식의 y 값에 대한 리스트를 생성하는 코드이다.

```
01  xlist = list(range(0,10,1))
01
02  ylist = [ ]
03  for x in xlist :
04      y = 5*x + 10
05      ylist.append(y)
06
07  print(xlist)
08  print(ylist)
```

위의 코드에서는 3~6번의 코드를 사용하여 기존의 리스트를 입력받아 수식 $y = 5x + 10$에 적용하여 새로운 리스트를 생성하였다. 복잡하지는 않지만 코드가 길어지는 불편함이 있다.

아래의 수식을 활용하면 위의 3~6번 라인의 코드를 단 한 줄로 표현할 수 있다.

> 새로운_리스트_이름 = [수식 for 반복_변수 in 기존_리스트_이름]

```
01  xlist = list(range(0,10,1))
02  ylist = [ 5*x+10 for x in xlist ]
03
04  print(xlist)
05  print(ylist)
```

15.10 응용문제: 키와 표준 몸무게를 리스트에 저장하기

문제 이해하기

표준 몸무게는 (키 − 100) × 0.9의 간단한 계산으로 구할 수 있다. 키 150 cm ~ 180 cm까지 3 cm 단위로 표준 몸무게를 표시해주는 프로그램을 만들어보자.

이번 장에서 배운 리스트를 연습해보기 위해, 키 정보를 리스트에 저장하고 표준 몸무게도 리스트에 저장하도록 한다. 저장한 리스트의 결과를 아래와 같은 형식(순번, 키, 몸무게)으로 화면에 출력해보자. 몸무게는 소수점 1자리까지 표시하도록 하자.

```
 1    150 cm    45.0 kg
 2    153 cm    47.7 kg
 3    156 cm    50.4 kg
 4    159 cm    53.1 kg
 5    162 cm    55.8 kg
 6    165 cm    58.5 kg
 7    168 cm    61.2 kg
 8    171 cm    63.9 kg
 9    174 cm    66.6 kg
10    177 cm    69.3 kg
11    180 cm    72.0 kg
```

완성된 소스코드는 아래와 같다.

```
01  hlist = list(range(150,181,3))
02  wlist = [ (h-100)*0.9 for h in hlist ]
03
04  for i in range(len(hlist)) :
05      print("{0:2d} {1:5d}cm {2:6.1f}kg".format(i+1, hlist[i], wlist[i]))
```

응용문제: Sine 그래프 그리기

이번에는 앞에서 배운 방식을 활용하여 Sine 그래프를 그려보고자 한다. 먼저 각도를 0도에서 90도까지 저장하고, 각도에 대한 사인 값을 구해서 리스트에 저장해보자. 리스트에 저장된 값을 사용하여 그래프를 그려보자.

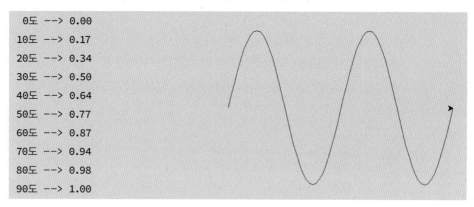

```
 0도 --> 0.00
10도 --> 0.17
20도 --> 0.34
30도 --> 0.50
40도 --> 0.64
50도 --> 0.77
60도 --> 0.87
70도 --> 0.94
80도 --> 0.98
90도 --> 1.00
```

완성된 소스코드는 아래와 같다. 10번 라인에서 x축의 너비를 보기 좋게 하기 위해 x값을 1.6으로 나누었고, y축의 최대 높이를 보기 좋게 하기 위해 y값에 150을 곱하였다.

```
01  import math as m
02  import turtle as t
03
04  xlist = list(range(0,721,10))
05  ylist = [ m.sin(m.radians(x)) for x in xlist ]
06
07  for i in range(len(xlist)) :
08      x = xlist[i]
09      y = ylist[i]
10      t.goto(x/1.6,y*150)                    # 그래프 그리기
11      print("%3d도 --> %6.2f" % (x,y))        # 값 출력하기
```

다양한 리스트 활용 함수들

앞에서 리스트가 제공하는 append, insert, extend 함수에 대해서 배웠다. 그 외에 자주 사용되는 리스트 객체의 함수들인 count, remove, index, sort, reverse, pop 함수를 배워보고자 한다.

함수명	기능	명령 예(a=[1,2,3])
append	리스트의 맨 뒤에 새로운 항목을 추가한다.	a.append(10)
insert	리스트의 특정 위치(인덱스)에 항목을 삽입한다.	a.insert(2, 10)
extend	원래의 리스트에 다른 리스트를 연결한다.	a.extend([4,5,6])
count	리스트에 포함된 특정 값의 항목의 개수를 리턴한다.	a.count(2)
remove	리스트에서 입력된 값과 같은 항목들을 모두 지운다.	a.remove(2)
index	특정 값의 리스트에서의 위치, 즉 인덱스를 알려준다.	a.index(3)
sort	리스트의 값들을 오름차순으로 정렬한다.	a.sort()
reverse	리스트의 순서를 거꾸로 바꾼다.	a.reverse()
pop	맨 뒤에 있는 항목을 리턴하고, 리스트에서는 삭제한다.	a.pop()

count 함수 이해하기

count 함수는 특정 값이 리스트에 몇 개 들어있는가 검사하여, 그 개수를 알려준다. 만약 입력한 값이 리스트에 하나도 없으면 0을 리턴한다.

```
>>>  a = [10, 20, 10, 20, 10]
>>>  a.count(10)
     3
>>>  a.count(30)
     0
```

remove 함수 이해하기

remove 함수는 리스트 안에 특정 값을 찾아 모두 지운다. 아래의 예제 코드를 살펴보자. 리스트에 10, 20, 30, 40, 50의 5개 값이 들어있는데 remove(30) 명령을 실행하면 30을 삭제하여 [10, 20, 40, 50]의 리스트로 변환된다.

```
01  a = [10, 20, 30, 40, 50]
02  print(a)
03  a.remove(30)
04  print(a)
```

리스트에 삭제하고자 하는 값이 여러 개 존재하는 경우에 어떻게 될지 생각해보자. 아래의 명령을 수행한 결과를 확인해보면 삭제할 값이 여러 개이면 그 중 맨 앞에 있는 한 개의 값만 삭제함을 알 수 있다.

반대로 리스트에 삭제하고자 하는 값이 하나도 들어있지 않으면 어떻게 될지 생각해보자. 삭제할 값이 없으면 ValueError라는 에러가 발생한다.

```
>>>  a = [10, 20, 30, 10, 20]
>>>  a.remove(10)                              # remove(10)
>>>  print(a)
     [20, 30, 10, 20]
>>>  a.remove(60)                              # remove(60)
     에러 발생
```

위에서 발생한 에러를 방지하기 위한 한 가지 방법은 바로 앞에서 배운 count 함수를 활용하는 것이다. 먼저 count 함수를 적용하여 특정 값의 개수를 센 후 그 개수가 1개 이상이면 remove 함수를 사용하여 삭제하는 것이다.

```
01  a = [1, 2, 3, 4, 5]
02  개수 = a.count(7)
03  if 개수>=1 :
04      x = a.remove(7)
05      print("리스트에서 7 삭제 성공")
06  else :
07      print("값이 존재하지 않아 7 삭제 실패 ")
```

index 함수 이해하기

index 함수는 리스트 안에서 특정 값의 위치를 찾아서 알려준다. 찾은 위치는 인덱스 값으로 알려준다. 아래의 2번 라인에서 3을 검색하면 인덱스 2번, 즉 세 번째 위치임을 알려준다. 만약 리스트에 존재하지 않는 값 7을 찾고자하면 에러가 발생한다. 이러한 에러를 방지하기 위해서는 위의 예제와 마찬가지로 count 함수를 활용할 수 있다.

```
>>> a = [1, 2, 3, 4, 5]
>>> a.index(3)                          # index(3)
    2
>>> a.index(7)                          # 존재하지 않는 값, 7
    에러 발생
```

sort 함수 이해하기

sort 함수는 리스트의 항목들을 크기 순으로 정렬해주는 함수이다.

```
>>> a = [10, 20, 30, 40, 50]
>>> a.insert(2, 100)
>>> print(a)
    [10, 20, 100, 30, 40, 50]
>>> a.sort()                            # 리스트 정렬
>>> print(a)
    [10, 20, 30, 40, 50, 100]
```

reverse 함수 이해하기

reverse 함수는 현재 리스트의 순서를 반대 방향으로 바꾸는 기능을 한다.

```
>>> a = [10, 20, 30, 25, 15]
>>> a.reverse()                         # 앞뒤 바꾸기
>>> print(a)
    [15, 25, 30, 20, 10]
```

pop 함수 이해하기

pop 함수는 리스트의 맨 끝에 있는 값을 리턴해주며, 리스트에서는 그 값을 삭제한다.

```
>>> a = [10, 20, 30, 40, 50]
>>> a.pop()
    50
>>> a.pop()
    40
>>> print(a)
    [10, 20, 30]
```

본 장의 앞 부분에서 리스트(list) 자료를 사용하는 방법에 대해서 자세히 공부하였다. 이번 절에서는 튜플(tuple)을 공부하고자 한다. 튜플은 리스트와 사용법이 거의 동일하기 때문에 튜플 사용법은 쉽게 이해할 수 있을 것이다.

튜플을 생성하는 방법

리스트와 튜플은 여러 개의 자료를 연속적으로 저장하는 자료 형태라는 점에서 동일하다. 사용법도 거의 동일하다. 아래의 예를 살펴보면 두 개의 자료형이 역할과 사용법이 거의 동일하다는 것을 알 수 있을 것이다. 자료를 생성하는 방법에 약간의 표기 차이가 있다. 리스트(list)는 자료를 입력할 때 대괄호 [ ]를 사용한다. 반면 튜플(tuple)은 자료를 입력할 때 소괄호 ()를 사용한다.

```
>>> mylist = [10, 20, 30, 40, 50]        # 대괄호
>>> mytuple = (10, 20, 30, 40, 50)       # 소괄호
>>> print(mylist)
[10, 20, 30, 40, 50]
>>> print(mytuple)
(10, 20, 30, 40, 50)
```

리스트와 튜플의 같은 점

리스트와 튜플의 역할이 여러 개의 자료들을 연속적으로 저장한다는 점에서 같다. 따라서 리스트와 튜플의 값을 엑세스하는 점에서 사용법이 유사하다. len 함수, in 키워드, 인덱스 사용을 동일하게 할 수 있다. 또한 반복문을 사용하여 각 자료들을 하나씩 가져올 수도 있다.

```
>>> mytuple = (10, 20, 30, 40, 50)
>>> len(mytuple)                         # 튜플의 길이
5
>>> 30 in mytuple                        # 30이 튜플에 존재?
True
>>> mytuple[0]                           # 0번 인덱스 자료
10
>>> for x in mytuple :                   # 모든 자료 출력
    print(x)
```

리스트와 튜플의 차이점

리스트와 튜플의 핵심적인 차이점은 "자료가 변경될 수 있는가?"의 차이이다. 리스트는 프로그램의 실행 중에 그 항목들이 추가될 수도 있고, 삭제될 수도 있다. 반면 튜플은 한 번 생성되면 그 항목들이 추가되거나 삭제될 수 없다. 즉, 항목들이 고정된다.

아래의 명령들을 실행해보자. 리스트가 자료의 생성, 삭제 등의 작업에 자유로운 것을 확인할 수 있다.

```
>>> mylist = [10, 20, 30, 40, 50]
>>> mylist.append(60)            # 맨 끝에 60 항목 추가
>>> mylist.insert(2, 100)        # 인덱스 2위치에 100항목 추가
>>> mylist.remove(20)            # 값 20을 갖는 항목 삭제
>>> del mylist[0]                # 인덱스 0 항목 삭제
>>> print(mylist)
    [100, 30, 40, 50, 60]
```

반면 아래 명령들을 실행해보자. 튜플의 경우에는 항목의 추가, 삭제 등의 기능이 제한된다.

```
>>> mytuple = (10, 20, 30, 40, 50)
>>> mytuple.append(60)           # 항목 추가 불가
>>> mytuple.insert(2, 100)       # 항목 추가 불가
>>> mytuple.remove(20)           # 항목 삭제 불가
>>> del mytutple[0]              # 항목 삭제 불가
```

그러면 튜플을 왜 사용하는지에 대한 질문이 생길 것이다. 튜플은 리스트보다 빠른 사용속도를 지원하기 위한 것이다. 따라서 프로그램 실행 중간에 자료의 추가, 삭제가 거의 이루어지지 않고 사용만 하는 경우에는 튜플을 사용하는 것이 권장된다.

만약 위의 제한에도 불구하고 이미 생성된 튜플의 값을 추가, 삭제 등의 변경을 해야하는 상황에는 어떻게 해야할까? 아래와 같이 튜플을 리스트로 변환한 후 추가, 삭제등의 변형을 해준 후 다시 새로운 튜플로 생성하는 것이다.

```
>>> mytuple = (10, 20, 30, 40, 50)
>>> mylist = list(mytuple)       # 튜플을 리스트로 변환
>>> mylist.append(60)            # 리스트에서 자료 추가
>>> mylist.remove(20)            # 리스트에서 자료 삭제
>>> newtuple = tuple(mylist)     # 리스트를 튜플로 변환
>>> print(newtuple)
    (10, 30, 40, 50, 60)
```

정리하면, 아래의 내장함수를 사용하여 리스트와 튜플 간에 변환이 가능하다.

함수	기능	사용 예
list	리스트로 변환해준다. 즉, 입력된 파라미터의 값을 사용하여 리스트를 생성한다.	`lx1 = list([1,2,3,4,5])`　# 리스트 생성 `lx2 = [1,2,3,4,5]`　　　　# 리스트 생성 `lx3 = list((6,7,8))`　　　# 튜플을 리스트로 변환
tuple	튜플로 변환해준다. 즉, 입력된 파라미터의 값들을 사용하여 튜플을 생성한다.	`tx1 = tuple((1,2,3,4,5))`　# 튜플 생성 `tx2 = (1,2,3,4,5)`　　　　# 튜플 생성 `tx3 = tuple([1,2,3,4,5])`　# 리스트를 튜플로 변환

튜플에서 괄호의 생략

튜플을 표기할 때 괄호는 생략이 가능하다. 아래의 소스코드에서 1번과 2번은 동일한 의미이고, 3번~5번 코드가 동일한 코드이다.

```
01  t = (10, 20, 30)
02  t = 10, 20, 30
03  (a, b) = (1, 2)
04  a, b = (1, 2)
05  a, b = 1, 2
```

리스트 활용

01. 30부터 시작하여 60전까지 7씩 증가하는 수열의 리스트를 생성하고 출력하는 프로그램을 작성하시오. range 함수를 사용하여 수열을 생성하시오.

02. 친구들의 이름을 입력받아 리스트에 저장하시오. 이름의 오름차순으로 정렬한 후 화면에 출력하시오(리스트가 제공하는 sort 함수를 사용할 것).

03. 사용자에게 좋아하는 과일을 입력받아 리스트에 저장한 후 출력해주는 프로그램을 만드시오. 한 번의 입력에 하나의 과일만 입력받고 그 과정을 반복하도록 한다. 사용자가 0을 입력하면 과일 입력이 종료되도록 하시오.

04. 학생의 1차, 2차, 3차, 4차 시험의 성적을 입력받아 리스트에 저장하고, 4번의 시험에 대한 평균 점수를 계산하시오. 각 차시별 점수와 평균점수를 화면에 보기 좋게 출력하시오. (각 시험은 100점 만점이다).

05. 앞의 문제에서 각 시험의 가중치를 10%, 20%, 30%, 40%로 지정하여 평균점수를 계산하시오. 즉, 뒤에 본 시험일수록 가중치가 높게 적용되도록 하라.

06. 5명의 학생의 시험성적을 입력받아 전체 학생의 성적을 출력하고, 성적 합계와 평균을 출력하시오. 성적은 100점 만점의 정수로 입력 받도록 하시오.

07. 10명의 학생에 대한 국어, 영어, 수학의 점수를 랜덤으로 생성하여 리스트에 입력하시오. 전체 학생의 성적을 출력하고, 과목별 성적 평균을 출력하시오. 각 과목별로 리스트를 별도로 사용하여 성적을 저장하시오.

튜플 활용

08. "A", "B", "C", "D", "E"의 문자 값들을 갖는 튜플을 생성하고 for 반복문을 사용하여 값들을 모두 출력하시오.

09. "A", "B", "C", "D", "E"의 문자 값들을 갖는 튜플을 생성하고 인덱스를 사용하여 앞의 2개의 항목의 값들을 출력하시오.

10. 10부터 시작하여 100까지 10씩 증가하는 형태의 값들을 요소로 갖는 튜플을 생성하고 값들을 반복문을 사용하여 모두 출력하시오.

COMPUTATIONAL THINKING
with Python

16

딕셔너리 자료구조

16.1 딕셔너리(Dictionary) 구조 이해

16.2 딕셔너리에 값 입력하는 방법

16.3 딕셔너리 항목 검색하기

16.4 항목 추가하기와 삭제하기

16.5 딕셔너리를 반복문으로 활용하기

16.6 프로그래밍 언어 개발연도 안내 챗봇

16.7 동물명 영어사전 프로그램

딕셔너리(Dictionary)는 영어 단어 그대로 해석하면 사전이다. 우리가 배우고자 하는 딕셔너리 자료형(자료구조)는 사전의 구조를 생각해보면 이해하기 쉽다. 영어사전(한영사전)을 생각해보자. 사전은 단어에 대한 정의 또는 번역이 적혀있는 책이다. 사전을 간단한 그림으로 표현해보면 아래와 같이 단어와 그에 대응하는 설명의 두 쌍으로 표현할 수가 있다.

찾는 단어	영어 단어
강아지	Dog
고양이	Cat
새	Bird

파이썬에서 제공하는 딕셔너리라는 자료구조는 위의 같은 개념으로 이해할 수 있다. 딕셔너리는 key와 value의 두 개의 쌍이 하나의 데이터(묶음)으로 하여 이 데이터들이 리스트와 같이 연속적으로 구성되는 것이다. 예를 들어 딕셔너리 자료형에 친구 이름과 그 친구의 전화번호를 저장한다고 하자. 그러면 아래와 같이 표현될 수 있다.

key	value
홍길동	010-1111-1111
이순신	010-2222-2222
강감찬	010-3333-3333

컴퓨터 언어의 개발연도(출생연도)를 딕셔너리에 저장하는 경우를 생각해보자.

key	value
C언어	1972
C++	1980
JAVA	1995
Python	1991

리스트와 딕셔너리의 차이점을 생각해보자. 리스트는 하나의 항목의 연결된 자료형이다. 반면, 딕셔너리는 키(key)와 그에 해당되는 값(value)의 정보가 쌍으로 구성된 항목의 연결된 자료형이다.

딕셔너리에 값 입력하는 방법

딕셔너리 자료형에 값을 입력하는 예를 살펴보자. 아래는 3개의 동물에 대한 영어 번역을 저장한 자료이다.

```
>>> dict = { "강아지":"dog", "고양이":"cat", "새":"bird" }
>>> dict
    {'강아지': 'dog', '고양이': 'cat', '새': 'bird'
```

딕셔너리는 중괄호 { }를 사용하여 항목들을 입력한다. 리스트는 대괄호 [ ], 튜플은 소괄호 ( ) 괄호를 사용하였다. 딕셔너리에 값을 입력할 때는 각 항목은 키(key) 값과 내용(value) 값을 쌍으로 입력한다. 두 개의 요소는 콜론(:)기호를 가운데 두고 아래와 같이 표현한다.

key : value

딕셔너리에서 현재 사용되고 있는 key 값들, value 값들을 얻기 위해서는 keys 함수와 values 함수를 사용하면 된다. keys 함수는 딕셔너리의 모든 key 값들을 리스트(list)의 구조로 리턴한다. values 함수는 딕셔너리의 모든 value 값들을 리스트(list)의 구조로 리턴한다.

```
>>> dict = { "강아지":"dog", "고양이":"cat", "새":"bird" }
>>> dict.keys()
    dict_keys(['강아지', '고양이', '새'])
>>> dict.values()
    dict_values(['dog', 'cat', 'bird'])
```

정확히 말하면 우리가 앞에서 배운 리스트와는 약간은 다른 구조의 dict_keys, dict_values라는 형태의 자료구조를 리턴하는데 리스트와 거의 같다고 생각하면 된다. 정확하게 리스트로 변환하려면 list 함수를 사용하면 된다.

```
>>> kList = list(dict.keys())
>>> print(kList)
    ['강아지', '고양이', '새']
```

앞의 예에서 딕셔너리 항목의 key와 value 값들은 모두 문자열로 예를 들었다. 그러나 key은 문자열 뿐 아니라 숫자 값이 들어갈 수 있으며, value 값으로는 문자열, 숫자, 그 외의 자료형도 포함될 수 있다.

딕셔너리에 있는 특정 값을 확인하는 방법에 대한 예이다.

```
>>>   dict = { "강아지":"dog", "고양이":"cat", "새":"bird" }
>>>   dict["강아지"]
      'dog'
```

친구의 전화번호를 찾는 경우의 예제를 살펴보자. dict['이순신'] 명령도 실행해 보자.

```
>>>   dict = { "홍길동":"010-1111-1111", "이순신":"010-2222-2222" }
>>>   dict['홍길동']
      '010-1111-1111'
```

리스트에서 특정 key 값에 해당하는 value를 찾아 가져오는 경우, 위와 같이 '리스트이름[key]' 형식을 사용할 수도 있지만 get 함수를 사용할 수도 있다. '리스트이름.get(key)'의 형식으로 사용된다.

```
>>>   dict = { "홍길동":"010-1111-1111", "이순신":"010-2222-2222" }
>>>   dict.get('홍길동')
      '010-1111-1111'
```

만약 딕셔너리에 존재하지 않는 key 값을 검색하면 당연히 value 값을 얻을 수 없을 것이다. 따라서 위의 검색을 수행하기 전에 딕셔너리에 해당 key 값이 존재하는가를 먼저 점검할 필요가 있다.

in 키워드를 사용하면 간단히 확인이 가능하다. 아래와 같은 형식으로 명령하면 찾는 키 값이 딕셔너리에 존재할 경우 True, 존재하지 않은 경우 False 값을 리턴한다.

```
찾는_키값 in 딕셔너리_이름
```

스스로 해보기

C, JAVA, PYTHON 3개의 언어의 개발연도를 딕셔너리에 저장하고 사용자로부터 언어 이름을 입력받아 해당 개발연도를 알려주는 프로그램을 만들어보자. 만약 저장되지 않은 언어에 대해 물어보면 "알 수 없는 정보입니다."라고 출력하도록 한다.

항목 추가하기

빈 딕셔너리를 만든 후 그 곳에 친구들의 이름과 전화번호 정보를 하나씩 입력하는 명령을 수행해보자.

```
>>> mydict = { }
>>> mydict[ '홍길동' ] = '010-1111-1111'
>>> mydict[ '이순신' ] = '010-2222-2222'
>>> print(mydict)
    {'홍길동': '010-1111-1111', '이순신': '010-2222-2222'}
```

위의 예제에서 보듯이 딕셔너리에 새로운 값을 입력하는 방식은 아래와 같다.

> 딕셔너리_이름 [새로운_Key값] = 새로운_Value값

항목 삭제하기

딕셔너리에 포함된 항목들 중 특정 항목을 삭제하는 방법을 배워보자. 친구 이름과 전화번호를 저장한 딕셔너리에서 "이순신"이라는 key 값에 대한 항목을 삭제해보자.

```
>>> mydict = { '홍길동':'011-1111-1111', '이순신':'010-2222-2222' }
>>> print(mydict)
    {'홍길동': '011-1111-1111', '이순신': '010-2222-2222'}
>>> del mydict['이순신']
>>> print(mydict)
    {'홍길동': '011-1111-1111'}
```

> del 딕셔너리_이름[삭제할_key값]

전체 항목을 삭제하기 위해서는 clear 함수를 사용한다. 기존에 포함된 모든 항목들을 삭제하여 비어있는 딕셔너리가 되도록 한다. del 키워드를 사용한 예는 아래와 같다.

```
>>> mydict = { "홍길동":"010-1111-1111", "이순신":"010-2222-2222" }
>>> mydict.clear()
>>> del mydict
```

16.5 딕셔너리를 반복문으로 활용하기

딕셔너리에 포함된 값들은 keys, values, items 함수들을 사용하여 리스트의 형태로 얻을 수 있다. 이 리스트 자료구조를 for문을 활용하여 리스트에 포함된 모든 값들을 확인하는 작업을 할 수 있다.

함수	함수 기능
keys	딕셔너리의 key 값들을 리스트로 리턴한다.
values	딕셔너리의 value 값들을 리스트로 리턴한다.
items	딕셔너리의 key와 value의 쌍으로 된 항목(아이템)들의 리스트를 리턴한다.

딕셔너리의 key 모든 키값들을 출력해주는 프로그램이다.

```
01  mydict = {'kim':'1111', 'park':'2222', 'lee':'3333'}
02  keyList = mydict.keys()
03  for x in keyList :
04      print(x)
```

위의 코드를 좀 더 간결하게 표현하였다.

```
01  mydict = {'kim':'1111', 'park':'2222', 'lee':'3333'}
02  for x in mydict.keys() :
03      print(x)
```

전체 항목을 출력하는 코드이다(key와 value 쌍 전체를 출력)

```
01  mydict = {'kim':'1111', 'park':'2222', 'lee':'3333'}
02  for k in mydict.keys() :
03      v = mydict[k]
04      print("{0:10s} {1:10s}".format(k,v))
```

items 함수를 사용해보자. 각 아이템은 튜플 자료형이며, items() 함수는 아이템의 리스트를 리턴한다.

```
01  mydict = {'kim':'1111', 'park':'2222', 'lee':'3333'}
02
03  for item in mydict.items() :
04      print(item)                      # item은 튜플 형태
05      print(item[0])
06      print(item[1])
```

프로그래밍 언어 개발연도 안내 챗봇

프로그래밍 언어에 대하여 물어보면 개발연도를 안내해주는 챗봇을 만들어보자. 아래의 예시와 같이 프로그래밍 언어를 입력해주면 그 언어의 개발연도를 알려주는 챗봇이다.

언어	개발연도
c	1972
java	1995
python	1991
go	2009
pascal	1969

프로그래밍 언어 입력: python
Python은 1991년에 태어났어요.

프로그래밍 언어 입력: java
Java는 1995년에 태어났어요.

먼저 아래의 조건문으로 구성된 예제소스를 살펴보자. 만약 여러분이 `if ~ elif ~ else` 조건문의 문법을 알고 있다면 아래의 소스코드를 이해하는데 별 어려움이 없을 것이다. 그러나 아래와 같은 방식의 코드가 어떤 문제점이 있을지 생각해보자.

```
01 while 1:
02     query = input("\n프로그래밍 언어 입력: ")
03     query = query.lower()
04     if "c" in query :
05         print("C언어는 1972년에 태어났어요.")
06     elif "java" in query :
07         print("Java는 1995년에 태어났어요.")
08     elif "python" in query :
09         print("Python은 1991년에 태어났어요.")
10     elif "go" in query :
11         print("Python은 2009년에 태어났어요.")
12     elif "pascal" in query :
13         print("Pascal은 1969년에 태어났어요.")
14     elif :
15         print("등록되지 않은 언어입니다.")
```

만약 5개의 언어가 아니라 50개 또는 100개의 다양한 컴퓨터 프로그래밍 언어에 대해 답해주도록 한다면 소스코드가 어떻게 수정되어야 할까? 50개의 언어에 대해 조건문을 각각 추가해줘야 하므로 소스코드가 굉장히 길게 표현될 것이다.

딕셔너리 활용하기

이번에는 위의 기능을 딕셔너리를 사용하여 개발해보고자 한다. 딕셔너리에 저장할 때 프로그래밍 언어가 key값이 되고, 개발연도를 value값으로 하여 딕셔너리에 저장할 수 있다.

key	value
c	1972
java	1995
python	1991
go	2009

```
01  dic = {'c':1972, 'java':1995, 'python':1991, 'go':2009, 'pascal':1969 }
02  while 1:
03      query = input("\n프로그래밍 언어 입력: ")
04      key = query.lower()
05      year = dic.get(key)
06      print("{}언어는 {}년에 태어났어요.".format(query, year))
```

앞의 소스코드는 사전에 등록되지 않은 프로그래밍 언어에 대해서 제대로 답해주지 못한다. 아래의 10번~14번 라인에 조건문을 적용하여 이러한 문제를 해결하였다. 추가로 딕셔너리의 표현을 한 줄로 할 수도 있지만 1번~5번 라인과 같이 표현하여 가독성을 높일 수도 있다.

```
01  dic = { 'c': 1972 ,
02          'java': 1995 ,
03          'python': 1991,
04          'go': 2009,
05          'pascal': 1969 }
06
07  while 1:
08      query = input("\n프로그래밍 언어 입력: ")
09      key = query.lower()
10      if key in dic :
```

```
11        year = dic.get(key)
12        print("{}언어는 {}년에 태어났어요.".format(query, year))
13    else :
14        print("등록되지 않은 언어입니다.")
```

파일의 내용으로부터 딕셔너리 구성하기

텍스트 파일에 언어와 연도의 내용을 입력하자. 파일로부터 내용을 읽어와 딕셔너리를 구성하여 활용하도록 수정해보자.

메모장으로 아래의 내용을 입력하여 "prog_lang.txt"이라는 이름으로 저장하자.

```
c++, 1980
c#, 2002
pascal, 1970
java, 1995
python, 1991
go, 2009
c, 1972
```

아래와 같이 파일의 내용을 입력 받아 딕셔너리를 구성하도록 할 수 있다. 이렇게 작업하면 항목을 100개 이상 지원하더라도 소스코드는 전혀 수정할 필요 없이 텍스트 파일에 항목만 추가해주면 된다.

```
01  dic = {}
02  fp = open("prog_lang.txt", "r")
03  for line in fp.readlines() :
04      x = line.split(",")           # x는 2개 항목으로 된 리스트
05      dic[x[0]] = int(x[1])         # x[0]는 언어, x[1]은 연도 정보
06  fp.close()
07  print(dic)                        # 딕셔너리 구성 확인
```

프로그램 개선하기

앞의 프로그램은 아래와 같이 정확히 프로그래밍 언어만 입력해야지 답을 해준다. "C언어"라고 입력하거나, "java 언어가 궁금해요"라고 물어보면 답을 해주지 못한다. 아래와 같이 좀 더 자유로운 형식으로 사용자가 질문해도 답을 해주는 프로그램으로 변경해보자.

무엇이 궁금하세요? pascal은 프로그래밍 언어인가요?
pascal언어는 1970년에 태어났어요

무엇이 궁금하세요? 요즘 핫한 Python은 언제 개발됐나요?
python언어는 1991년에 태어났어요

무엇이 궁금하세요? C언어도 알고있어요?
c언어는 1972년에 태어났어요

완성된 소스코드는 아래와 같다. 1번~6번 라인에서 파일에 기록된 내용을 읽어와서 딕셔너리 자료형에 저장하고 있다. 파일 사용에 대해서는 파일 관련 챕터에서 자세히 배울 예정이다. 우선은 코드를 보고 따라해보자.

```python
01 dic = {}
02 fp = open("prog_lang.txt", "r")
03 for line in fp.readlines() :
04     x = line.split(",")              # x는 2개 항목으로 된 리스트
05     dic[x[0]] = int(x[1])            # x[0]는 언어, x[1]은 연도 정보
06 fp.close()
07
08 while 1 :
09     query = input("\n무엇이 궁금하세요? ")
10     query = query.lower()
11
12     for key in dic.keys() :
13         if key in query :
14             year = dic.get(key)
15             print("{}언어는 {}년에 태어났어요".format(key,year))
16             break
17         else :
18             print("제가 이해할 수 없는 질문입니다.")
```

13번 라인을 보자. 질문과 키워드를 비교하는 방식을 변경하였다. 앞의 소스코드에서는 질문에 정확히 프로그래밍 언어만 입력하도록 했으므로 그 내용을 가지고 바로 딕셔너리에서 key값으로 검색하였다. 수정된 방식은 딕셔너리에 들어있는 모든 key값들에 대해서 프로그래밍 언어(key)가 질문(query)에 포함되어 있는가를 검사하는 방식으로 수정하였다.

동물명 영어사전 프로그램

아래와 같이 동물 이름을 한글로 입력 받아 해당되는 영어 단어로 알려주는 프로그램을 만들어보자.

> 동물 이름(한글): 강아지
> 강아지는 영어로는 dog입니다.
>
> 동물 이름(한글): 고양이
> 고양이는 영어로는 cat입니다.
>
> 동물 이름(한글): 코끼리
> 코끼리는 영어로는 elephant입니다.

텍스트 파일에 동물 이름과 해당 영어 단어를 입력하여 사용하도록 하자. 아래 내용을 메모장에 입력한 후 "animal_eng.txt"라는 이름으로 저장하자.

> 강아지, dog
> 고양이, cat
> 새, bird
> 코끼리, elephant

key	value
강아지	dog
고양이	cat
새	bird
코끼리	elephant

위의 파일로부터 딕셔너리를 구성하는 소스코드는 아래와 같다. 참고로 아래의 소스코드와 위의 텍스트 파일은 같은 폴더에 위치해야 한다.

```
01 dic = { }
02 fp = open("animal_eng.txt", "r")
03 for line in fp.readlines() :
04     x = line.split(",")
05     dic[x[0]] = x[1].replace("\n","").replace(" ","")
06 fp.close()
07 # print(dic)                          # 완성된 딕셔너리를 확인하는 코드
```

완성된 소스코드는 아래와 같다.

```
01  dic = { }
02  fp = open("animal_eng.txt", "r")
03  for line in fp.readlines() :
04      x = line.split(",")
05      dic[x[0]] = x[1].replace("\n","").replace(" ","")
06  fp.close()
07  # print(dic)                              # 완성된 딕셔너리를 확인하는 코드
08
09  while 1:
10      query = input("\n동물 이름(한글): ")
11      key = query.lower()
12      if key in dic :
13          eng = dic.get(key)
14          print("{}는 영어로는 {}입니다.".format(query, eng))
15      else :
16          print("등록되지 않은 언어입니다.")
```

스스로 해볼 수 있는 예제들

딕셔너리를 사용하여 아래의 기능을 하는 프로그램을 만들어보자.

- 역사적 사건에 대한 연도를 알려주는 프로그램(역사사건 – 연도)
- 전세계의 다양한 나라들의 수도를 알려주는 프로그램(나라 – 수도)
- 상품명 또는 상품코드에 대한 가격 정보를 알려주는 프로그램(상품명 – 가격)

COMPUTATIONAL THINKING with Python

파일 활용 및 예외처리

학습목차

17.1 파일에 내용 쓰기
17.2 파일의 내용 읽기
17.3 예외 상황에 대한 이해
17.4 예외 상황을 처리하는 문법
17.5 어떤 예외 상황인지 확인하기
17.6 파일 활용에서의 예외 상황 처리

새로운 파일을 생성하여 그 파일에 간단한 내용을 입력하는 기능을 배워보고자 한다. "hello.txt"라는 텍스트 파일을 만들어 간단한 인사말과 자기소개에 대한 내용을 입력하는 프로그램을 만들어보자.

```
01  fp = open("d:\\hello.txt", "w")
02  fp.write("Hello World \n")
03  fp.write("My name is gildong \n")
04  fp.close()
05  print("파일을 찾아 열어보세요")
```

1번 라인에서 경로를 지정할 때 구분자로 \\(역슬래시 두 개)를 사용한 것을 주의하자. 역슬래시 기호를 한 개만 하면 에러가 발생하는 경우가 많다. 물론 역슬래시 한 개만 사용해도 에러없이 실행되는 경우도 간혹 있다.

C:\의 경우 사용자의 쓰기 권한이 보통 제한되므로 d:\에 파일을 생성되도록 하였다. 만약 여러분의 컴퓨터에 D:\가 존재하지 않는다면 C:\ 안에 하위 폴더를 생성한 후 그 곳을 경로로 지정하여 출력되도록 하자. 2번 및 3번 라인에서 사용된 '\n'은 new line (새로운 줄), 즉 줄 바꿈을 의미하는 특수기호이다.

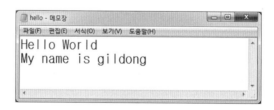

파일에 내용을 기록하는 방법을 정리하면 아래와 같다.

- open 함수를 사용한다. 파일명과 용도를 설정한다(w:쓰기, a:추가하기, r: 읽기). 파일명에 경로까지 함께 포함시킨다. 경로를 쓰지 않으면 파이썬 작업 폴더로 인식한다.

- open 함수로부터 파일을 제어할 수 있는 파일 포인터(fp)를 받는다.

- fp의 소속함수인 write() 함수를 사용하여 내용을 입력한다.

- 파일 사용이 완료되었으면, fp의 소속함수인 close() 함수를 사용하여 파일을 닫는다.

파일 열기 모드 이해하기

앞의 소스코드에서 1번 라인의 `fp = open("d:\hello.txt", "w")`라는 코드를 살펴보자. 두 번째 파라미터로 'w'를 지정하였다. 두 번째 파라미터는 파일 열기 모드를 의미한다. 열기모드로 w, r, a 등이 사용될 수 있는데 그 의미는 아래와 같다.

모드	의미
w	쓰기(write)
r	읽기(read)
a	추가하기(append)

만약 앞에서 생성한 파일에 새로운 한 줄의 내용을 추가하려면 아래와 같이 'a' 파일 열기 모드로 'a'를 지정하면 된다. 파일 열기 모드를 'a'(append)로 지정한 후 내용을 기록하면 기존 내용은 그대로 있고 그 뒤에 내용이 덧붙여진다.

```
01  fp = open("d:\\hello.txt", "a")
02  fp.write("Nice to Meet you \n")
03  fp.close()
04  print("파일에 내용이 추가되었습니다. ")
```

스스로 해보기

- 자신의 이름, 고향, 취미를 소개하는 내용을 "intro.txt"라는 파일로 출력하시오. (바탕화면의 경로는 바탕화면에 위치한 임의의 파일에서 마우스 우측 버튼을 클릭하여 팝업된 목록의 맨 아래에 '속성' 메뉴를 클릭하면 창이 표시된다. 창에서 '위치' 항목에 바탕화면의 절대경로가 표시된다).

- 구구단의 5단을 파일에 출력해보자. D:\gugu.txt 파일을 생성하여 그 파일에 줄 단위로 5 × 1 = 5, 5 × 2 = 10, ⋯ , 5 × 9 = 45의 내용이 출력되도록 하자.

- 파일에 구구단 전체(2단부터 9단 전체)를 출력하도록 해보자.

구구단 출력하기

구구단 5단을 출력하는 코드는 아래와 같다.

```
01  for t in range (1, 10, 1) :
02      print("5 x %d = %d " % (t, 5*t))
```

구구단 5단을 파일로 출력해보자. 파일은 "d:\\구구단5단.txt" 파일로 저장한다.

```
01  fp = open("d:\\구구단5단.txt", "w")
02  for t in range (1, 10, 1) :
03      fp.write("5 x %d = %d \n" % (t, 5*t))
04  fp.close()
05  print("구구단 5단이 파일(d:\\구구단5단.txt)에 출력되었습니다.")
```

구구단 전체 (2단부터 9단까지)를 화면에 출력하는 프로그램은 아래와 같다.

```
01  print("구구단 전체 출력 프로그램")
02  for n in range (2, 10, 1) :
03      print("\n구구단 %d 단 출력" % n)
04      print("--------------------------")
05      for t in range (1, 10, 1) :
06          print("%d x %d = %d " % (n, t, n*t))
```

위 내용을 파일로 출력해보자. (d:\\구구단-전체.txt)

```
01  fp = open("d:\\구구단-전체.txt", "w")
02  fp.write("구구단 전체 출력 프로그램\n")
03  for n in range (2, 10, 1) :
04      fp.write("\n구구단 %d 단 출력 \n" % n)
05      fp.write("-------------------\n")
06      for t in range (1, 10, 1) :
07          fp.write("%3d x %3d = %3d \n" % (n, t, n*t))
08  print("구구단 전체가 파일에 출력되었습니다.")
09  fp.close()
```

파일의 내용 읽기

이번에는 이미 존재하는 파일의 내용을 읽어오는 방법을 배워보자.

텍스트 파일에 있는 내용을 읽어와서 화면에 그대로 출력해주는 프로그램을 만들어보자. 파일 읽기 기능을 실습하기 위하여 먼저 아래와 같은 내용이 입력된 파일을 준비하자. 파일 이름은 "read_test.txt"으로 지정하여 d:\ 폴더에 저장하자.

```
Hello world
My name is gildong
Nice to meet you
```

파일을 열고 **readline**이라는 함수를 사용하여 한 줄씩 읽어와서 출력하는 코드이다. 맨 마지막 라인에서는 아무것도 없는 내용(문자열)을 가져오게 되므로 문자열의 길이가 0이면(**len(line)==0**)이면 프로그램을 종료하도록 하였다. 기본적으로 **print** 함수는 한줄 띄어쓰기(**\n**) 문자가 포함되기 때문에 빈 줄이 하나씩 들어가는 문제가 발생한다. 따라서 **end=""** 파라미터를 지정하여 이러한 문제를 해결하였다.

```
01  fp = open("read_test.txt", "r")
02  while 1 :
03      line = fp.readline()
04      if len(line)==0 :
05          break
06      print(line, end="")
07  fp.close()
```

위의 프로그램은 **readlines** 함수를 사용하여 아래와 같이 간결하게 표현될 수 있다. **readline** 함수는 한 줄 단위로 문자열을 가져오는 함수이고, **readlines** 함수는 한 줄 단위로 문자열을 만들어 전체 내용을 문자열의 리스트로 생성하여 리턴해주는 함수이다.

```
01  fp = open("d:\\read_test.txt", "r")
02  for line in fp.readlines() :
03      print(line, end="")
04  fp.close()
```

예외 상황에 대한 이해

문법적 오류

아래 프로그램이 잘 실행되는지 문제가 있는지 생각해보자.

```
01  print("안녕 파이썬)
02  print(7 + 5
```

아래 소스코드는 문법적인 오류가 존재하기 때문에 당연히 제대로 실행되지 않고 에러가 발생한다. 1번 라인은 닫는 따옴표가 없는 문제가 있다. 2번 라인은 닫는 괄호가 없는 문제가 있다.

예외 상황으로 인한 오류

여러분이 문법적으로 문제없는 프로그램을 만들었더라도 상황에 따라 프로그램이 오류를 발생하며 종료되는 경우가 있다. 아래의 소스코드를 살펴보고 어떤 오류가 발생할 지 생각해보자.

```
01  text = input("출생년도 입력: ")
02  year = int(text)
03  age = 2019 - year + 1
04  print("당신은 %d살입니다." % age)
```

여러분이 익숙한 출생연도를 입력 받아 나이를 출력하는 프로그램이다. 문법적인 오류는 없지만 사용자가 잘못된 내용을 입력하면 에러가 발생한다. 예를 들어 "2002년", "이천이년", "abcd" 등으로 입력한 경우를 고려해보자. 이러한 에러는 문법적 에러가 아니라 실시간에 발생하는 에러(예외 상황)이다.

자주 발생하는 예외 상황들을 정리하면 아래와 같다.

- 잘못된 계산을 명령하는 경우
- 잘못된 인덱스를 사용하는 경우
- 없는 파일을 사용하려고 하는 경우
- 사용자가 잘못된 형식으로 입력한 경우

예외 상황 오류 확인하기

두 정수를 입력 받아 나눗셈을 하는 프로그램 소스이다. 이 소스코드는 문법적인 오류는 없으며, 10과 2를 입력하면 10 / 2 = 5.0과 같이 잘 실행된다. 그러나 만약 10과 0을 입력하면 "ZeroDivisionError: division by zero"라는 예외 상황 에러가 발생하여 비정상적으로 종료된다. 따라서 이러한 경우에 5번 라인은 실행되지 않는다.

```
01  a = int(input("첫 번째 정수: "))
02  b = int(input("두 번째 정수: "))
03  c = a / b
04  print("%d / %d = %.1f" %(a,b,c))
05  print("종료합니다.")
```

```
첫 번째 정수: 10
두 번째 정수: 0


C =a / b
ZeroDivisionError: ddivision by zero
```

아래 프로그램은 3개의 문자로 구성된 문자열을 생성한 후 인덱스를 사용하여 출력하는 예제이다. 문법적인 오류는 없다. 그러나 3번 라인에서 잘못된 인덱스를 사용하였기 때문에 "IndexError: string index out of range"라는 예외 상황으로 인한 에러가 발생하여 종료되며, 4번 라인은 실행되지 않는다.

```
01  text = "ABC"
02  print(text[0])                    # 0, 1, 2 까지의 인덱스 사용 가능함
03  print(text[3])
04  print("종료합니다.")
```

아래는 exam.txt라는 텍스트 파일을 읽어서 화면에 출력하는 예제이다. 그런데 실제로 디스크에 exam.txt 파일이 존재하지 않는다면 어떻게될까?

```
05  fp = open("exam.txt",  "r")
06  for line in fp.readlines():
07      print(line, end="")
08  fp.close()
```

예외 상황을 처리하는 문법

예외 상황을 처리하는 try … except … finally 문법의 형태는 아래와 같다.

```
try :
    명령문
except :
    예외상황 발생 시 실행되는 명령
finally :
    예외가 발생했든 안했든 마지막으로 실행되는 부분
```

이 문법을 앞의 프로그램에 적용하여 앞에서 언급한 문제점을 해결해보자.

```
01  try :
02      text = input("출생연도 입력: ")
03      year = int(text)
04      age = 2019 - year + 1
05      print("당신은 %d살입니다." % age)
06  except :
07      print("예상치 못한 상황으로 종료합니다.")
08  finally :
09      print("이용해주셔서 감사합니다. ")
```

위 프로그램을 실행한 결과는 아래와 같다. "2002"라고 올바른 형식으로 값을 입력한 경우와 "2002년"이라고 잘못 입력한 경우에 대한 실행결과이다.

```
출생연도 입력: 2002
당신은 18살입니다.
이용해주셔서 감사합니다.
```

올바른 입력의 경우

```
출생연도 입력: 2002년
예상치 못한 상황으로 종료합니다.
이용해주셔서 감사합니다.
```

잘못된 입력의 경우

어떤 예외 상황인지 확인하기

예외 상황을 제대로 처리해주기 위해서는 프로그램이 어떤 예외 상황 때문에 비정상적으로 종료되었는지를 알아야 한다. 어떤 이유로 비정상정적으로 종료되었는지에 따라서 적절하게 대응을 해주어야 한다. 이러한 처리를 위해서 앞에서 배운 문법을 변형하는 방법을 배워보자.

앞에서 try ... exception … finally 문법을 공부하였다. finally 구문은 생략이 가능하므로 아래와 같이 표현 가능하다.

```
try :
    명령문
except :
    예외상황 발생 시 실행되는 명령
```

아래는 finally를 생략하고 try … except 구문만을 사용하는 코드이다.

```
01  try :
02      a = 10 / 0
03  except :
04      print("예외상황 에러로 인해 종료합니다.")
```

except 구문에 위의 3번라인과 같이 아무것도 쓰지 않으면 모든 예외 상황에 대해서 처리해준다. 그런데 어떤 예외 상황이 발생했는가에 따라서 해당되는(적절한) 명령을 수행하도록 하려면 아래와 같은 형식을 사용한다. except 다음에 예외 상황 이름을 명시하는 것이다. 아래와 같이 except 구문은 여러 개가 사용될 수 있다.

```
try :
    명령문
except 예외상황A :
    예외상황A가 발생한 경우의 명령
except 예외상황B :
    예외상황B가 발생한 경우의 명령
```

```
01  try :
02      a = 10 / 0
03  except ZeroDivisionError :
04      print("0으로 나누는 예외상황이 발생했습니다.")
```

아래의 소스코드에 대하여 다양한 예외 상황을 처리하도록 만들어보자.

```
01  try :
02      t = input("정수 입력:"))
03      n = int(t)
04      m = 100 / n
05      print("100을 %d으로 나눈 몫: %d" % (n,m))
06      print("입력한 두 번째 숫자: %c" % t[1])
07  except :
08      print("예상치 못한 상황으로 종료합니다.")
```

위 프로그램은 문법적으로는 문제가 없다. 위 프로그램을 실행한 후 25라는 정수를 입력해보자. 그러면 에러 없이 정상적으로 값이 출력된다. 그러나 사용자가 입력한 내용에 따라 다양한 예외 상황 에러가 발생할 수 있다. 어떤 예외 상황이 발생할 수 있을지 생각해보자.

입력	에러 발생 라인	예외상황 발생한 이유	에러 이름
"abc"	3번 라인	정수(int)로 변환할 수 없는 상황	ValueError
0	4번 라인	정수를 0으로 나누는 상황	ZeroDivisionError
5	6번 라인	허용되지 않은 문자열 인덱스 범위 사용	IndexError

```
01  try :
02      t = input("정수 입력: ")
03      n = int(t)
04      m = 100 / n
05      print("100을 %d으로 나눈 몫: %d" % (n,m))
06      print("입력한 두 번째 숫자: %c" % t[1])
07  except ValueError :                    # 3.14 입력
08      print("예외상황: 값변환 오류")
09  except ZeroDivisionError :             # 0 입력
10      print("예외상황: 0으로 나눈 오류")
11  except IndexError :                    # 6번 라인 발생
12      print("예외상황: 인덱스 범위 오류")
```

파일을 활용할 때, 즉 파일을 쓰거나 읽을 때 아래와 같이 다양한 예외 상황들이 발생할 수 있다.

- 읽고자 하는 파일이 존재하지 않는 경우
- 쓰고자 하는 파일이 생성되지 않는 경우

```
01  try :
02      fp = open("d://read_test.txt", "r")
03      for line in fp.readlines() :
04          print(line, end="")
05      fp.close()
06  except FileNotFoundError :
07      print("파일이 존재하지 않습니다.")
```

앞에서 배운 finally 구문까지 추가해보자. finally 구문은 예외가 발생했든 하지 않았든 마지막에 항상 실행되는 부분이다.

```
01  try :
02      fp = open("d://read_test.txt", "r")
03      for line in fp.readlines() :
04          print(line, end="")
05      fp.close()
06  except FileNotFoundError :
07      print("파일이 존재하지 않습니다.")
08  finally :
09      print("파일 작업을 종료합니다.")
```

01. 파일에 구구단 5단을 출력하는 프로그램을 작성하시오. 바탕화면에 **"gugu_5.txt"**라는 이름의 파일로 출력되도록 하시오.

02. 각도 0도부터 360도까지 10도 간격으로 값을 변경하면서 **Sine** 함수 값을 계산하여 그 결과를 파일에 출력하시오.

03. 파일에 아래의 형식으로 10명의 학생의 시험 점수가 저장되어 있다. 점수의 합계와 평균을 구한 후 화면에 출력하는 프로그램을 작성하시오.

```
97
85
77
...
```

04. 파일에 아래의 형식으로 10명의 학생의 국어, 영어, 수학 점수가 입력되어 있다. 파일로부터 내용을 입력받아 각 과목의 평균 점수를 계산하여 화면에 출력하시오.

```
국어, 영어, 수학
 90, 80, 70
 60, 50, 65
100, 90, 80
 ...
```

05. 파일에 구구단 전체(2단~9단)를 출력하는 프로그램을 작성하시오. 바탕화면에 **"gugu_all.txt"**라는 이름의 파일로 출력되도록 하시오.

06. 두 개의 정수를 입력받아 사칙연산의 결과를 파일로 출력하는 프로그램을 작성하시오. 만약 0으로 나누는 예외 상황이 발생한 경우 사용자에게 0을 입력하면 안된다는 메시지를 출력하고 프로그램을 종료하시오.

COMPUTATIONAL
THINKING
with Python

CHAPTER

18

모듈 활용하기

학습목차

18.1 모듈 이해하기

18.2 나만의 circle 모듈 만들기

18.3 도형을 그려주는 나만의 모듈 만들기

18.4 global 키워드 이해하기

모듈이란?

모듈(module)이란 어떤 목적을 위하여 누군가(자기 자신이 또는 다른 사람이) 만들어둔 소스파일을 의미한다. 예를 들어 수학에 관련된 함수들이 자주 필요하게 된다. 루트함수, 삼각함수, 로그함수 등의 다양한 수학 함수들을 여러분이 필요할 때마다 스스로 만들어서 사용해야 한다면 프로그래밍(코딩)은 매우 어렵고 복잡한 작업이 될 것이다. 소스코드도 보기 어렵고 매우 길게 작성되어야 한다. 그러나 다른 사람이 math.py라는 파일에 이미 그에 관련된 기능들을 모두 정의하여 두었기 때문에 여러분은 아래와 같이 math라는 모듈을 가져와서 간단하게 sqrt, log 등의 함수를 사용하기만 하면 된다.

```
import math
math.sqrt(5)                          # root 5 값 구하기
math.log(2, 1000)                     # 밑이 2인 로그 1000
```

모듈 임포트하기

이미 만들어진 모듈을 활용하기 위해서는 import라는 키워드를 사용하여 그 모듈을 임포트해야 한다. 실제로 모듈은 파이썬 소스파일이기 때문에 math.py 확장자로 저장되지만 import로 가져올 경우 확장자는 표기하지 않고 import math 형식으로 모듈 이름만 기록한다는 점을 기억해두자.

```
import 모듈이름
```

import 키워드를 사용하여 필요한 모듈들을 가져오는 코드들은 보통 소스코드의 앞 부분에 아래와 같이 정리한다. 물론 import 키워드를 소스코드의 중간에서 활용할 수도 있지만 자신이 사용할 모듈들을 명확하게 표시하기 위하여 앞 부분에 아래와 같이 입력하기를 권한다.

```
import math
import turtle
```

모듈에 포함된 함수 사용하기

모듈에 포함된 함수를 활용하기 위해서는 모듈이름에 점(.)을 찍은 후 그에 포함된 함수 이름과 파라미터를 적어주면 된다.

```
import 모듈_이름
모듈_이름.함수_이름(파라미터)
```

아래와 같이 turtle 모듈을 불러와서 그 모듈에 포함된 **forward** 함수(앞으로 이동하며 선 그리기), **right** 함수(오른쪽으로 각도만큼 회전하기) 등의 함수를 사용하여 간단한 그림을 그릴 수 있다. 위의 왼쪽의 소스코드는 [모듈이름 점 함수이름(파라미터)]를 보기좋게 띄어쓰기를 하였다. 그러나 일반적으로는 띄어쓰기는 하지 않으며 아래의 오른쪽 소스와 같이 표현한다.

```
01  import turtle
02  turtle . forward(300)
03  turtle . right(90)
04  turtle . forward(300)
```

```
01  import turtle
02  turtle.forward(300)
03  turtle.right(90)
04  turtle.forward(300)
```

모듈에 별명을 붙여 사용하기

별명(별칭)을 사용할 수도 있다. 모듈의 이름이 긴 경우 별명을 사용하면 편리하다.

```
import 모듈이름 as 별명
별명.함수이름(파라미터)
```

아래와 같이 원래 모듈의 이름은 **turtle**이지만 **turtle**이라고 반복적으로 입력하는 것이 귀찮기 때문에 **t**라는 별명(별칭)으로 사용할 수 있다.

```
01  import turtle as t
02  t.forward(300)
03  t.right(90)
04  t.forward(300)
```

turtle 모듈을 '거북'이라는 별명으로 사용하는 코드이다.

```
01  import turtle as 거북
02  거북.forward(300)
03  거북.right(90)
04  거북.forward(300)
```

나만의 circle 모듈 만들기

모듈 만들기

앞에서 math, turtle, random 등의 다양한 모듈을 사용해보았다. 그 모듈들은 다른 사람이 만들어둔 모듈이다. 모듈은 다른 사람이 만들어둔 것을 활용할 수도 있지만 여러분 스스로도 만들어 활용할 수 있다.

기존에 존재하지 않는 자신만의 간단한 모듈을 만들어보자. 앞에서 많이 해 본 원의 넓이를 구하는 함수, 원의 둘레의 길이를 구하는 함수들을 담고 있는 mycircle이라는 모듈을 만들것이다. mycircle이라는 모듈을 만들기 위해서는 새로운 파일을 만들고 그 파일의 이름을 mycircle.py로 하여 저장하면 된다. 그 파일 안에 아래와 같이 입력해보자.

```
01  # mycircle.py (스스로 만든 모듈)
02
03  def 원의넓이(r) :
04      결과 = r * r * 3.14
05      print("원의 넓이는 ", 결과)
06  def 원의둘레(r) :
07      결과 = 2 * r * 3.14
08      print("원의 둘레는 ", 결과)
```

우리는 mycircle이라는 간단한 모듈을 만들었다. 이 모듈에는 2개의 함수(원의넓이, 원의둘레)가 포함되어 있다. 이 모듈을 가져와서 사용하기 위해서는 먼저 import 키워드를 사용해야 한다. 또한 모듈이름에 점(.)을 찍은 후 그 모듈에 속한 함수를 호출하여 사용할 수 있다.

새로운 소스파일을 만들어 이 모듈을 임포트하여 실행해보자.

```
01  import mycircle
02
03  print("모듈을 사용하여 원의 넓이와 둘레를 구합니다.")
04  mycircle.원의넓이(10)
05  mycircle.원의둘레(10)
```

참고로 위 두개의 파일은 같은 폴더에 저장되어 있어야 한다. 모듈 파일이 파이썬 설치 폴더의 특정 폴더에 위치해 있어도 되지만 간단하게 실습하기 위하여 같은 폴더에 파일을 저장하고 실행하자.

모듈을 기본 저장폴더에 저장하면 쉘 모드에서도 바로 활용할 수 있게 된다. 바탕화면 등의 폴더에 저장하면 쉘 모드에서는 그 파일을 인식하지 못하므로 임포트 할 수 없다.

값을 리턴하는 형태로 변환하기

앞에서 만든 모듈에서는 함수가 값을 리턴하지 않고 직접 답을 화면에 출력한다. 모듈에서 계산된 값을 직접 출력하는 것이 아니라, 값을 리턴해 주는 방식으로 변경한 후 실행해보자.

```
01  # mycircle.py (스스로 만든 모듈)
02
03  def 원의넓이(r) :
04      결과 = r * r * 3.14
05      return 결과
06
07  def 원의둘레(r) :
08      결과 = 2 * r * 3.14
09      return 결과
```

모듈을 임포트하여 실행하는 코드를 아래와 같이 작성한 후 실행해보자.

```
01  import mycircle
02
03  반지름 = float(input("원의 반지름을 입력하세요: "))
04  r1 = mycircle.원의넓이(반지름)
05  r2 = mycircle.원의둘레(반지름)
06  print("원의 넓이: %.2f" % r1)
07  print("원의 둘레: %.2f" % r2)
```

아래와 같은 실행결과를 얻을 수 있다.

```
원의 반지름을 입력하세요: 15
원의 넓이: 706.50
원의 둘레: 94.20
```

18.3 도형을 그려주는 나만의 모듈 만들기

앞에서 turtle 모듈을 사용하여 다양한 도형을 그리는 방법을 학습하였다. 이번에는 직접 다양한 도형을 그려주는 모듈을 만들어보고 이 모듈을 사용하여 간단하게 사각형, 삼각형, 다각형, 원형의 그림을 그려보자.

```python
01  # myshape.py (나만의 모듈 만들기)
02  import turtle as t
03
04  def 정사각형(size) :
05      for i in range(4) :
06          t.forward(size)
07          t.left(90)
08      return 0
09
10  def 정삼각형(size) :
11      for i in range(3) :
12          t.forward(size)
13          t.left(360/3)
14      return 0
15
16  def 정원그리기(size) :
17      t.circle(size)
18      return 0
```

위 모듈을 임포트하여 사용하는 소스코드를 아래와 같이 작성하여 실행해보자.이와같이 모듈을 만들어 자주 사용되는 기능을 별도의 파일로 저장해두고 반복적으로 사용하면 된다. 또한 훨씬 간결한 소스를 만들게 해준다. 6번 라인이 실행될 수 있도록 위 모듈에 '직사각형(width, height)' 함수를 직접 추가해보자.

```python
01  import myshape as ms
02
03  ms.정사각형(100)
04  ms.정삼각형(200)
05  ms.정원그리기(100)
06  # ms.직사각형(200, 100)          # myshape 모듈에 아직 정의가 안됨.
```

global 키워드 이해하기

아래의 소스코드를 살펴보자. 1번 라인에서 **var** 변수에 100이 입력된다. 4번 라인에서 **var** 변수에 10이 입력된다. 아래 프로그램을 실행하면 어떤 결과가 출력될지 예상해보자.

```
01  var = 100
02
03  def func1() :
04      var = 10
05      print("함수1:", var)
06
07  print("출력1:", var)
08  func1()
09  print("출력2:", var)
```

```
출력1: 100
함수1: 10
출력2: 100
```

위 소스코드를 정확히 이해하기 위해서는 지역변수와 전역변수가 무엇인지 이해하고, 상황에 따라 지역변수와 전역변수를 선택적으로 접근하는 방법을 이해할 필요가 있다.

지역변수에 대한 이해

지역변수(local variable)는 특정 지역(영역)에서 정의되어 그 곳에서만 사용될 수 있는 변수를 의미한다. 그 지역을 벗어나면 사용할 수 없다.

함수 내부에서 정의된 변수는 지역변수이기 때문에 함수 안에서는 사용될 수 있지만 함수 밖에서는 사용될 수 없다. 아래의 소스코드를 살펴보자. 6번 라인에서 에러가 발생한다.

```
01  def func1() :
02      var = 10                        # 지역변수 var
03      print("함수1:", var)
04
05  func1()
06  print("출력1:", var)                # 에러 발생
```

함수에 파라미터로 전달된 변수도 지역변수로 취급된다. 때문에 함수 외부에서는
사용할 수 없다.

```
01  def func1(param) :              # 지역변수 param
02      var = 10 * param            # 지역변수 var
03      print("함수1:", param)
04
05  func1(5)
06  print("출력1:", var)            # 에러 발생
07  print("출력2:", param)          # 에러 발생
```

전역 변수에 대한 이해

전역 변수는 특정 영역이 아니라 맨 바깥 영역에 정의되어 어디서나 사용될 수 있
는 변수이다. 따라서 전역 변수로 생성된 변수는 특정 함수 안에서도 사용이 가능
하다.

```
01  var = 100                       # 전역변수 var
02
03  def func1() :
04      print("함수1:", var)
05
06  func1()
07  print("출력1:", var)
```

```
함수1: 100
출력1: 100
```

그런데 전역 변수와 지역 변수가 이름이 같은 경우엔 어떻게 될까? 1번 라인의 var
변수와 4번 라인의 var 변수는 이름은 같지만 사실은 서로 다른 변수이다. 두 변수
가 다른 변수임을 고려한다면 실행결과를 예상할 수 있을 것이다.

```
01  var = 100                       # 전역변수 var
02
03  def func1() :
04      var = 10                    # 지역변수 var
05      print("함수1:", var)
06
07  func1()
08  print("출력1:", var)
```

```
함수1: 10
출력1: 100
```

지역에서 전역변수를 사용하는 방법

만약 아래 소스코드에서 `func1`의 함수에서 전역변수의 값을 변경하려면 어떻게 해야할까?

```
01  var = 100
02  def func1() :
03      var = 10                        # 전역변수 var를 10으로 바꾸려면?
04      print("함수1:", var)
05
06  func1()
07  print("출력1:", var)
```

지역에서(함수 내에서) 전역변수를 사용하려면 **global** 키워드를 사용하여 그 변수를 지역변수로 생성하지 않고 전역변수를 사용하도록 할 수 있다.

```
01  var = 100
02  def func1() :
03      global var                      # 전역변수 var를 사용할 것을 선언
04      var = 10                        # 전역변수 var에 10을 입력
05      print("함수1:", var)
06
07  func1()
08  print("출력1:", var)
```

전역변수, 지역변수 그리고 **global** 키워드를 이용하는 방법을 이해했다면 아래 프로그램의 실행결과를 예상할 수 있을 것이다.

```
01  var = 100
02  def func1() :
03      var = 10
04      print("함수1:", var)
05  def func2() :
06      global var
07      var = 10
08      print("함수2:", var)
```

```
09
10  print("출력1:", var)
11  func1()
12  print("2차:", var)
13  func2()
14  print("3차:", var)
```

지역을 다른 지역에서 사용하는 방법

만약 아래 소스코드에서 func1의 함수에서 전역변수의 값을 변경하려면 어떻게 해야할까? 아래 소스코드는 에러가 발생할 것이다. 어느 부분에서 왜 에러가 발생할까? 어떻게 해결할 수 있을까?

```
01  def func1() :
02      var = 10
03      print("함수1:", var)
04
05  def func2() :
06      var += 3
07      print("함수2:", var)
08
09  func1()
10  func2()
11  var += 5
12  print("출력1:", var)
```

위의 소스코드에서 var 변수는 2번 라인에서 생성된다. 즉, var 변수는 func1()에 속한 지역변수이다. 따라서 다른 함수에서 사용할 수 없으며, 함수 바깥쪽에서도 사용할 수 없다.

그러나 아래와 같이 global 키워드를 사용하여 원래 지역변수이었던 것을 전역 변수로 사용되도록 할 수 있다. 다른 함수에서 사용할 수 있으며 메인 영역에서도 활용할 수 있게 된다. 그러나 이러한 코드는 가독성이 매우 떨어지므로 권장하지 않는다. 다만 설명을 위한 코드이다.

```
01  def func1() :
02      global var
03      var = 10
04      print("함수1:", var)
05
06  def func2() :
07      global var
08      var += 3
09      print("함수2:", var)
10
11  func1()
12  func2()
13  var += 5
14  print("출력1:", var)
```

01. my_math라는 모듈을 만들어보자. 이 모듈은 아래의 4개의 기능(함수)을 지원하도록 하자. 쉘 모드에서이 모듈을 임포트하여 지원되는 함수들을 확인해보자.

- sum(n): 1부터 n까지 더해주는 함수
- sum(a, b): a부터 b까지 더해주는 함수
- gugu(n): n을 입력받아 구구단을 출력해주는 함수
- gugu_all(): 구구단 전체를 출력해주는 함수

02. 직사각형, 정원을 그려주는 **shape**이라는 모듈을 만들고 활용해 보시오.

- 직사각형(w, h): 너비가 w이고 높이가 h인 파란색으로 칠해진 직사각형을 그리는 함수
- 정원(r): 반지름이 r인 파란색의 정원을 그리는 함수

03. 위의 **shape** 모듈에 아래의 함수를 추가하시오.

- 정사각형(x, y, size): (x, y) 좌표점을 중심으로 하여 한 변의 길이가 size인 정사각형을 그리는 함수
- 정원(x, y, r): (x, y) 좌표점을 중심으로 하여 반지름이 r인 정원을 그리는 함수

COMPUTATIONAL THINKING with Python

클래스 활용하기

학습목차

19.1 클래스 정의 방법
19.2 사람(Person) 클래스 만들기
19.3 원의 넓이를 구하는 클래스 만들기
19.4 학생 성적 관리 프로그램
19.5 from 모듈 import 구문

클래스(Class)는 다음과 같은 형식으로 정의를 시작한다.

```
class 클래스이름 :
    변수1 = 기본값
    변수2 = 기본값
    def 멤버함수1(self, 파라미터, …) 정의
    def 멤버함수2(self, 파라미터, …) 정의
```

클래스 이름은 보통 첫 문자를 대문자로 지정하는 것이 일반적이다. 클래스에 소속된 변수를 명시적으로 지정해준 후 기본값을 대입한다. 아무런 값을 입력하지 않으려면 None을 입력할 수도 있다.

클래스의 변수가 정의되었다면 그 다음에 클래스에 속한 함수를 정의한다. 클래스에 함수를 정의하는 방식은 앞에서 배운 함수를 정의하는 방식과 동일하다. 단 주의할 점은 클래스에 소속된 함수의 경우 첫 번째 파라미터를 self로 지정해주어야 한다. 자기 자신을 의미하며 실제로 사용자가 입력해주지 않는 파라미터이다. 두 번째 이후부터의 파라미터가 실제로 사용되는 파라미터이다.

멤버함수 안에서 멤버변수의 값을 수정하거나 사용하려면 self.변수명 형식으로 사용해야 한다.

클래스의 선언의 예

만약 여러분이 학원의 신규 학생 정보를 관리하는 프로그램을 만든다고 하자. 새로운 학생이 들어왔을 때 기입하는 신규 가입 카드의 내용을 하나의 클래스로 정의할 수 있다.

```
class Student :
    이름 = None
    주소 = None
    학교 = None
    학년 = None
    학생전화번호 = None
    부모전화번호 = None
    def 정보등록(self, 이름, 주소, 학생전화, 부모전화)
    def 주소정보(self)
        …
```

사람(Person) 클래스 만들기

이름(name)과 나이(age) 정보를 관리하는 **Person**이라는 클래스를 만들어보자.
우선 함수는 없이 데이터만 존재하는 클래스로 시작한다.

```
01  class Person :
02      name = None
03      age = 0
```

정보를 입력하는 함수를 추가하였다.

```
01  class Person :
02      name = None
03      age = 0
04      def 정보입력(self, pName, pAge) :
05          self.name = pName
06          self.age = pAge
07
08  p1 = Person()
09  p1.정보입력("홍길동", 21)
```

```
01  class Person :
02      name = None
03      age = 0
04      def 정보입력(self, pName, pAge) :
05          self.name = pName
06          self.age = pAge
07      def 자기소개(self) :
08          print("안녕하세요")
09          print("내 이름은 ", self.name, "입니다.")
10          print("나이는", self.age, "살 입니다.")
11
12  p1 = Person()
13  p1.정보입력("홍길동", 21)
14  p1.자기소개()
```

19.3 원의 넓이를 구하는 클래스 만들기

원의 넓이와 둘레를 구하는 클래스를 만들어보자.

```
01  class Circle :                              # 클래스 이름 시작은 대문자 권장
02      반지름 = 0
03      def 반지름정하기(self, radius) :
04          self.반지름 = radius
05      def 넓이구하기(self) :
06          area = self.반지름 * self.반지름 * 3.14
07          print("원의 넓이는", area)
08
09  c1 = Circle()
10  c1.반지름정하기(10)
11  c1.넓이구하기()
```

위의 소스코드에 원의 둘레를 구하는 함수를 추가해보자.

```
01  class Circle :
02      반지름 = 0
03      def 반지름정하기(self, radius) :
04          self.반지름 = radius
05      def 넓이구하기(self) :
06          area = self.반지름 * self.반지름 * 3.14
07          print("원의 넓이는", area)
08      def 둘레구하기(self) :
09          area = 2* self.반지름 * 3.14
10          print("원의 둘레는", area)
11
12  c1 = Circle()
13  c1.반지름정하기(10)
14  c1.넓이구하기()
15  c1.둘레구하기()
```

초기화 함수 정의하기

클래스를 정보를 초기화하는 함수는 꼭 필요하지는 않지만, 보통은 필수적으로 정의한다. 초기화 함수의 이름은 __init__이라는 이름으로 만들어야 한다. init 앞뒤로 언더바 두 개를 붙여야 한다. 초기화 함수는 외부에서 별도로 호출하는 함수

가 아니라 클래스를 생성하면 생성될 때 한번 자동으로 실행되는 함수이다.

```
01  # 모든 멤버 함수는 파라미터로 self가 첫 번째로 입력되어야 한다.
02  class Circle :                          # 클래스 이름은 대문자로 시작
03      r = None
04      def __init__(self, radius=20) :
05          print("Circle 객체가 생성됩니다.")
06          self.r = radius
07      def setR(self, radius) :
08          self.r = radius
09      def 넓이구하기(self) :
10          area = self.r * self.r * 3.14
11          print("원의 넓이는", area)
12      def 둘레구하기(self) :
13          line = 2 * self.r * 3.14
14          print("원의 둘레는", line)
15
16  c1 = Circle()
17  print(c1.r)
18  c1.setR(10)
19  print(c1.r)
20  c1.넓이구하기()
21  c1.둘레구하기()
```

self 파라미터의 이해

__init__ 함수를 비롯한 모든 함수들은 self(자기 자신) 파라미터를 필수적으로 받도록 해야 한다. 이 파라미터는 외부에서 호출할 때는 전달되지 않는 파라미터이지만 형식상 꼭 필요하다. 자기 자신(self)을 받아서 자기 자신에 속한 변수 및 함수들을 호출할 수 있도록 해주기 위한 목적이다.

학생 성적 관리 프로그램

학생의 학교 시험 성적을 관리하는 프로그램을 만들려고 한다. 학교 시험은 국어, 영어, 수학의 3과목이라고 가정하자. 학생의 정보(이름, 3과목 성적)을 관리하는 클래스를 만들어 보자.

```python
01  class Student :
02      name = None
03      kor = None
04      eng = None
05      mat = None
06      def __init__(self, name='', kor=0, eng=0, mat=0) :
07          self.name = name
08          self.kor = kor
09          self.eng = eng
10          self.mat = mat
11      def getSum(self) :
12          sum = self.kor + self.eng + self.mat
13          return sum
14      def getAve(self) :
15          ave = self.getSum() / 3
16          return ave
17
18  std1 = Student("kim", 90, 80, 75)
19  print(std1.getSum())
20  print(std1.getAve())
```

위의 소스코드에서 2번~5번 라인에 클래스에 소속된 변수(멤버 변수)들을 정의하였다. 그러나 __init__ 함수에서 이들 변수들을 정의할 경우 2번~5번의 코드는 생략이 가능하다.

스스로 연습하기

텍스트 파일에 학생의 이름, 국어, 영어, 수학 점수가 쉼표로 구분되어 10명이 입력되어 있다고 가정하자. 그 파일로부터 학생정보를 입력받아 클래스에 저장하도록 연습해보자.

한 모듈에 여러 개의 변수, 함수, 클래스가 존재한 경우를 생각해보자.

```python
01  # my_module.py
02  pi = 3.14
03  e = 2.71
04
05  def info() :
06      print("이 모듈은 여러 클래스와 변수를 포함하고 있습니다.")
07
08  class Circle :
09      반지름 = 0
10      def __init__(self, radius) :
11          self.반지름 = radius
12      def 넓이구하기(self) :
13          area = self.반지름 * self.반지름 * 3.14
14          print("원의 넓이는", area)
15
16  class Square :
17      크기 = 0
18      def __init__(self, size) :
19          self.크기 = size
20      def 넓이구하기(self) :
21          area = self.크기 * self.크기
22          print("정사각형의 넓이는", area)
```

import로 아래와 같이 모듈 안의 모든 것을 가져와서 활용할 수 있다.

```python
01  import my_module as md
02  print(md.pi)
03  print(md.e)
04  md.info()
05  c1 = md.Circle(5)
06  c1.넓이구하기()
07  s1 = md.Square(5)
08  s1.넓이구하기()
```

모듈을 가져오는 또 다른 방식은 아래와 같다.

```
from 모듈 import 가져올내용(변수,함수,클래스)
```

from A import B 방식을 사용하면 모듈에서 일부 내용만 선택적으로 가져올 수 있다. 아래의 예는 my_module 모듈에서 전체 내용을 다 가져오는 것이 아니라 Circle 클래스만 가져오는 예이다.

```
01  from my_module import Circle
02
03  c1 = Circle(5)
04  c1.넓이구하기()
05  s1 = Square(5)                  # 에러 발생
06  s1.넓이구하기()                  # 에러 발생
```

```
from 모듈 import *
```

위와 같이 form 모듈 import * (별표) 형식으로 가져오면 모듈 안에 들어있는 모든 내용을 가져오는 것이다. 쉽게 말하면 모듈의 전체 내용이 실제로 현재 소스 코드가 있는 파일에 같이 있다고 이해하면 된다.

따라서 이러한 경우 "모듈이름 .(점) 함수이름" 또는 "모듈이름 .(점) 변수이름" 등의 형식으로 사용하지 않고 그냥 "함수이름", "변수이름" 형식으로 사용할 수 있게 된다.

```
01  from my_module import *
02
03  print(pi)                       # my_module.pi가 아니라 그냥 pi
04  print(e)                        # my_module.e가 아니라 그냥 e
05  info()                          # my_module.info()가 아니라 그냥 info()
06  c1 = Circle(5)
07  c1.넓이구하기()
```

01. 이번학기 "파이썬 프로그래밍" 과목은 1차, 2차, 3차의 시험으로 평가가 진행된다. 각 시험은 100점 만점으로 채점된다. 결석 횟수가 5회 이상이면 성적에 상관없이 F학점이 부여되도록 할 것이다. 아래의 내용에 기초하여 멤버변수와 멤버함수를 포함하는 PythonLecture라는 이름의 Class를 정의하시오.

구분	내용
멤버 변수	1차 시험 점수 2차 시험 점수 3차 시험 점수 결석 횟수
멤버 함수	3개의 시험의 평균 점수를 산출하는 함수 1차, 2차, 3차 시험을 각각 각각 20%, 30%, 50% 가중치로 평균을 산출하는 함수 최종 성적을 입력 받아 학점(A, B, C, D, F)을 부여하는 함수 초기화 함수에서 각 점수들이 0점으로 초기화되도록 할 것

02. 위 문제에서 작성한 클래스에 최종 산출된 성적을 입력 받아 학점을 산출하는 멤버 함수를 추가하시오. 학점은 아래의 표를 기준으로 산출한다.

학점	성적	비고
A	90점 이상 ~ 100점	
B	80점 이상 ~ 90점 미만	결석이 5회 이상이면 성적과 상관없이 F학점 부여
C	70점 이상 ~ 80점 미만	
D	60점 이상 ~ 70점 미만	
F	60점 미만	

03. 3명의 학생의 1차, 2차, 3차 시험 점수와 결석 횟수를 입력받아 1차, 2차, 3차 시험을 20%, 30%, 50% 가중치로 적용하여 최종 성적을 산출해 출력해주는 프로그램을 작성하시오(1번 문제에서 정의한 클래스를 활용할 것).

```
파이썬 수업 성적 산출
1번 학생 > 90, 80, 70, 3
2번 학생 > 85, 90, 95, 0
3번 학생 > 50, 90, 70, 6

=== 분석결과 ===
번호   산출점수   학점
1번    77.0      C
2번    91.5      A
3번    72.0      F
```

몇 가지 유용한 라이브러리

학습목차

20.1 time 모듈
20.2 timeit 모듈
20.3 date 모듈
20.4 datetime 모듈
20.5 random 모듈
20.6 statistics 모듈

time 모듈

time 모듈은 시간에 관련된 모듈이다. 주로 사용되는 몇 개의 함수를 중심으로 설명하겠다.

sleep 함수

sleep 함수는 일정한 시간동안 프로그램이 멈추도록 하는 역할을 한다. 파라미터는 초 단위로 입력 받으며 정수 뿐 아니라 실수 값을 지정할 수 있다.

```
01  import time
02  print("3초 후에 얘기해요")
03  time.sleep(3)
04  print("잠깐 쉬는 함수입니다.")
```

구구단의 9단을 1초 단위로 출력하려면 다음과 같이 작성하면 된다.

```
01  import time
02  for i in range(1, 10, 1) :
03      print("%d * %d = %d" % (9, i, 9*i))
04      time.sleep(1)
```

time 함수

time 모듈에 들어있는 time 함수를 배워보자. 모듈 이름과 함수 이름이 동일하다. 현재 시간을 초 단위의 실수로 표현해준다. 참고로 1970년 1월 1일 0시 0분 0초를 기준으로 하는 초이다.

```
01  import time
02  now = time.time()
03  print("지금 시간(초): ", now)
```

위 프로그램을 실행했을 때 지금(시간) 초가 1540045211.300683이 출력되었다면 1970년 1월 1일 이후로 1,540,045,211초가 지났음을 의미한다. 소수점 아래는 1초 단위 이하의 세밀한 시간을 의미한다.

위 기능을 사용하면 어떤 작업을 수행할 때 소요되는 시간을 측정할 수 있다. 아래는 화면에 count 1, count 2, ⋯ , count 100 까지 출력하는 데 걸리는 시간을 측정하는 프로그램이다. 실행하여 소요된 시간을 파악해보자. 1000까지 출력하도록 숫자를 변경한 후 수행되는 시간을 파악해보자.

```
01  import time
02  startTime = time.time()
03  for i in range(100): print("count", (i+1))       # 1부터 100까지 출력하기
04  endTime = time.time()
05  print("수행시간: ", (endTime-startTime))
```

그럼 이번에는 1부터 10,000,000 까지, 즉 천만까지 더하는 프로그램을 만들어보자.

```
01  import time
02  startTime = time.time()
03  sum = 0
04  for n in range (1, 10000001, 1) :
05      sum += n
06  endTime = time.time()
07  print("결과: ", sum)
08  print("수행시간: %.3f초" % (endTime-startTime))
```

위 프로그램을 사용하여 1부터 100까지, 1000(천)까지, 10000(만), 100000(십만)까지 더하는 작업의 소요시간을 측정해보자. 아마도 시간이 제대로 측정이 되지 않고 0초로 측정될 것이다. time 모듈의 time 함수는 밀리초(1/1000초)이하의 세밀한 초를 측정하지 못하는 한계가 있음을 알아두자. 뒤에서 배울 timeit 모듈을 통하여 이 문제를 해결할 수 있다.

timeit 모듈

timeit 모듈은 정밀한 시간 측정을 위해 사용된다. 어떤 특정한 명령이 수행되는 시간을 측정하는데 알고리즘의 시간 효율을 측정하는데 유용하다.

아래는 1부터 10,000까지 더하는 계산을 하는데 몇 초가 걸리는지 확인하는 코드이다.

```
01  import timeit
02  start = timeit.default_timer()
03  sum =0
04  for n in range(1, 10001, 1) :
05      sum += n
06  end = timeit.default_timer()
07  print("계산결과: ", sum)
08  print("수행시간: ", end - start)
```

아래는 1부터 n까지 더하는 함수를 별도로 정의한 후 시간을 측정하는 소스코드이다. 입력 값으로 1000, 10000, 100000 등의 값을 입력하여 수행시간을 확인해보자.

```
01  import timeit
02
03  def sum1toN(end) :
04      sum = 0
05      for n in range(1, end+1, 1) :
06          sum += n
07      return sum
08
09  number = int(input("몇 까지 더할까요? "))
10  start = timeit.default_timer()
11  result = sum1toN(number)
12  end = timeit.default_timer()
13
14  print("계산결과: ", result)
15  print("수행시간: ", end - start)
```

date 모듈

날짜 생성하기

date 모듈은 날짜 정보를 저장하고 처리하는데 유용한 모듈이다. "2018년 10월 20일" 등의 정보를 입력할 때 사용한다. date 모듈은 datetime 모듈에 포함된 하위 모듈이다. 따라서 이 모듈을 임포트할 때 "import date"으로 실행하면 오류가 난다. "from datetime import date"의 형식으로 임포트 해야 오류없이 실행된다.

date 모듈을 생성할 때 연도, 월, 일의 3개 정보를 파라미터로 입력하여 특정 날짜를 생성할 수 있다. 생성된 날짜 개체에 포함된 year, month, day 멤버변수를 사용하여 연도, 월, 일의 정보를 가져와 활용할 수 있다.

```
01  from datetime import date
02  birthday = date(2002, 6, 30)
03  print("태어난 해:", birthday.year)
04  print("태어난 달:", birthday.month)
05  print("태어난 날:", birthday.day)
```

위 코드는 아래와 같이 사용될 수도 있다. 임포트할 때 상위 모듈인 datetime을 임포트 한 후 아래 코드에서 date 모듈을 사용할 때 datetime.date 이라고 명시하여 사용하는 것이다.

```
01  import datetime
02  bd = datetime.date(2002, 6, 30)
03  print("생일: %d년 %d월 %d일" % (bd.year, bd.month, bd.day))
```

오늘 날짜 생성하기

date 모듈에 포함된 today 함수는 오늘 날짜에 대한 date 객체를 생성해준다. 아래와 같이 오늘 날짜를 확인하여 출력해줄 수 있다. 멤버 변수 year, month, day를 사용하여 각 정보를 출력할 수 있으며, isoformat 함수를 사용하면 "2018-10-20"의 표준화된 형식으로 날짜를 알려준다.

```
01  from datetime import date
02  오늘 = date.today()
03  print(오늘.year)
04  print(오늘.month)
05  print(오늘.day)
06  print(오늘.isoformat())
```

두 날짜 사이의 차이 구하기

아래는 두 날짜 사이의 차이를 계산하는 프로그램이다. 두 개의 날짜(date) 객체에 대하여 뺄셈을 하면 두 날짜의 간격을 구할 수 있다. 정확하게는 timedelta 타입의 정보가 생성되는데 **days**라는 멤버변수를 사용하여 일 수 차이를 확인할 수 있다.

```
01  from datetime import date
02  d1 = date(2002, 6, 30)              # 생일 입력
03  d2 = date(2018, 10, 20)            # 오늘 날짜, today() 적합
04  dur = d2 - d1
05  print("당신은 태어나서 %d일 살았군요 " % dur.days)
06  print(type(dur))
```

위의 코드를 활용하여 사용자로부터 출생연도, 월, 일을 입력 받아 지금까지 살아온 일 수를 계산해 알려주는 프로그램을 만들어보자.

```
01  from datetime import date
02
03  year = int(input("몇 년에 태어났나요? "))
04  month =int(input("몇 월에 태어났나요? "))
05  day = int(input("몇 일에 태어났나요? "))
06
07  birthday = date(year, month, day)
08  today = date.today()
09  dur = today - birthday
10  print("당신이 살아온 날 수: ", dur.days)
```

요일 파악하기

date 모듈에 포함된 weekday라는 함수는 해당 날짜의 요일 정보를 알려준다. 요일을 숫자로 알려주는데 0:월요일, 1:화요일, 2:수요일, 3:목요일, 4:금요일, 5:토요일, 6:일요일의 순서로하여 0~6까지의 숫자로 알려준다. 생일의 요일을 알려주는 프로그램을 만들어보자.

```
01  from datetime import date
02  week = [ '월', '화', '수', '목', '금', '토', '일' ]
03
04  year = int(input("몇 년도에 태어났나요? "))
05  month =int(input("몇 월에 태어났나요? "))
06  day = int(input("몇 일에 태어났나요? "))
07  birthday = date(year, month, day)
08
09  print(birthday.isoformat(), "에 태어난 당신")
10  index = birthday.weekday()
11  print(week[index], "요일에 태어났군요", sep='')
```

실행결과는 아래와 같다. 이 프로그램이 제대로 동작하는지 컴퓨터의 달력을 이용하여 자신의 생일을 찾아 요일을 확인해보자.

```
몇 년도에 태어났나요? 1999
몇 월에 태어났나요? 9
몇 일에 태어났나요? 2
1999-09-02에 태어난 당신
목요일에 태어났군요
```

참고로 isoweekday라는 함수도 제공되는데 이 함수는 weekday 함수와 동일하게 요일 정보를 정수 값으로 리턴해준다. 다른 점은 weekday는 0~6 까지의 정수값으로 제공하는데, isoweekday 함수는 1~7 까지의 정수값으로 제공한다. 즉, weeday 함수에서는 0이 월요일이고, isoweekday 함수에서는 1이 월요일이다.

생후 며칠, 몇 개월, 몇 년

출생연도, 월, 일을 입력 받아 생후 며칠, 몇 개월, 몇 년인지 알려주는 프로그램을 만들어보자. 아래의 형식으로 실행되는 프로그램을 만들어보자.

먼저 생후 며칠인지 파악하여 알려주는 기능을 먼저 만들어보자.

```
01  from datetime import date
02
03  print("=== 생후 일수 계산 프로그램 ===")
04  birthYear = int(input("몇 년도에 태어났나요? "))
05  birthMonth = int(input("몇 월에 태어났나요? "))
06  birthDay = int(input("몇 일에 태어났나요? "))
07
08  생일 = date(birthYear, birthMonth, birthDay)
09  오늘 = date.today()
10  생후일수 = (오늘-생일).days
11
12  print("생후 %d 일" % 생후일수)
```

```
=== 생후 일수 계산 프로그램 ===
몇 년도에 태어났나요? 1999
몇 월에 태어났나요? 9
몇 일에 태어났나요? 2
생후 7088 일
```

위의 소스코드에 생후 개월 수, 생후 년 수를 추가하는 기능을 추가하였다. 개월은 매월 30일을 가정하였고 년은 월을 12월로 나누는 방식을 사용하였다. 대략적인 계산을 수행하였으므로 약간의 오차가 있을 수 있다.

```
01  from datetime import date
02
03  print("=== 생후 일수 계산 프로그램 ===")
04  birthYear = int(input("몇 년도에 태어났나요? "))
05  birthMonth = int(input("몇 월에 태어났나요? "))
06  birthDay = int(input("몇 일에 태어났나요? "))
07
08  생일 = date(birthYear, birthMonth, birthDay)
09  오늘 = date.today()
10  생후일수 = int((오늘-생일).days)
11
```

```
12  print("생후 %d 일" % 생후일수)
13  생후달수 = 생후일수 // 30
14  print("생후 %d 개월" % 생후달수)
15  생후년수 = 생후달수 // 12
16  print("생후 %d 년" % 생후년수)
```

```
=== 생후 일수 계산 프로그램 ===
몇 년도에 태어났나요? 1999
몇 월에 태어났나요? 9
몇 일에 태어났나요? 2
생후 7088 일
생후 236 개월
생후 19 년
```

앞에서 datetime 모듈 하위에 포함된 date이라는 모듈을 공부하였다. 이번에는 datetime 모듈 하위에 포함된 datetime이라는 모듈을 배워보자. 상위 모듈과 하위 모듈의 이름이 동일하여 혼동될 수 있다.

구분	설명
date 모듈	[년도, 월, 일]로 구성된 날짜 정보를 관리하는 모듈
datetime 모듈	[년도, 월, 일, 시간, 분, 초, 밀리초]로 구성된 날짜와 시간 정보를 관리하는 모듈

위의 표에서 보듯이 datetime 모듈은 date 모듈과 비슷하나 시간 정보가 추가된 것으로 이해하면 된다. 기본적으로 사용법은 앞에서 배운 date 모듈과 매우 유사하다.

날짜 시간 생성하기

datetime 모듈은 날짜 정보(년도, 월, 일)에 추가로 정확한 시간 정보(시간, 분, 초, 마이크로초)를 포함하는 모듈이다. 따라서 특정 시간을 2번 라인과 같은 형식으로 생성하고, 생성된 객체의 year, month, day, hour, minute, second, microsecond 멤버 변수를 사용하여 값을 사용할 수 있다.

```
01  from datetime import datetime
02  birth = datetime(2002, 6, 30, 10, 15, 3, 100)
03
04  print("태어난 년도:", birth.year)
05  print("태어난 달:", birth.month)
06  print("태어난 날:", birth.day)
07  print("태어난 시간:", birth.hour)
08  print("태어난 분:", birth.minute)
09  print("태어난 초:", birth.second)
10  print("태어난 마이크로초:", birth.microsecond)
```

상위 모듈인 datetime을 임포트한 후 datetime.datetime 형식으로 사용할 수도 있다.

```
01  import datetime
02  bd = datetime.datetime(2002, 6, 30, 10, 15, 3, 100)
03  print(bd.year, bd.month, bd.day, bd.hour, bd.minute, bd.second,
    bd.microsecond)
```

현재 날짜 시간 파악하기

시스템으로부터 현재 시간 정보를 받아서 화면에 출력해주는 프로그램이다.

```
01  from datetime import datetime
02  now = datetime.now()
03  print("현재 날짜와 시간을 안내합니다.")
04  print(now.year, now.month, now.day)
05  print(now.hour, now.minute, now.second, now.microsecond)
```

```
현재 날짜와 시간을 안내합니다.
2019 1 28
5 5 38 72964
```

시스템으로부터 현재 시간을 받아서 특정 날짜의 시간과 현재 시간과의 차이를 출력해주는 프로그램이다.

```
01  from datetime import datetime
02  birth = datetime(2002, 6, 30, 10, 15, 3, 56765)
03  now = datetime.now()
04  print(now - birth)
```

```
6055 days, 18:49:42.227180
```

random 모듈

주요 랜덤 값 추출 함수들

프로그래밍을 하다보면 임의의 값, 랜덤 값이 필요한 경우가 있다. 그러한 경우 random 모듈을 불러와 그 안에 속한 여러 가지 함수들을 사용할 수 있다. random 모듈을 사용하기 위해서는 해당 함수를 호출하기 전에 아래와 같이 import random을 실행해야 한다.

```
import random
```

random 모듈에 속한 함수들 중 많이 활용되는 4개의 함수를 아래에 정리하였다.

함수	사용 방식	설명
randint 함수	randint(a, b)	정수 a부터 정수 b까지의 정수 중에서 랜덤으로 특정 정수 n을 선택한다. a<=n<=b
randrange 함수	randrange(a, b, c)	시작값 a, 종료값 b, 증가값 c의 3개의 파라미터를 사용하여 수열을 생성하고, 그 수열에서 임의의 정수를 선택한다. 종료값은 선택에서 제외된다.
random 함수	random()	0에서 1사이의 임의의 실수 값을 선택한다.
choice 함수	choice(list)	리스트(list)에 포함된 값들 중에서 임의로 하나의 값을 선택한다.

함수의 활용법 살펴보기

randint 함수

randint 함수는 함수의 이름에서 알 수 있듯이 랜덤으로 정수(integer) 값을 선택하는 함수이다. randint(a, b)의 방식으로 2개의 파라미터를 입력받아 임의의 정수 n을 선택한다. n의 범위는 a<=n<=b로서 양 끝 값인 a, b를 포함한다.

주사위를 던져 임의의 숫자를 선별하는 상황을 생각해보자. 주사위를 던졌을 때 어떤 숫자가 나올지 아무도 모른다. 확률적으로 동일하기 때문에 계속 던지다 보면 비슷한 숫자가 나올 것이다.

```
>>> import random
>>> random.randint(1, 6)
```

```
     6
>>> random.randint(1, 6)
     1
```

이번엔 주사위를 2초에 한 번씩 던져서 나온 주사위 값을 출력하는 프로그램을 만들어보자.

```
01  import random
02  import time
03
04  print("=== 주사위 던지기 ===")
05  print("지금부터 2초에 한번씩 주사위를 던집니다.")
06
07  while 1 :
08      val = random.randint(1, 6)
09      print("주사위 값: %d" % val)
10      time.sleep(2)
```

거북이가 랜덤으로 위치를 정해서 다양한 크기의 원을 그리는 프로그램을 만들어보자.

```
01  import turtle as t
02  import random
03  import time
04
05  t.shape("turtle")
06  t.shapesize(3)
07
08  while 1 :
09      x = random.randint(-300, 300)
10      y = random.randint(-300, 300)
11      size = random.randint(30, 100)
12
13      t.penup()
14      t.goto(x, y)
15      t.pendown()
16      t.circle(size)
17      time.sleep(0.3)
```

randrange 함수

random 모듈에서 제공하는 randrange라는 함수를 살펴보자. for 반복문을 배울 때 for 변수 in range(a, b, c)의 방식을 배운 적이 있다. range 함수를 사용하여 시작값 a, 종료값 b, 증가값 c를 사용하여 증감되는 수열을 생성하였다. randrange 함수는 range 함수와 마찬가지로 사용된다. 3개의 파라미터를 기본적으로 입력받는다. 마지막 파라미터는 생략이 가능하며 생략시 1로 가정한다. 첫 번째 파라미터와 세 번째 파라미터는 동시에 생략 가능하며 그럴경우 첫 번째 파라미터는 0, 세 번째 파라미터는 1로 가정한다. 주의할 점은 두 번째 파라미터는 종료값이므로 범위에 포함되지 않는 다는 것이다.

```
>>> random.randrange(0, 21, 3)          # 0, 3, 6, 9, 12, 15, 18 중 선택
15
```

위의 명령이 어떤 기능을 하는지 생각해보자. 시작값 0, 종료값 21, 증가값 3인 수열을 생성한다. 따라서 0, 3, 6, 9, 12, 15, 18의 수열을 생성하고 그 안에서 하나의 값을 랜덤으로 선택해준다. 참고로 종료값 21은 선택되는 범위에서는 제외된다. 끝값이 아니라 종료값임을 유의하자.

```
>>> random.randrange(1, 10)          # 1, 2, 3, …, 9 중 랜덤 선택
7
```

위의 명령의 기능을 생각해보자. randrange 함수에서 두 개의 파라미터를 사용하였다. 즉 세 번째 파라미터가 생략된 것이다. 따라서 randrange(1, 10, 1) 명령과 같은 역할을 한다. 1부터 시작하여 9까지, 1씩 증가하는 수열을 만든다. 10은 종료값이므로 포함되지 않는다. 1, 2, 3, 4, 5, 6, 7, 8, 9 중에서 하나의 정수를 랜덤으로 선택한다.

```
>>> random.randrange(10)          # 0, 1, 2, … 9 중에서 랜덤 선택
5
```

위의 명령의 기능을 생각해보자. 파라미터가 1개만 사용되었으므로 첫 번째 파라미터와 세 번째 파라미터가 생략된 것으로 이해할 수 있다. 즉 random.randrange(0, 10, 1)와 결과가 같다. 0에서 시작하여 9까지 1씩 증가되는 수열에서 임의의 정수를 선택한다. 0, 1, 2, 3, 4, 5, 6, 7, 8, 9에서 랜덤으로 하나의 정수를 선택한다.

random 함수

이번에는 random 모듈에서 제공하는 random 함수의 사용법을 살펴보자. 모듈의 이름과 함수의 이름이 동일하기 때문에 random.random()의 형태로 사용된다. random 함수는 파라미터가 필요없기 때문에 빈 괄호를 사용한다.

random 함수는 0에서 1사이의 실수 값을 랜덤으로 선택한다. 앞의 함수들이 정수 값을 랜덤으로 선택했던 것과 차별된다. 소수점까지 포함되는 실수값이 필요한 경우에는 이 함수를 사용하면 된다.

아래 명령을 실행해보자. 0에서 1사이의 실수 값을 선택하여 출력해줄 것이다.

```
>>>  import random
>>>  random.random()
     0.7857442091241837
```

아래는 반복적으로 랜덤 값을 생성하는 소스코드이다.

```
01  import random as r
02  import time as t
03
04  while 1 :
05      n = r.random()
06      print("랜덤값: ", n)
07      t.sleep(1)
```

```
랜덤값:  0.8803748981229512
랜덤값:  0.20222324395725466
랜덤값:  0.284779011625403
```

choice 함수

choice 함수는 여러 개의 항목들이 포함된 리스트를 입력으로 받아 그 중에서 하나의 값을 랜덤으로 선택해준다.

```
>>>  import random
>>>  과일들 = ['사과', '바나나', '배', '키위']
>>>  random.choice(과일들)
     바나나
```

위의 소스코드의 기능을 생각해보자. '과일들'이라는 이름의 리스트에 4개의 과일을 입력하였다. choice 함수를 사용하여 4개의 과일중에서 하나의 과일을 선택하여 출력해주는 역할을 한다.

statistics 모듈

통계 기능을 지원해주는 모듈이다. 기본적인 통계 기능들인 평균, 분산, 중간값 등을 구해주는 함수를 제공한다.

평균구하기

리스트에 들어있는 값들에 대한 평균을 구할 수 있다.

```
01  import statistics as stat
02  scores = [90, 80, 60, 85, 95, 100, 70]
03  mean = stat.mean(scores)
04  print("평균: " , mean)
```

중간 값 구하기

statistics 모듈의 **median** 함수를 사용하여 리스트의 중간 값을 얻을 수 있다. 리스트를 sort 함수를 이용하여 정렬한 후 확인해보면 중간 값이 잘 산출되었는지 확인해볼 수 있다.

```
01  import statistics as stat
02  scores = [90, 80, 60, 85, 95, 100, 70]
03  mid = stat.median(scores)
04  print("중간값: " , mid)
05  scores.sort()
06  print("정렬값: " , scores)
```

분산과 편차 구하기

statistics 모듈의 variance 함수를 사용하여 분산 값을 구할 수 있고, stdev 함수를 사용하여 표준편차 값을 구할 수 있다. 아래의 소스코드를 실행하여 확인해보자.

```
01  import statistics as stat
02  scores = [90, 80, 60, 85, 95, 100]
03  var = stat.variance(scores)
04  dev = stat.stdev(scores)
05  print("분산: " , var)
06  print("편차: " , dev)
```

01. 출생연도와 생일을 "20140715"의 형식(년도 4자리, 월일 각 2자리)으로 입력받아 생후 몇 일인지 알려주는 프로그램을 작성하시오.

02. 출생연도와 생일을 "20140715"의 형식으로 입력 받아 사용자의 한국 나이와 만 나이를 별 도로 알려주는 프로그램을 작성하시오. date 모듈을 사용하여 현재의 날짜 정보를 사용하시 오. 만약 오늘이 2019년 3월 1일이라면 아래의 형식으로 되도록 하시오.

```
출생연도와 생일 입력: 20140715
한국 나이: 6살
만 나이: 4살
```

03. 구구단의 n단을 출력해주는 프로그램을 작성하시오. 정수 n을 입력 받아, 아래의 형식으로 출력되도록 하고 1초 간격으로 한 줄씩 출력되도록 하시오.

```
몇 단을 출력할까요? 5
5 x 1 = 5
5 x 2 = 10
...
5 x 9 = 45
```

04. 임의의 두 정수를 생성하여 두 정수 간에 덧셈 문제 5개를 출제하고 사용자가 답을 입력하면 정답인지 오답인지를 안내해주는 프로그램을 작성하시오. 두 자릿수의 정수가 생성되도록 하시오.

> 덧셈 퀴즈를 시작합니다.
> 문제1> 15 + 62 = 77
> 정답! 맞는 답을 입력하셨습니다.
> 문제2> 45 + 98 = 133
> 오답! 틀린 답을 입력하셨습니다.

05. 10명의 성적을 랜덤으로 생성하여 리스트에 입력하시오. 생성된 10명의 모든 성적과, 평균 성적, 가장 높은 점수, 가장 낮은 점수, 중간 점수를 찾아 화면에 출력하시오.

ㄱ

간단한 계산으로 암호화 / 83
값 / 56
거듭제곱 / 37
곱하기 연산 / 37
공백 / 47
귀도 반 로섬 / 4
근의 공식 / 262
글자 모양 / 14
기본 연산자 / 36
끝 문자 변경 / 66

ㄴ

나누기 연산 / 38
논리 연산자 / 158

ㄷ

다양한 다각형 / 119
닫는 따옴표 / 57
데이터 사이언스 / 6
데이터 타입 / 72
데이터 타입 변환 / 75
데이터 타입 확인 / 73
동적 데이터 타입 변환 / 74
두 개의 정수 더하기 / 65
들여쓰기 / 161
등호(=) 연산자 / 48
디폴트 파라미터 / 193
딕셔너리 / 315
따옴표 자체를 출력 / 61

ㄹ

랜덤 숫자 생성 / 239
루트함수(root) / 21
리스트 / 290
리스트(list) / 308
리스트 인덱스 / 295

ㅁ

머신러닝 / 6
메모리 / 44
메모리(Main Memory) / 44
모듈 / 16

모듈(module) / 340
모듈 임포트 / 340
문자(Character) / 80
문자열 / 57, 266
문자열(String) / 81
문자열 붙이기 / 283
문자열 쪼개기 / 283

ㅂ

반복문 / 43, 204, 286
변수 / 29, 44, 56, 290
변수(variable) / 290
변수의 활용 / 65
복합적 포맷 설정 / 144
분산 / 376
비교 연산자 / 158

ㅅ

사칙연산 / 20
산술 연산자 / 49
센티미터 / 40
소수점 자릿수 / 143, 149
소수 판별 / 243
소스코드 / 24
수식 / 56
수식 자체를 출력 / 57
순서도 / 235
쉘(shell) 모드 / 22
식별 함수 / 271

ㅇ

안내 문구 출력 / 86
알고리즘 / 249
암호 텍스트를 해석 / 83
양식문자 / 132
양쪽 공백 제거 / 272
언더라인(_) / 47
언더바(_) / 29
에러 / 57
여는 따옴표 / 57
오각형 그리기 / 119
오버플로우(overflow) / 37
오픈소스 라이브러리 / 4

유니코드(Unicode) / 267
이진수(binary) / 44
인공지능 / 6
인덱스 / 295
인치 / 41
인터렉티브 쉘 모드(Interactive Shell Mode) / 23
인터프리터(interpreter) / 5
인터프리터 방식 / 4
입력 메시지 표시 / 87

ㅈ

자료형(Data-type) / 96
작은 따옴표 / 24
재귀 / 253
저장 공간 / 44
전역 변수 / 346
전체 자릿수 / 149
전체 자릿수 지정 / 143
점검 함수 / 270
정수 입력 방식 / 97
조건문 / 156
조건문 괄호 / 161
좌우 정렬 / 144
지역변수 / 345
진수 변환하여 출력하기 / 144
짝수 홀수를 판별 / 167

ㅊ

천 단위 쉼표 / 143
체질량지수(BMI) / 178
초기화 함수 / 354

ㅋ

컴파일러(compiler) / 5
컴퓨터(Computer) / 36
코드 편집기 모드 / 23
코딩 / 2
콘솔 프로그램 / 17
콜론(:) / 161
크기 조정 / 14
큰 따옴표 / 24
클래스(Class) / 352

키보드 / 86

ㅌ

튜플 / 308
특수문자 / 47

ㅍ

파라미터 / 186
파이썬 / 2
파일 열기 / 329
파일 포인터(fp) / 328
팩토리얼 / 232
편차 / 376
프로그래밍 / 2
프로그래밍 언어 / 2
프롬프트(〉〉〉) / 20
피보나치 수열 / 251
피트 / 41

ㅎ

한쪽 공백 제거 / 272
함수 / 184
함수(Function) / 96
함수 정의 / 186
함축 연산자 / 49
호출 실습 / 186
환경설정 / 14
활용 코드 / 49

A

age 변수 / 134
and / 159
append / 305
append 함수 / 301
arrow / 113
ASCII 코드 / 80

B

backward(d) / 128
backward 함수 / 111
Basic / 2
Beep 함수 / 60
begin_fill / 122
bgcolor(r, g, b) / 128
bgcolor(색상) / 128
bgpic() / 128
binary 값 / 80
bin 함수 / 44, 77

bin() 함수 / 80
break / 47, 204

C

C / 2
C# / 2
C++ / 2
calendar 모듈 / 105
capitalize 함수 / 268
char / 72
char[] / 72
char* / 72
choice 함수 / 375
circle(n) / 128
circle 함수 / 123
clear() / 128
clear 함수 / 112, 317
color(c) / 128
continue / 47, 204
cos / 21
count / 305
count 함수 / 280, 282, 305
CPU / 36

D

datetime 모듈 / 370
date 모듈 / 365
def 키워드 / 186
Delphi / 2
distance(x, y) / 128
dot.(n) / 128

E

elif 문장 / 171
else 문장 / 244
end_fill 함수 / 122
except 구문 / 335
extend / 305
extend 함수 / 301

F

feet / 41
fillcolor 함수 / 122
finally 구문 / 337
find 함수 / 280, 281
float / 72
float 함수 / 76
for / 47

format 함수 / 38, 106, 146
forward(d) / 128
forward 함수 / 111, 341
fp / 328
function / 184

G

getsizeof / 267
global 키워드 / 345
goodbye 함수 / 188
goto(x, y) / 128
goto 함수 / 125

H

Hello World / 5
hello 함수 / 188
home() / 128
home 함수 / 112

I

IDLE / 11
if ~ elif ~ else 문법 / 171
if ~ else 조건문 / 156
if 문장 / 169
if 조건문 / 161
import / 340, 357
inch / 41
index / 305
index 함수 / 306
input 함수 / 26
insert / 305
int / 72, 96
int 함수 / 75
in 키워드 / 280
is / 160
isalnum / 269
isalpha / 269
isascii / 269
isdecimal / 269
isidentifier / 269
islower / 269
isoweekday / 367
isupper / 269
items / 318

J

JAVA / 2
Java-Script / 2

K

key / 315
keys / 318

L

left(각도N) / 128
left 함수 / 111
len 함수 / 267
lower 함수 / 268
lstrip 함수 / 272

M

math 라이브러리 / 21, 256
math 모듈 / 256
median 함수 / 376
month 함수 / 105

N

None / 352
not / 159

O

open 함수 / 328
or / 159
ord() 함수 / 80

P

Pass/Fail 판단 / 172
pencolor(색상c) / 128
pendown() / 128
pendown 함수 / 125, 126
penup / 126
penup() / 128
pop / 305
pop 함수 / 307
print 함수 / 22, 56
Python / 2

R

randint 함수 / 372
random 모듈 / 372
random 함수 / 375
randrange 함수 / 374
range 함수 / 211, 293, 302
readlines 함수 / 331

register_shape() / 128
remove / 305
Remove 함수 / 305
replace 함수 / 273
return 값 / 186
reverse / 305
reverse 함수 / 307
right(각도N) / 128
right 함수 / 111, 341
rstrip 함수 / 272

S

Screeen() / 128
screensize(x / 128
self 파라미터 / 355
setx(a) / 128
sety(b) / 128
shape / 113
shape() / 128
shapesize() / 128
shapesize 함수 / 110
Shell / 23
sin / 21
sleep 함수 / 206, 362
sort / 305
sort 함수 / 307
speed 함수 / 127
Sqrt 함수 / 258
statistics 모듈 / 376
strip 함수 / 272
Swift / 2
switch 문 / 157
sys 모듈 / 267

T

tan / 21
timedelta 타입 / 366
timeit 모듈 / 364
time 모듈 / 59, 206, 362
time 함수 / 362
tiobe.com / 3
triangle / 113
Turtle / 16
turtle (거북이) / 110

turtle 모듈 / 115, 264
type 함수 / 73

U

upper 함수 / 268

V

value / 315
values / 318
variance 함수 / 376

W

weekday 함수 / 367
while / 47
width(n) / 128
winsound 모듈 / 60

X

xcor() / 128

Y

ycor() / 128

기호

! / 47
!= / 158
& / 47
# / 47
% / 47
〈 / 158
〈= / 158
== / 158
〉 / 158
〉= / 158
$ / 47
%c / 132
%d / 132
%f / 132
%g / 132
%o / 132
%s / 132
%x / 132
기호 / 24
== 연산자 / 158
2차 방정식의 해 / 262
4차 산업혁명 / 2

김완섭

컴퓨터공학, 인공지능을 전공하였으며 2007년부터 현재까지 숭실대학교 교수로 재직하고 있다. 2007~2008년 숭실대학교 컴퓨터학부 전임 강사로 강의하였으며, 2009년부터 현재까지 숭실대학교 베어드교양대학 교수로 컴퓨터 교과목을 담당하고 있다. 현재 컴퓨팅적 사고 과목의 주임교수로서 대학 신입생들을 위한 컴퓨터과학 및 프로그래밍 교육에 관심을 갖고 교육과정을 개발하고 있다.

저서로는 「4차 산업혁명 시대를 위한 컴퓨팅적 사고」(2018), 「ACA포토샵CC」(2018), 「ACA Photoshop CS6」(2013), 「MOS Excel Expert 2010」(2013), 「MOS Access 2010」(2013) 등이 있다.

파이썬으로 배우는 **컴퓨팅 사고**

문제해결 중심의 파이썬 프로그래밍

인 쇄	2021년 2월 10일 초판 5쇄	
발 행	2021년 2월 17일 초판 5쇄	
저 자	김완섭	
발 행 인	채희만	
출판기획	안성일	
영 업	한석범, 임민정	
관 리	이승희	
편 집	한혜인, 최은지	
발 행 처	**INFINITY**BOOKS	
주 소	경기도 고양시 일산동구 하늘마을로 158 대방트리플라온 C동 209호	

대표전화	02)302-8441
팩 스	02)6085-0777

도서 문의 및 A/S 지원

홈페이지	www.infinitybooks.co.kr
이 메 일	helloworld@infinitybooks.co.kr
I S B N	979-11-85578-43-9(93000)
등록번호	제 25100-2013-152 호
판매정가	**17,000원**